一本书读懂自贸区

任学武　编著

人民邮电出版社
北京

图书在版编目（CIP）数据

一本书读懂自贸区 / 任学武编著. -- 北京 ：人民
邮电出版社，2017.3
ISBN 978-7-115-44890-3

Ⅰ．①一… Ⅱ．①任… Ⅲ．①自由贸易区—基本知识
Ⅳ．①F741.2

中国版本图书馆CIP数据核字(2017)第027051号

内容提要

什么是自贸区？自贸区的类型与功能有哪些？自贸区是如何发展的？成立自贸区对我们的生活有什么好处？自贸区作为国家改革发展的一个重要组成部分，提供了什么样的发展新机遇？

本书详细梳理了中国自贸区的成立和发展过程，阐述了自贸区与"一带一路"的战略对接，论述了自贸区带来的发展新机遇，全方位解读了自贸区的一系列创新举措，介绍了建立自贸区为普通百姓生活带来的好处，并分析了自贸区建设面临的挑战以及应对建议，能够帮助读者对自贸区形成全方位的认知。

本书适合在自贸区工作与生活的人士阅读，适合想要在自贸区创业、就业的人士阅读，也适合对自贸区感兴趣的人士阅读。

◆编　　著　任学武
　　责任编辑　李宝琳
　　责任印制　焦志炜

◆人民邮电出版社出版发行　　　　北京市丰台区成寿寺路 11 号
　　邮编 100164　　电子邮件 315@ptpress.com.cn
　　网址 http://www.ptpress.com.cn
　　北京七彩京通数码快印有限公司印刷

◆开本：700×1000　1/16
　　印张：18.5　　　　　　　　　　2017 年 3 月第 1 版
　　字数：250 千字　　　　　　　　2025 年 8 月北京第 38 次印刷

定　价：45.00 元
读者服务热线：（010）81055656　印装质量热线：（010）81055316
反盗版热线：（010）81055315

前　言

当前，全球范围内自由贸易区的数量不断增加，涵盖议题不断拓展，自由化水平显著提高。我国经济发展进入新常态，外贸发展机遇和挑战并存，"引进来、走出去"正面临新的发展形势。加快实施自由贸易区战略是我国适应经济全球化新趋势的客观要求，是全面深化改革、构建开放型经济新体制的必然选择，是我国新一轮对外开放的重要内容。

自由贸易区，从广义上来讲，是指两个以上的国家或地区通过签订自由贸易协定，相互取消绝大部分货物的关税和非关税壁垒，取消绝大多数服务部门的市场准入限制，开放投资，从而促进商品、服务和资本、技术、人员等生产要素的自由流动，实现优势互补，促进共同发展。

本书所介绍的自贸试验区是指在国境内关外设立的，以优惠税收和海关特殊监管政策为主要手段，以贸易自由化、便利化为主要目的的多功能经济性特区。我国设立自贸试验区是政府全力打造经济升级版最重要的举措，其力度和意义堪与 20 世纪 80 年代建立深圳特区和 20 世纪 90 年代开发浦东两大事件相媲美，其核心是营造一个符合国际惯例、对境内外投资都具有国际竞争力的商业环境。

中国自贸区发展经历了 1.0 时代、2.0 时代以及 3.0 时代。2013 年 8 月，国务院正式批准设立中国（上海）自由贸易试验区，正式开启了自贸区 1.0 时代。2014 年 12 月 28 日，全国人民代表大会常务委员会授权中国国务院

1

在中国（广东）自由贸易试验区、中国（天津）自由贸易试验区、中国（福建）自由贸易试验区以及中国（上海）自由贸易试验区扩展区域暂时调整有关法律规定，自贸区建设进入 2.0 时代。2016 年 8 月 31 日，党中央、国务院决定，在辽宁省、浙江省、河南省、湖北省、重庆市、四川省、陕西省设立 7 个新的自贸试验区，开启了自贸区 3.0 时代。

在国家经济迅速发展的背景下，自贸区也乘着政策的东风而发展。《自由贸易试验区总体方案》为我国自贸区的发展规划了总体方向，《自贸区条例》为自贸区的运行提供了法制保障，中央银行以及国家税务总局相继出台支持自贸区发展的金融、税收政策，我国自贸区的发展已经取得了阶段性成效，初步形成了一批"可复制、可推广"的经验。

本书由十个章节和四个附录组成。书中立足于自贸区的真实发展情况，从国际国内背景角度、国家发展战略角度，全面系统地剖析了我国自贸区的发展历程、自贸区与"一带一路"的战略对接、自贸区带来的发展新机遇以及四大自贸区的创新政策，帮助读者对自贸区形成一个立体的认知。此外，本书还从现实生活出发，介绍了自贸区对普通百姓生活的影响，让读者清楚地了解自贸区为自己的生活带来的实惠。书中援引的都是近些年的数据，具有较高的参考价值。

本书在做到专业性的同时，兼顾对自贸区的知识普及，适合广大普通读者了解自贸区的有关知识，也可为自贸区中的有关人士提供知识参考。

本书在编写过程中，得到了苗永慧、李莉影、崔慧勇、耿丽丽、许亮、陈云娇、于海力、冯少敏、王慧彩、卢明明、刘瑾、贺延飞、靳鹤、卢光光、蒋北、刘宝亮、申童、王俊霞、申燕珍等人的大力支持和帮助，在此向他们深表谢意！

希望本书能给对自贸区感兴趣的读者提供力所能及的帮助。由于编者水平有限，书中难免存有疏漏之处，在此恳请读者批评指正。

目　录

第一章

自贸区究竟是什么

随着我国上海、天津、广东、福建自贸区的陆续设立，"自贸区"一词已经成为我国经济新常态下的热门关键词。那么，究竟何为自贸区？平常所说的 FTA 和 FTZ 指的又是什么？本章将解答这些问题，帮助读者对自贸区形成初步认知。

一、自贸区概念界定

自贸区涉及两种概念，一是自由贸易区 FTA（Free Trade Area），二是自由贸易园区 FTZ（Free Trade Zone），翻译成中文都是自贸区。在本书开篇，首先对这两种概念进行界定。

（一）自由贸易区（FTA）

FTA（Free Trade Area）源于 WTO 有关"自由贸易区"的规定，最早出现在 1947 年的《关税与贸易总协定》里面。该协定第 24 条第 8 款（b）对关税同盟和自由贸易区的概念作了专门的解释："自由贸易区应理解为在两个或两个以上独立关税主体之间，就贸易自由化取消关税和其他限制性贸易法规。"所以，FTA 是指两个以上的主权国家或单独关税区通过签署协定，在世界贸易组织最惠国待遇的基础上，相互进一步开放市场，分阶段取消绝大部分货物的关税和非关税壁垒，改善服务和投资的市场准入条件，从而形成的实现贸易和投资自由化的特定区域。

其特点是由两个或多个经济体组成集团，集团成员相互之间实质上取消关税和其他贸易限制，区域内成员实现贸易自由化，不仅包括货物贸易自由化，还涉及服务贸易、投资、政府采购、知识产权保护、标准化等更多领域的相互承诺。FTA 是一个国家实施多变合作战略的手段。

目前，世界上已有欧盟、北美自由贸易区等 FTA，中国—东盟自由贸易区也是典型的 FTA。

（二）自由贸易园区（FTZ）

FTZ（Free Trade Zone）源于世界海关组织（WCO）的前身——海关合作理事会所解释的有关"自由区"的规定，世界海关组织制定的《京都公约》中指出："自由区是指缔约方境内的一部分，进入这部分的任何货物，就进口关税而言，通常视为关境之外，并免于实施通常的海关监管措施。"所以，FTZ 是指一国或地区在己方境内划出的一个特定区域，区内在货物监管、企业设立、税收政策、外汇管理等领域实施特殊的经济管理体制和特殊政策。

其特点是一个关境内的一小块区域，是单个主权国家（地区）的行为，一般需要进行围网隔离，且对境外入区货物的关税实施免税或保税，而不是降低关税。目前在许多国家境内单独建立的自由港、自由贸易区都属于这种类型，如德国汉堡自由港、巴拿马科隆自由贸易区、美国纽约自贸园区、新加坡自由港等都属于典型的 FTZ。

中国自由贸易园区是指在国境内关外设立的，以优惠税收和海关特殊监管政策为主要手段，以贸易自由化、便利化为主要目的的多功能经济性特区。其原则上是指在没有海关"干预"的情况下允许货物进口、制造、再出口。

中国自贸区经历了 1.0 时代、2.0 时代以及 3.0 时代的发展，在此过程中我国自贸区发展越来越规范。表 1-1 列举了我国目前所设立的自贸区。

表 1-1　我国设立的自贸区

时代	相关发展
1.0 时代	中国（上海）自由贸易试验区于 2013 年 8 月 22 日经国务院正式批准设立，9 月 29 日上午 10 时正式挂牌开张
2.0 时代	2014 年 12 月 28 日，中国全国人民代表大会常务委员会授权中国国务院在中国（广东）自由贸易试验区、中国（天津）自由贸易试验区、中国（福建）自由贸易试验区以及中国（上海）自由贸易试验区扩展区域暂时调整有关法律规定
3.0 时代	2016 年 8 月，党中央、国务院决定，在辽宁省、浙江省、河南省、湖北省、重庆市、四川省、陕西省新设立 7 个自贸试验区

（三）FTA 与 FTZ 对比

FTA 与 FTZ 的差异与相同对比详见表 1-2。

表 1-2　FTA 与 FTZ 的对比

对比项目		FTA	FTZ
差异	设立主体	多个主权国家（或地区）	单个主权国家（或地区）
	区域范围	两个或多个关税地区	一个关税区内的小范围区域
	国际惯例依据	WTO	WCO
	核心政策	贸易区成员之间贸易开放、取消关税壁垒，同时又保留各自独立的对外贸易政策	海关保税、免税政策为主，辅以所得税税费的优惠等投资政策
	法律依据	双边或多边协议	国内立法
相同		两者都是为降低国际贸易成本，促进对外贸易和国际商务的发展而设立	

　　由于 FTA 和 FTZ 按照英文字面意思都可以翻译为"自由贸易区"，因此容易引起概念混淆。为了避免误解，将 FTA 统一译为"自由贸易区"，将 FTZ 统一译为"自由贸易园区"。本书所介绍的上海自贸区、天津自贸区、广东自贸区、福建自贸区都是从我国领土上划出的，面向全球开放的自贸园区（FTZ），为了简便，书中将其简称为"自贸区"。

二、自贸区（FTZ）的发展特点

　　20 世纪 50 年代初，美国就明确提出可在自贸区发展以出口加工为主要目标的制造业。20 世纪 60 年代后期，一些发展中国家也利用这一形式，将它建成特殊工业区，并逐步发展成为出口加工区。20 世纪 80 年代以来，许多国家的自贸区积极向高技术、知识和资本密集型发展，形成"科技型自贸区"。

自贸区的发展形势非常迅猛，在全球范围内数量已经达到数十个，范围遍及各大洲，是区域经济一体化的主要形式之一。

随着时间的发展，自贸区发展逐渐呈现以下特点。

1. 数量不断增加

其中最典型的是美国对外贸易区的迅速增长。20世纪60年代末70年代初，美国在全球经济中的地位开始下降，与此同时，美元贬值，失业人数增加。在此情况下，为了刺激对外贸易发展，各州纷纷设立对外贸易区。

2. 功能趋向综合

随着自贸区数量的持续增长，自贸区的功能也在不断扩展。最早从70年代开始，以转口和进出口贸易为主的自贸区和以出口加工为主的自贸区就已经开始相互融合，自贸区的功能趋向综合化。原料、零部件、半成品和成品都可在区内自由进出，在区内可以进行进出口贸易、转口贸易、保税仓储、商品展销、制造、拆装、改装、加标签、分类、与其他货物混合加工等商业活动。

因此，世界上多数自贸区通常都具有进出口贸易、转口贸易、仓储、加工、商品展示、金融等多种功能，这些功能综合起来会大大提高自贸区的运行效率和抗风险能力。

3. 管理不断加强

各国的自贸区在初创时由于条件不同，功能各异，管理水平也相差较大，但是经过几十年的竞争性发展，各国自贸区的管理已逐渐趋向规范化，而且随着科学技术的进步，自贸区的基础设施和管理手段也大大改善，形成了各具特色的管理体制。

世界上四个主要的自贸区（阿联酋迪拜港自由港区、德国汉堡港自由港区、美国纽约港自贸区、荷兰阿姆斯特丹港自贸区）的管理机构权威性非常强。四国在对自贸区管理机构的授权上大体相近，都是港区合一，成立经联邦政府授权的专门机构，负责管理和协调自贸区的整体事务，投资建设必要的基础设施，有权审批项目立项。并且该机构特别着眼于自贸区与城市功能的相互促进，超前进行整体规划和建设，极富特色和成效，带动了周边城市经济发展，尤其是在金融、保险、商贸、中介等第三产业发展上成效显著。

三、自贸区（FTZ）的类型

根据不同的标准，可以将自贸区划分为不同的类型，最常见的划分依据是按性质划分和按功能划分。

（一）按性质划分

就性质而言，自由贸易区可分为商业自由区和工业自由区两类，如图 1-1 所示。

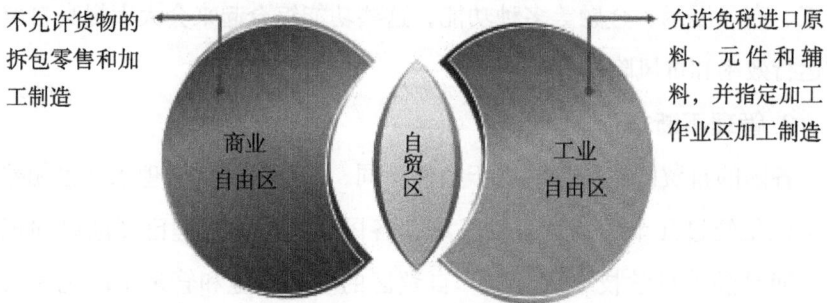

不允许货物的拆包零售和加工制造

允许免税进口原料、元件和辅料，并指定加工作业区加工制造

商业自由区　自贸区　工业自由区

图 1-1　自贸区的类型（按性质划分）

（二）按功能划分

就功能而言，世界自由贸易区的功能设定是根据区位条件和进出口贸易流量而确定的，并且随着国内外经济形势的发展而调整和发展，其主要类型详见表1-3。

表 1-3　自贸区的类型（按功能划分）

类型	内容
转口集散型	这一类自由贸易区利用优越的自然地理环境从事货物转口及分拨、货物储存、商业性加工等，最突出的是巴拿马的科隆自由贸易区
贸工结合、以贸为主型	这类自由贸易区以从事进出口贸易为主，同时进行一些简单的加工和装配制造，在发展中国家最为普遍，例如阿联酋迪拜港自由港区
出口加工型	这类自由贸易区主要以从事加工为主，以转口贸易、国际贸易、仓储运输服务为辅，例如尼日利亚自由贸易区
保税仓储型	这类自由贸易区主要以保税为主，免除外国货物进出口手续，较长时间处于保税状态，例如荷兰阿姆斯特丹港自由贸易区

自贸区内允许外国船舶自由进出，外国货物免税进口，取消对进口货物的配额管制，也是自由港的进一步延伸，是一个国家对外开放的一种特殊的功能区域。自由贸易区除了具有自由港的大部分特点外，还可以吸引外资设厂，发展出口加工企业，允许和鼓励外资设立大的商业企业、金融机构等，促进区内经济综合、全面地发展。

四、自贸区（FTZ）管理模式——"一线放开、二线管住"

自由贸易园区的核心是强调"境内关外"的经济自由。自由贸易园区实行"一线放开、二线管住"的管理模式，即"境内关外"政策（如图 1-2 所示）。

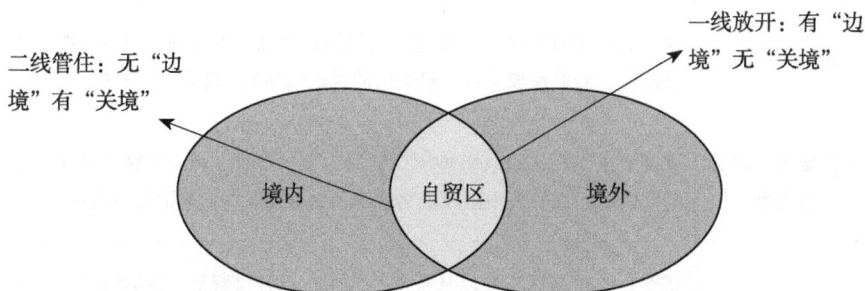

二线管住：无"边境"有"关境"

一线放开：有"边境"无"关境"

境内　　自贸区　　境外

图 1-2　一线放开、二线管住

所谓"一线"，是指自由贸易园区与国境外的通道口。"一线放开"是指对境外进入的货物，海关实行备案管理不查验货，检验检疫部门只检疫不检验，并实行区、港一体化运作管理，区内区港之间的货物可以自由流通。

所谓"二线"，是指自由贸易园区与海关境内的通道口。"二线管住"是指货物从自由贸易园区进入国内非自由贸易园区或者货物从国内非自由贸易园区进入自由贸易园区时，海关必须依据本国海关法的规定，征收相应的税收，同时海关对出区的货物实行严格的监管，防止走私。

五、中国自贸区（FTA）建设

中国自贸区（FTA）建设起步较晚，2000 年国家领导人提出构建中国—东盟自贸区的设想，并在 2004 年 11 月达成协议，开启了中国自贸区（FTA）建设的序幕。随后，中国又与一些国家和地区谈判建立了双边自贸区，并提出了一系列以周边国家为基础的自贸区建设构想。

（一）CEPA

CEPA（Closer Economic Partnership Arrangement）是《关于建立更紧密经贸关系的安排》的英文简称，包括中央政府与香港特区政府签署的《内地与香港关于建立更紧密经贸关系的安排》、中央政府与澳门特区政府签署的《内地与澳门关于建立更紧密经贸关系的安排》。CEPA 是"一国两制"原则的成功实践，是内地与港澳制度性合作的新路径，是内地与港澳经贸交流与合作的重要里程碑，是我国家主体与香港、澳门单独关税区之间签署的自由贸易协议，也是内地第一个全面实施的自由贸易协议。CEPA 具有以下几个特点。

1. 内容丰富，领域广泛

CEPA 是一个高标准的自由贸易协议，内容丰富、领域广泛。CEPA 是内地迄今为止商签的内容最全面、开放幅度最大的自由贸易协议，也是香港与澳门实际参与的唯一的自由贸易协议。其内容质量高、覆盖面广，在短时间内结束谈判并付诸实施，为内地参与其他双边自贸区积累了丰富的经验，起到了开创性的作用。

2. 既符合 WTO 规则，又符合"一国两制"方针

CEPA 在货物贸易和服务贸易中实行的开放措施完全符合 WTO 规则。CEPA 签署后，港澳地区仍维持其自由港的地位，也完全遵循了"一国两

制"方针。同时，CEPA 通过各项开放措施，逐步减少和消除两地经贸交流中的制度性障碍，促进了内地与港澳之间经济要素的自由流动和经济融合，也符合内地与港澳经贸发展的实际情况。

3. 具有开放性

CEPA 是开放的。CEPA 第三条规定，"双方将通过不断扩大相互间的开放，增加和充实 CEPA 的内容"。2004 年以来，双方在 CEPA 框架下陆续签署了多个补充协议，这是 CEPA 开放性的具体体现。

4. CEPA 的总体目标

CEPA 是目前我国开放程度最高的双边贸易协定。CEPA 的总体目标是逐步减少或取消双方之间实质上所有货物贸易的关税和非关税壁垒；逐步实现服务贸易的自由化，减少或取消双方之间实质上所有歧视性措施；促进贸易投资便利化。实质是将香港和澳门纳入整个中国的大市场，完全内资待遇。这种待遇包括全面零关税和服务业的全面开放。

通过 CEPA，内地已对香港采取 403 项开放措施，开放领域广度和行业深度上都明显高于中国加入 WTO 时所作的承诺。然而 CEPA 实践仍存在落实效果欠佳、准入门槛过高和配套法律法规不完善等问题，未实施负面清单管理方式、基本配套制度的缺失、金融开放力度不够是其重要原因。

（二）ECFA

《海峡两岸经济合作框架协议》（Economic Cooperation Framework Agreement，ECFA）；台湾方面繁体版本称为《海峡两岸经济合作架构协议》原称为《两岸综合性经济合作协定或称两岸综合经济合作协定》（Comprehensive Economic Cooperation Agreement，CECA）。2010 年 1 月 26 日，ECFA 第一次两会专家工作商谈在北京举行；2010 年 6 月 29 日，两岸两会领导人签订合作协议；2010 年 8 月 17 日，台湾"立法机构"通

过《海峡两岸经济合作框架协议》。它实质上是两个经济体之间的自由贸
易协定谈判的初步框架安排，同时又包含若干早期收获协议。

两岸签署框架协议旨在逐步减少或消除彼此间的贸易和投资障碍，创
造公平的贸易与投资环境，进一步增进双方的贸易与投资关系，建立有利
于两岸经济共同繁荣与发展的合作机制。与其他区域经济合作协议相比，
框架协议有以下几个特点。

1. 具有鲜明的两岸特色

一是双方着眼于两岸全局利益，做到了搁置争议、求同存异、务实协
商、合理安排；二是双方着眼于两岸经济发展的需要，充分考虑彼此关切，
结合两岸产业互补性，达成了一个规模大、覆盖面广的早期收获计划，两岸
民众得以尽早享受贸易自由化的利益；三是大陆方面充分理解台湾经济和
社会现状，着眼两岸经济长远发展，未涉及台湾弱势产业、农产品开放和
大陆劳务人员输台等问题，体现了大陆方面最大的诚意和善意。

2. 具有开放性、渐进性

框架协议规定，两岸将在框架协议生效后继续商签货物贸易、服务贸
易、投资等多个单项协议，逐步推进两岸间的进一步开放，最大限度实现
两岸经济优势互补，互利双赢。

3. 具有全面性和综合性

框架协议的内容涵盖了两岸间的主要经济活动，确定了未来两岸经济
合作的基本结构和发展规划。框架协议既关注协议签署后带来的即时经济
效益，关注两岸产业国际竞争力的提高，更关注两岸经济的长远发展，关
注两岸人民的福祉。

（三）"引进来，走出去"——国家与国家签订的自贸区

中国目前已经建成的自贸区有 14 个，涉及 22 个国家和地区；正在谈

判的自贸协定 7 个，涉及 24 个国家；正在讨论和研究阶段的双边自贸区有 4 个，分别涉及印度、哥伦比亚、摩尔多瓦和格鲁吉亚四国。我国自贸区（FTA）现实格局详见表 1-4。

表 1-4　我国自贸区（FTA）现实格局

已签协议的自贸区	1. 中国内地与港澳（CEPA） 2. 大陆与台湾（ECFA） 3. 中国－东盟（东盟是东南亚国家联盟的简称，有 10 个成员国：文莱、印度尼西亚、马来西亚、菲律宾、新加坡、泰国、柬埔寨、老挝、缅甸、越南） 4. 中国－巴基斯坦　　5. 中国－智利 6. 中国－新西兰　　　7. 中国－新加坡 8. 中国－秘鲁　　　　9. 中国－哥斯达黎加 10. 中国－冰岛　　　11. 中国－瑞士 12. 中国－澳大利亚　13. 中国－韩国
正在谈判的自贸区	1. 中国－海湾合作委员会（包括沙特、阿联酋、阿曼、科威特、卡塔尔、巴林） 2. 中国－东盟自贸区升级版 3. 中国－挪威 4. 中国－斯里兰卡 5. 中国－马尔代夫 6. 中日韩
正在研究的自贸区	1. 中国－印度　　　　2. 中国－哥伦比亚 3. 中国－摩尔多瓦　4. 中国－格鲁吉亚

（四）自贸区（FTA）的政策协调

　　FTA 的建设涉及两个甚至多个国家或地区，由于各国的国情、政策存在巨大差异，因此在 FTA 的建设中需要做好各项政策协调。

关税政策协调主要包括以下三个方面。

（1）立即免税的商品范围不断扩大

每一个新签订的 FTA 协定会产生贸易转移，同时也会产生贸易创造，这些贸易创造可能会纠正先前 FTA 协定产生的贸易转移，为了尽可能利用新自贸区协定的这一功能，就需要协调各个 FTA 协定的条款。

（2）削减关税的过渡期逐步缩短

削减关税的过渡期逐步缩短也是为了利用新的自贸区协定来纠正先前自贸区协定产生的贸易转移。

（3）单边降低关税和促进多边谈判

自贸区协定成员方的净收益直接取决于其外部贸易政策的姿态。与区域一体化相配合，成员方应采取一种开放性的外部政策。在高外部关税情况下，自由贸易协定带来的相对价格差异会更大，从而引起更多的贸易转移。多边自由化能够消除贸易转移，并能带来最大的福利效应。因此，通过单边或多边贸易谈判降低外部关税，将进口转回更有效率的供应商，能够把贸易转移限制到最低限度。

（五）原产地规则

自由贸易区内建立的原产地规则一般用来防止"贸易运转"，即阻止非成员国原产地的产品经由保护程度低的成员向保护程度高的成员转运。除了承担转运的成本外，贸易转运在经济学上是有效率的。但贸易转运阻碍了 FTA 某一成员方向另一成员方出口发生贸易转运的产品，同时也破坏了成员方的关税结构。所以自由贸易区都制定了原产地规则来限制贸易转运。

除了减少贸易转运之外，FTA 原产地规则还会增加区外资本的流入和区内生产中当地原材料的使用，但这在经济学上是低效率的。总之，原产地规则越严格，产生的效率就越低。

（1）广泛的累积制度

广泛的累积制度能使用更多国家和地区的原材料进行生产，从而减少贸易转移和投资转移。原产地规则的累积制度规定了从何种国家进口投入品可以被视为受惠国的原产品。有三种类型的累积方法，分别是双边累积（bilateral accumulation）、对角累积（diagonal accumulation）和完全累积（full accumulation）。

（2）统一和简化的原产地规则

统一的原产地规则有助于出口商调整生产，使出口产品符合原产地规则的规定，从而避免生产的盲目性，使其产品较易进入目标市场。统一的原产地规则也能节省谈判成本和执行成本。在各个自贸区协定没有统一的原产地规则的情况下，政府容易因地制宜地制定某种原产地规则作为推行贸易保护措施的工具，而在统一的原产地规则下，政府的这种行为就受到了一定的约束。

（3）对敏感产业的保护逐步加强，对非敏感行业逐步放松原产地规则

自贸区原产地规则不仅是判定产品能否取得享受优惠待遇的标准，同时还可以通过制定适合本国经济发展战略和产业结构特点的规则，实现保护敏感行业以及增加就业等经济目标。

（六）服务贸易和投资措施

服务贸易总协定（General Agreement on Trade in Services，GATS）作为历史上第一个服务贸易多边框架，极大地推动了全球服务贸易的自由化。在乌拉圭回合结束之后，各成员方又就金融、电信、海运和自然人流动等服务部门和方式进行了一系列后续谈判，各成员仍在执行和消化这些承诺。多哈回合开始以来，除部分在服务贸易出口方面有重大利益和优势的国家外，大多数国家缺乏进行新一轮谈判的热情。

　　为了推动本国服务贸易出口，美国和欧盟在其签订的自贸区协议中都列有服务贸易自由化的条款，其广度和深度超越了服务贸易总协定的承诺。为了保护对外投资者的利益，美国和欧盟在其签订的自贸区协议中也都列有关于投资的条款。

　　（1）负面清单方式

　　在大多数自由贸易协定下，美国和欧盟自贸区对服务贸易自由化都采取了"负面清单方式"，除了包含在保留清单中的领域外，其他服务贸易是没有贸易限制的，并且新的服务部门被自动纳入到该协定下。这一方式与服务贸易总协定的方式不同，服务贸易总协定采用列明清单方式。"负面清单方式"有效地扩大了协定覆盖的领域，能够产生更大的贸易创造。同时，由于新的服务部门自动地同时纳入到各个自由贸易协定下，从而减少了贸易转移。

　　（2）资金的充分流动性

　　结成自由贸易区后，同盟内各国经济从一个均衡点向另一个均衡点的发展将产生过渡性调整的代价。短期内这种代价可能很大，表现为暂时的失业和生产能力闲置，从而引起过渡时期福利的损失。在过渡时期结束后，资源将通过重新配置转向较好的用途。显然，在区域集团的成员国之间劳动和资本的流动性越强，这些过渡性损失就可能越小。

第二章

我国为什么要建立自贸区

自 1978 年开始，我国建立了经济特区，经济特区的发展带动了中国城市的进步。如今，我国在经济特区发展稳定以后建立了自贸区。建立自贸区是基于什么样的原因？本章从中国建立自贸区的深层背景出发，探求中国建立自贸区的战略意义。

一、我国建立自贸区的深层背景

对于我国来说，建立自贸区是良久之策。基于国际舞台，我国建立自贸区的深层背景是多方面的。

（一）金融实力与贸易不匹配

尽管我国 GDP 增长迅速，但我国在国际分工和国际贸易中处于低端环节，缺少与贸易相匹配的金融实力。

近十年来，国际间产业分工从原来的基于各国资源禀赋状况以及比较优势的水平分工，逐渐演变到以跨国企业为中心、基于价值链的生产环节的垂直分工，在国与国之间或者地区与地区之间，通过供应链连接的各国之间的中间品贸易规模日趋增大。

我国的对外贸易主要表现为利用廉价劳动力，进口零部件，加工组装，出口成品到欧美国家，这种方式处于价值链的最低端，附加价值最低（如图 2-1 所示）。我国亟须从全球价值链的低端向高端升级。

我国是全球第一贸易大国，但目前我国的贸易结算和其他贸易过程中的金融服务都由其他国家（如瑞士）负责，且多为美元结算。

金融实力的缺乏，让我国在国际舞台上经济发展的阻力增大，因此，必须建立自贸区改变这一局面，提高我国在金融领域的地位。

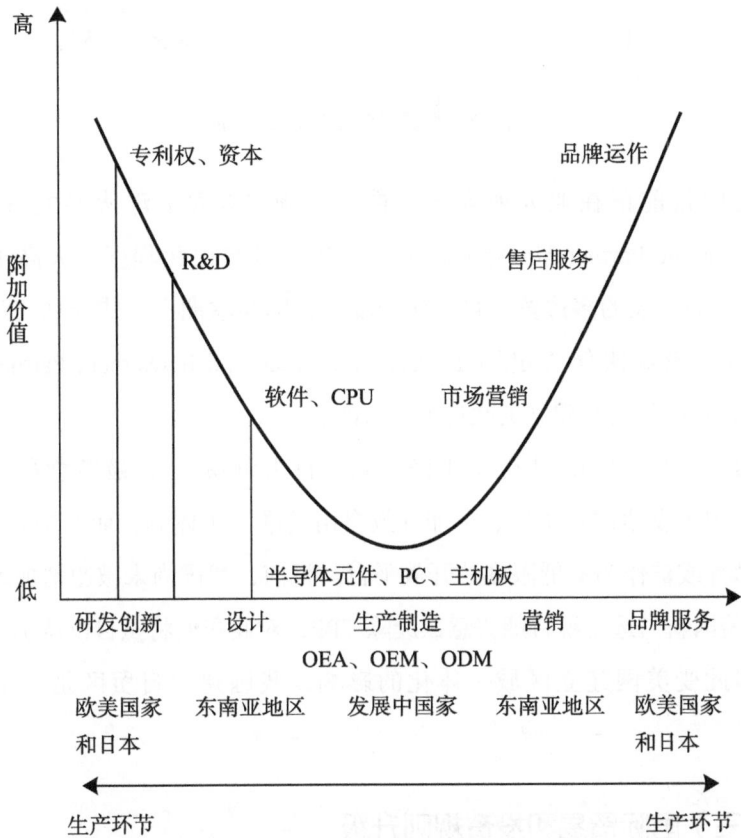

图 2-1　全球生产价值链

（二）受区域经济一体化的影响

近十年来，以 WTO 为代表的国际贸易多边体制陷入困境，区域经济一体化取而代之，成为世界经济发展的一大显著特征（如图 2-2 所示）。区域主义的发展，主要由美国推动，而美国主导的区域经济一体化将中国排除在外。

图 2-2　世界经济发展显著特征

美国目前正在亚太地区积极推动实施"跨太平洋伙伴关系协定"（Trans-Pacific Partnership Agreement，TPP），其自由化程度大大高于目前以 WTO 为代表的多边贸易自由化程度。美国与欧洲已正式开展"跨大西洋贸易与投资伙伴协定"（Transatlantic Trade and Investment Partnership，TTIP），最终目的是建立美欧自由贸易区。

通过 TPP、TTIP 以及 NAFTA（北美自由贸易区），最终意在形成一个由美国等发达国家主导、更加开放自由的准多边体制，而 WTO 体制必将被抛弃或被作为最低限度的开放平台。目前，我国尚未被邀请加入 TPP（注：美国新当选总统特朗普意欲废除 TPP，对此我们将拭目以待）。

因此受美国建立区域一体化的影响，我国建立自贸区是一个良久之策。

（三）国际贸易和投资规则升级

目前，全球投资规则谈判代替贸易规则谈判成为主流（如图 2-3 所示）。规则谈判的目标也从关境外向关境内转移，从关税等问题转移到国内投资准入等规则的改革。

图 2-3　国际贸易和投资规则发展趋势

我国推行自贸试验区是为了参与到全球贸易规则和投资规则的重构

中，在自由贸易试验区的基本制度框架中，与国际投资、贸易通行规则相衔接，成为其最根本的要求。

自贸区是新一轮对外开放三大战略之一。过去十年来，以 CEPA 为代表的 FTA 政策开放力度较大，但实施效果欠佳，其根本原因是我国贸易和投资的管理体制机制不能和国际接轨，金融领域的开放力度不够。国家正在大力实施的"一带一路"战略，大规模对外投资，同时推行人民币国际化，这些都需要基本制度的建设，如企业对外投资的管理制度、相配套的外汇管理体制改革以及资本市场的对外开放。自贸区正是这些基本制度改革的试验田。新一轮对外开放策略对我国的影响如图 2-4 所示。

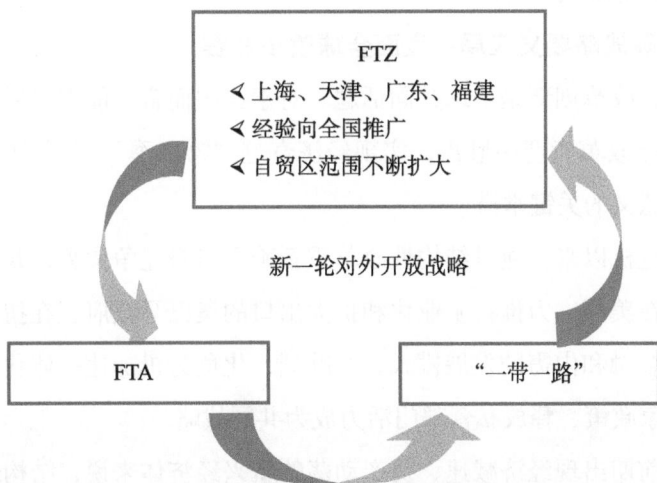

图 2-4　我国新一轮对外开放战略

二、我国建立自贸区的战略意义

建立自贸区是党中央、国务院从国内外发展大势出发，统筹国内国际两个大局，顺应全球经贸发展新趋势，推进我国改革的重大举措和重大尝试。"边试点、边总结、边推广"是自贸试验区工作的重要原则之一。自2013 年以来，自贸试验区不断产生可复制可推广的经验，而设立新自贸区的决议更是在借鉴以往四个自贸区实践过程中取得的可复制改革试点经验的基础上，因地制宜，进一步促进中西部地区发展，深化落实"两横三纵"战略，体现了我国区域经济设计新版图。

（一）建立自贸区的国际战略意义

在全球化时代，在经济大国着力重大改革的创新时期，建立自贸区具有重大的国际战略意义。

1. 国际战略要义应局：直面全球改革竞赛

现今，改革创新是全球共同话题。对于我国而言，能否在后金融危机时代的国际改革竞赛中胜出，实现经济奇迹"第二季"，自贸区是一项具有风向标意义的关键举措。

次贷危机以来，通过结构性改革重新确立自身竞争优势，是各国的迫切任务。在美国，力推再工业化和扩大出口的奥巴马政府正在扭转危机前过度依赖金融和内需的发展模式；在欧洲，化危为机加速一体化进程、转变福利国家政策、释放私营部门活力成为共同战略。

对于前期出现经济减速、资产动荡的新兴经济体来说，结构性改革更是任重而道远。摩根士丹利的研究显示，历史上只有十分之一的新兴市场可以在三个十年内保持 5% 以上的增速，如果不能锐意改革，就可能跌落"中等收入陷阱"。

从自贸区诞生之日起，自贸试验区就频频被外界解读为本届政府的改革"风向标"。自贸区进一步厘清市场和政府权力分界，通过"制度创新"而非"制度优惠"来释放新一轮增长动力，这正是我国新一轮改革的核心所在。后金融危机时代,全球经济改革的发令枪已经打响,谁能尽快摆脱掣肘、推进改革,谁就能领跑新一轮全球增长竞逐。

2. 破局:突围全球贸易谈判

后危机时代,主要经济体占领全球贸易格局高点的博弈加剧。在这种背景下,自贸试验区是我国突破新一轮国际自由贸易谈判包围圈的破局之举。

在国际贸易领域,话语权和规模并非总成正比关系。尽管我国有望很快超越美国,成为全球最大贸易国,但在参与全球贸易规则制定上,我国却面临严峻局面。

《跨太平洋战略经济伙伴协定》(TPP)针对中国的政治意味显见,由于世贸组织多哈回合谈判迟迟难以推进,美国等主要发达经济体决定另起炉灶。目前由美国主导的新一轮全球自贸谈判已形成了太平洋(TPP)和大西洋(美欧自贸谈判 TTIP)两翼张开格局,而目前看来,我国在这个格局之外。

在日本宣布加入 TPP 谈判后,美国在环太平洋建立一个占全球贸易约三分之一的"超级自贸区"的构想开始逐渐成形。在这种情况下,如果我国政府没有进一步的优惠政策来增强自由贸易,TPP 对我国的负面影响会日益凸显。

全球围绕自贸区和 TPP 关系存在诸多猜测,但不管怎样,将既有贸易规模"变现"为贸易规则话语权,并为新一轮贸易繁荣铺路,是我国在全球博弈中的重点所在,而建立自贸试验区成为我国参与新的国际规则制定的起点。

3. 布局:打造金融全球实力

自贸试验区是我国改革开放战略的"梅开二度",意味着我国的全球化战略从贸易层面升级到金融层面,这一长期布局有望实质性提升我国经济的影响力。

根据国务院出台的总体方案，在风险可控的前提下，试行人民币资本项目可兑换、利率市场化、人民币跨境使用等一系列重大金融改革举措。

通过自贸区的建立，我国在金融领域取得了长足的进步，人民币提升了国际影响力。我国的金融实力在全球化层面"越级而升"，很大程度上有赖于自贸试验区这块"金融试验田"的成功。

（二）建立自贸区的国内战略意义

自由贸易试验区建设是国家战略，是先行先试、深化改革、扩大开放的重大举措，意义深远。这项重大改革是以制度创新为着力点，重在提升软实力，各项工作影响大、难度高。

1. 顺应全球经济贸易发展新趋势

建立中国自由贸易试验区，是顺应全球经贸发展新趋势，实行更加积极主动开放战略的一项重大举措。自贸区的主要任务是要探索中国对外开放的新路径和新模式，推动加快转变政府职能和行政体制改革，促进转变经济增长方式和优化经济结构，实现以开放促发展、促改革、促创新，形成可复制、可推广的经验，服务全国的发展。建立中国自由贸易试验区有利于培育我国面向全球的竞争新优势，构建与各国合作发展的新平台，拓展经济增长的新空间，打造中国经济"升级版"。

2. 有利于培育我国面向全球的竞争新优势

面对中国加入 WTO 后成为仅次于美国的全球第二大贸易国，美国为了捍卫其全球贸易霸主地位，采取了三大步骤并逐步架空 WTO，如图 2-5 所示。

在全球建立 PSA 服务贸易同盟

架空 WTO

在东半球，与太平洋沿岸国家建立 TPP 贸易同盟

在西半球团结欧盟建立 TTIP 贸易同盟

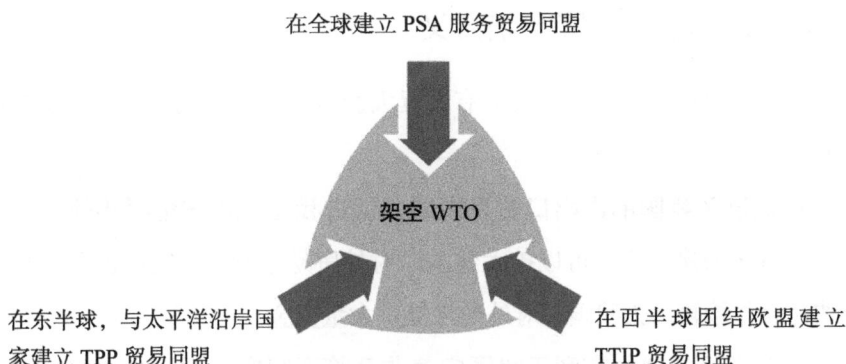

图 2-5　美国逐步架空 WTO 的部署

这三个同盟都把全球第一大出口国和全球第二大进口国——中国排除在外。中国建立自贸区既利于捍卫中国在全球贸易竞争中的主导地位，也利于中国经济与全球经济接轨。

3. 为航运、金融等方面的发展提供有利条件

对于自贸区所在地而言，自由贸易试验区获批推行，获得机会的不仅是贸易领域，对于航运、金融等方面均有"牵一发而动全身"的作用，具体表现如下。

（1）将突破已有的条框，放宽税收、外汇使用等优惠政策，有利于跨国公司内部的全球调拨，会有更多的金融机构在自贸区注册开业。

（2）自由贸易试验区的推进将使得海上保险等航运服务业务得以培育和集中，解决航运中心建设中金融支持的问题，这使得自贸区获得更多的制度红利。

（3）免税和自由港将有利于吸引高端制造业，而贸易区将有利于吸引更多的加工、制造、贸易和仓储物流企业聚集，叠加中国的产业升级。因此，自由贸易区对于物流的集聚效应将更加显著。

（三）建立自贸区的经济意义

自贸区建设对我国经济发展有着巨大影响，概括来说，主要表现在以下几点。

1. 促进了我国的进出口贸易发展，促进我国城市与世界接轨

自贸区的建设不仅可以扩大我国的对外贸易总量，还能促进我国与世界快速合作接轨，为我国的对外贸易提供大量资金。

2. 自贸区的建立有利于我国完善监督管理制度

我国作为世界上最大的贸易国、第一制造业大国以及第一人口大国，我国在经济发展的变化中一定要顺应潮流，全面深化改革，提升我国开放性经济发展水平。比如针对上海自贸区来讲，我国推行的简政放权政策将传统的主权管理转变为监督管理，加大了我国在进出口贸易中的独立管理，在一定程度上刺激了贸易的积极性。

3. 有利于加快推进我国自贸区建设进程

深入推进现阶段我国已有的自贸区建设，能够不断加深与更多国家开展自由贸易区建设联合的可行性研究，有利于加快制定出更加适合的自贸区战略，切实保护中国企业的健康发展。

4. 有利于响应世界自由贸易区的发展形势

全球主要有六大自由贸易区：北美自由贸易区、欧盟、中国－东盟自由贸易区、欧盟－墨西哥自由贸易区、巴拿马自由贸易区、迪拜自由贸易区，加勒比自由贸易区。我国自贸区加入由加勒比自由贸易区发起的世界自由贸易区联合会，可以积极推动世界自贸区经济的发展，让我国在更大范围内、更高层次上参与经济全球化和区域经济一体化，更好地应对来自美国主导的 TPP 的威胁。

第三章

自贸区 VS 保税区

自贸区热流不断，因为在很多创业者眼里自贸区就是一块新的淘金处女地。不少人将自贸区等同于保税区。这种思维在不少人脑海里已经植入得很深。如果说这个认知不是正确的，那么自贸区和保税区又有什么不同呢？本章从介绍保税区的政策出发，详细分析自贸区与保税区的区别。

一、保税区

保税区是海关监管的特定区域，设立保税区须经国务院批准，保税区与中华人民共和国境内的其他地区之间应当设置符合海关监管要求的隔离设施。

（一）什么是保税区

保税区是在港口作业区和与之相连的特定区域内，具有国际中转、国际采购、国际配送、国际转口贸易、商品展示、出口加工、口岸等功能的特殊经济区。保税区是经国务院批准设立的、海关实施特殊监管的经济区域，是我国目前开放度和自由度最大的经济区域。

（二）保税区的功能特点

保税区的功能定位为"保税仓储、出口加工、转口贸易"三大功能。保税区具有进出口加工、国际贸易、保税仓储商品展示等功能，享有"免证、免税、保税"政策，实行"境内关外"运作方式，是我国对外开放程度最高、运作机制最便捷、政策最优惠的经济区域之一。

保税区能便利转口贸易，增加有关费用的收入。运入保税区的货物可以进行储存、改装、分类、混合、展览以及加工制造，但必须处于海关监管范围内。外国商品存入保税区，不必缴纳进口关税，即可自由出口，只需交纳存储费和少量费用，但如果要进入关境则需交纳关税。各国的保税区都有不同的时间规定，逾期货物未办理有关手续，海关有权对其进行拍卖，拍卖后扣除有关费用，余款退回货主。

（三）保税区相关政策

保税区是我国开展国际贸易和保税业务的经济型特区，并按照国际惯例运作，实行比其他地区更为开放灵活优惠的政策。

1. 管理与税收

根据现行有关政策，海关对保税区实行封闭管理，境外货物进入保税区，实行保税管理；境内其他地区货物进入保税区，视同出境；同时外经贸、外汇管理等部门对保税区也实行较区外相对优惠的政策。保税区与非保税区政策对比详见表 3-1。

表 3-1　保税区与非保税区政策对比

项目	保税区	非保税区
海关管理	实行保税制度，货物从境外运入或运出保税区，免进口税，免许可证	只是对保税仓库或保税工厂实行保税制度
	货物从保税区运往国内非保税区，视同进口 货物从国内非保税区运入保税区，视同出口	国外货物到达口岸后必须办理进口手续 国内货物离开口岸必须办理出口手续
	区内企业与海关实行电脑联网，货物进出采取 EDI 电子报关	只有少数大企业实行 EDI 电子报关
外汇管理	外汇收入实行现汇管理，既可以存入区内金融机构，也可以卖给区内指定银行	经常性外汇收入实行强制结汇，外汇必须卖给指定银行
	无论是内资企业，还是外商投资企业，均可以按规定开立外汇账户；不办理出口收汇和进口付汇核销手续	内资企业未经批准不得保留外汇账户；企业必须办理出口收汇和进口付汇核销手续
	经常项目下的外汇开支，中资企业和外商投资企业实行统一的管理政策，由开户银行按规定办理	内资企业在结、售汇等方面都与外商投资企业有区别

2. 审批与经营

根据工商登记法律、法规，保税区内企业经营范围登记由工商行政管理部门主管。但是对于需要进行前置许可性审批的经营范围的确定，需要申请人先就经营内容进行审批申报，而后进行工商登记。保税区内企业的经营范围如果涉及前置审批项目同样需要先行报请相关部门许可后才能执行。可以明确的是，保税区内企业到海关办理注册、备案本身并不属于行政许可，而且该备案是在营业执照办理完毕后的。

保税区企业经营范围中涉及国内贸易的，如果不涉及许可类贸易项目同样不需要经过任何审批就可以将其列入企业营业执照的经营范围。但实践中很多保税区内的工商部门对于此类业务并不予以营业执照确认，其理由仍然是保税区管理的特殊性，非保税区业务会不利于海关及相关部门对保税业务的监管。

3. 保税区特殊规定

关于保税区，在关税政策、货物进出口手续方面有特殊规定。

（1）关税政策

从境外进入保税区的货物，其进口关税和进口环节税，除法律、法规另有规定外，按照下列规定办理。

- 区内生产性的基础设施建设项目所需的机器、设备和其他基建物资，予以免税。
- 区内企业自用的生产、管理设备和自用合理数量的办公用品及其所需的维修零配件、生产用燃料，建设生产厂房、仓储设施所需的物资、设备，予以免税。
- 保税区行政管理机构自用合理数量的管理设备和办公用品及其所需的维修零配件，予以免税。

- 区内企业为加工出口产品所需的原材料、零部件、元器件、包装物件，予以保税。

上述规定范围以外的货物或者物品从境外进入保税区，应当依法纳税。转口货物和在保税区内储存的货物按照保税货物管理。

（2）保税区货物进出口手续从简

保税区与境外之间进出口的货物，由货物的收货人、发货人或其代理人向海关备案。对上述货物除实行出口被动配额管理的，不实行进出口配额、许可证管理。

（四）综合保税区

综合保税区是设立在内陆地区具有保税港区功能的海关特殊监管区域，由海关参照有关规定对综合保税区进行管理，执行保税港区的税收和外汇政策。综合保税区集保税区、出口加工区、保税区物流区、港口的功能于一身，可以发展国际中转、配送、采购、转口贸易和出口加工等业务。

其功能和税收、外汇政策按照《国务院关于设立洋山保税港区的批复》的有关规定执行。国外货物入区保税，货物出区进入国内销售按货物进口的有关规定办理报关手续，并按货物实际状态征税；国内货物入区视同出口，实行退税；保税区内企业之间的货物交易不征增值税和消费税。该区以国际中转、国际采购、国际配送、国际转口贸易和保税加工等功能为主，以商品服务交易、投资融资保险等功能为辅，以法律政务、进出口展示等服务功能为配套，具备生产要素聚散、重要物资中转等功能。

（五）保税区与出口加工区

出口加工区是指一个国家或地区在其港口或邻近港口、机场、车站等地方，划出一定的范围，提供减、免关税等优惠待遇，鼓励外国企业在区内进行投资建厂，生产以出口为主的制成品的加工区域。

出口加工区的功能仅限于产品外销的加工贸易。区内可设置出口加工企业及其相关仓储、运输企业，企业类型以劳动密集型为主。区内合资企业、独资企业所生产的产品必须全部或大部分用于出口。

出口加工区脱胎于自由港或自由贸易区，保留了某些自由港或自由贸易区的做法，但是保税区与出口加工区存在本质区别，详见表3-2。

表3-2 保税区与出口加工区的主要区别

比较内容	保税区	出口加工区
经营范围	三大主要功能：可进行生产加工、保税仓储、国际贸易	生产加工，只可从事与生产相关的仓储、运输。不可进行贸易活动
内销	生产企业的自产产品及仓储货物可销往区外	只能自产产品。不得将未经实质性加工的物料销往区外
内外销比例	无限制	产品70%以上外销
委托区外企业加工零部件的期限	6个月，可再申请延长6个月	原则上不得委托区外加工，经海关关长特批，可委托区外加工，时间6个月，不可再延长
委托区外企业加工零部件的再出口问题	委托区外加工的产品可以从非保税区直接出口，但必须经海关办理核销手续	委托区外加工的产品必须运回区内，不得在区外直接出口
区外配套企业产品入区，形成间接出口的，配套企业已交纳的国内原材料或零部件增值税的退税问题	区外企业零部件进入区内视同出口，货物离境后凭报关单出口退税联及有关凭证向税务部门办理出口退税手续	区外企业零部件进入区内如同出境，凭报关单出口退税联及有关凭证向税务部门办理出口退税手续。从区外进入加工区的货物，须经区内企业进行实质性加工后，方可运出境外
含保税原材料的成品内销	如含部分国产原材料，则只对进口料件征收关税	按制成品征收关税

（续表）

比较内容	保税区	出口加工区
区内产品运输	由保税区主管机关批准，并到海关办理登记备案手续的运输单位承运	由经过海关核准的，设立于区内的专营运输单位承运。如价值在 1 万美元及以下的小额物品，因品质不合格复运区外退还的物品以及已办理进口纳税手续的物品可由企业指派专人携带或自行运输
国产原材料生产的成品出口退增值税的问题	必须待成品离境后才可以退税	国产原材料进入区内即可退税
城市房地产税	自购买或新建落成之月份起免征三年	自购买或新建落成之月份起免征三年，之后每年按房产原值的 70% × 1.2% 计征

二、综合保税区与自贸区的区别

综合保税区和自贸区在货物监管上都存在"二线"的问题，综合保税区可以说是自由贸易区的前期形态，基于我国国情，二者在功能定位、管理体制、海关监管、企业权利、地理范围、管理政策六个方面存在不同。

（一）功能定位

国际上自由贸易区的功能设定是根据区位条件和进出口贸易的流量而确定的，并且随着国内外经济形势的发展而调整和发展，各国自贸区的主要功能都不尽相同。其主要类型有：转口集散型、贸工结合以贸为主型、出口加工型、保税仓储型。

国内的综合保税区在功能定位上试图涵盖自由贸易区的全部功能，即以发展出口加工、转口贸易、保税仓储和商品展示为主要功能。

（二）管理体制

国际上自由贸易区多由设置国政府直接管理，区内管理机构代表国家行使管理权力，因而具有较高的权威。

综保区则缺乏全国性的法律来规范运作，由于没有全国性的统一法规，各地都先后"因地"甚至"因区"出台了地方性法规，保税区管委会作为地方政府的派出机构，代表地方政府管理保税区的行政事务，行政力仅限于当地。

（三）海关监管

自由贸易区是"境内关外"的特殊区域，区内普遍实行"一线放开、二线管住"的货物监管模式，区内有较大的贸易自由度。

综合保税区只是"海关监管特殊区域"，名义上号称"一线放开、二线管住"，其实仍是一线、二线同时管理，因而存在报关与报备同时出现的问题。问题表现在插手保税区的部门越来越多，对保税区的管理越来越严格，忽视了保税区是改革开放的超前试验区，简单地套用适用于非保税区的管理办法。

（四）企业权利

国际上对自由贸易区的区域特性都认定为"境内关外"，在此注册的企业相应被认为在关境以外，并免予实施惯常的海关监管制度，企业及其雇员获得外汇结算、离岸金融、个人税收、签证等一系列优惠待遇。

保税区却在很大程度上被当成"境内关内"的区域，沿用了之前对保税区、保税物流园区的监管政策。例如，区内企业不得在区外开立外汇账户；区内外资企业不准在区外设立分支机构。非保税区的产品进入保税区视同出口，而保税区的产品进入非保税区也视同进口，区内投资注册的贸易企业就没有出口经营权，无法在海关注册备案。

（五）地理范围

自由贸易区一般与港口相连，实行紧密的港区一体化管理，以港口为载体开展转口贸易、出口加工、保税区仓储、国际贸易等保税业务，区港合一必然会把保税区的政策和管理运用到港口运作上，这样，必然会提高港口的开放度和自由度，带动口岸产业的开发，例如港口作业、运输业、仓储业、国际贸易业、出口加工业、包装业和进出口金融业等口岸产业的发展。

国内除保税港区之外，一般的保税区临港而不含港，货物进出不流畅，管理繁琐、重复，费用增加，功能难开发，经济难以活跃。

（六）政策区别

自贸区属于境内关外，海关对于进入自贸区的货物一般是不加干涉的，比如货物可以在自贸区内自由的买卖、存储，都不需要跟海关打交道。只有当自贸区的货物要进入境内非自贸区，才需要报关、交税。而保税区属于境内关内，也就是货物一旦进入保税区就要受到海关的监管了。保税区相当于一个更大的保税仓库。

自贸区与保税区的政策区别详见表3-3。

表3-3 自贸区与保税区的政策区别

对比项目	自贸区	保税区
货物存储	货物存储期限不受限制	时间有限制，一般2~5年
税收限制	关税豁免，零限制	入区前须在海关登记，并且货物在不同流动地区会有不同的税收限制
管理方式	门岗管理	账册管理
经济影响	对周边地区辐射能量大	经济影响较为有限

第四章

我国自贸区的建立与发展现状

自从我国发展自贸区以来，区内经济更加繁荣。那么，中国自贸区是如何建立的？自贸区 1.0 时代、2.0 时代、3.0 时代又是如何发展的？本章着重介绍自贸区 1.0 时代、2.0 时代、3.0 时代的发展历史，从而使读者更加了解中国自贸区的现状。

一、自贸区 1.0 发展时期

中国（上海）自由贸易试验区简称上海自由贸易区或上海自贸区，正式成立于 2013 年 9 月 29 日，是中国自贸区发展的"领头羊"。上海自贸区在发展过程中，采用"区域化"管理，各片区发展定位与发展方向不尽相同，由此使得上海自贸区的发展更加规范。上海自贸区片区使得中国自贸区 1.0 时代发展繁荣向上，也为 2.0 时代、3.0 时代提供了借鉴。

（一）上海自贸区发展历史

2013 年 3 月底，国家领导人在上海调研期间考察了位于浦东的外高桥保税区，并表示鼓励支持上海积极探索，在现有综合保税区的基础上，研究如何试点先行在 28 平方千米内建立一个自由贸易园区试验区，进一步扩大开放，推动完善开放型经济体制机制。此 28 平方千米即为上海综合保税区范围，其中包括 2005 年与浙江跨区域合作建设的洋山保税港区、1990 年全国第一个封关运作的上海外高桥保税区（含外高桥保税物流园区）以及 2010 年 9 月启动运营的上海浦东机场综合保税区。自此，开启了上海自由贸易试验区建设之路。

1. 上海自贸区获得批准

2013 年 8 月，国务院正式批准设立中国（上海）自由贸易试验区。该试验区成立时，以上海外高桥保税区为核心，辅之以机场保税区和洋山港临港新城，成为中国经济新的试验田，实行政府职能转变、金融制度、贸易服务、外商投资和税收政策等多项改革措施，并将大力推动上海市转口、离岸业务的发展。

2. 印发《中国（上海）自由贸易试验区总体方案》

2013 年 9 月 18 日，国务院下达了关于印发《中国（上海）自由贸易试验区总体方案》的通知。该总体方案就总体要求、主要任务和措施、营造相应的监管和税收制度环境、扎实做好组织实施等主要环节做出了明确的要求，具体详见表 4-1。

表 4-1　《中国（上海）自由贸易试验区总体方案》主要内容

	加快政府职能转变	深化行政管理体制改革
主要任务和措施	扩大投资领域的开放	扩大服务业开放
		探索建立负面清单管理模式
		构筑对外投资服务促进体系
	推进贸易发展方式转变	推进贸易转型升级
		提升国际航运服务能级
	深化金融领域的开放创新	加快金融制度创新
		增强金融服务功能
	完善法制领域的制度保障	完善法制保障
营造相应的监管和税收制度环境	创新监管服务模式	推进实施"一线放开"
		坚决实施"二线安全高效管住"
		进一步强化监管协作
	探索与试验区相配套的税收政策	实施促进投资的税收政策
		实施促进贸易的税收政策

方案中指出要加快自贸区金融制度创新，在上海自贸区先行先试人民币资本项目下开放，并逐步实现可自由兑换等金融创新；未来企业法人可在上海自贸区内完成人民币自由兑换，个人则暂不施行；上海自贸区也很可能采取分步骤推进人民币可自由兑换的方式，比如先行推动境内资本的境外投资和境外融资；上海自贸区在中国加入环太平洋伙伴关系协议（TPP）谈判中也将起到至关重要的作用，并有望成为中国加入 TPP 的首个对外开放窗口。

3. 上海自贸区挂牌成立

2013 年 9 月 29 日，上海自由贸易区正式挂牌成立，首批入驻了 25 家企业和 11 家金融机构。其中 11 家金融机构包括工行、农行、中行、建行、交行、招行、浦发及上海银行 8 家中资银行，花旗、星展 2 家外资银行和交银金融租赁 1 家金融租赁公司。

4. 上海自贸区扩大开放

2014 年 6 月 28 日，国务院批准了《中国（上海）自由贸易试验区进一步扩大开放的措施》。31 条措施中，服务业领域 14 条，制造业领域 14 条，采矿业领域 2 条，建筑业领域 1 条。在服务业扩大开放方面，在上一年 23 条服务业扩大开放措施的基础上，又新增 14 条开放措施，突出了航运贸易等自贸试验区主导产业；在制造业和采矿业扩大开放方面，突出了研发；在建筑业扩大开放方面，体现了基础设施建设对外资的开放。这将有利于自贸试验区抓住国际产业重新布局的机遇，发挥好促进我国产业发展转型升级和培育国际经济合作竞争新优势的"试验田"作用。

5. 第一部自由贸易区法规通过

2014 年 7 月 25 日，上海市人大常委会第十四次会议高票通过《中国（上海）自由贸易试验区条例》（以下简称《条例》）。这是我国第一部关于自由贸易试验区的地方性法规，《条例》定位为综合性立法，集实施性法规、自主性法规、创制性法规的性质于一身，堪称自贸试验区建设的"基本法"。《条例》共 9 章 57 条，从管理体制、投资开放、贸易便利、金融服务、税收管理到综合监管、法治环境等方面，对推进自贸试验区建设进行了全面规范，于 2014 年 8 月 1 日起正式实施。

6. 国家版权贸易基地成立

2014 年 11 月 13 日，国家版权贸易基地（上海）揭牌仪式暨 2014 中国（上海）自由贸易试验区文化授权交易会开幕式在上海自由贸易试验区举行，这标志着长三角区域第一家国家级的版权贸易基地在自贸区成立。2014 中国（上海）自由贸易试验区文化授权交易会于 11 月 13 日至 15 日举行。

7. 部署在全国范围内推广上海自贸区改革试点经验

2015 年 1 月 29 日，中国政府网发布《国务院关于推广中国（上海）自由贸易试验区可复制改革试点经验的通知》（以下简称《通知》），对中国（上海）自由贸易试验区（以下简称上海自贸试验区）可复制改革试点经验在全国范围内的推广工作进行了全面部署。

《通知》明确，上海自贸试验区可复制改革试点经验，原则上除涉及法律修订、上海国际金融中心建设事项外，能在其他地区推广的要尽快推广，能在全国范围内推广的要推广到全国。有关部门结合自身深化改革的各项工作，已在全国范围复制推广了一批经验和做法。在此基础上，进一步在全国范围内复制推广五方面的改革事项 28 项。

8. 国务院印发《进一步深化中国（上海）自由贸易试验区改革开放方案》

2015 年 4 月 20 日，国务院印发了《进一步深化中国（上海）自由贸易试验区改革开放方案》（以下简称《进一步深化改革方案》），《进一步深化改革方案》结合时代背景，大力支持中国"一带一路"建设和长江经济带的发展，突出上海自贸区作为引领"长三角"地区经济建设乃至推动整个中国经济发展的作用。确定上海自贸区仍以制度创新为开放性经济建设的目标，"形成与国际投资贸易通行规则相衔接的制度创新体系，充分发挥金融贸易、先进制造、科技创新等重点功能承载区的辐射带动作用，力争建设成为开放度最高的投资贸易便利、货币兑换自由、监管高效便捷、法制环境规范的自由贸易园区。"

《进一步深化改革方案》从五个方面确定了上海自贸区的 25 项主要任务和措施，具体详见表 4-2。

表 4-2　《进一步深化改革方案》规定的主要任务和措施

主要任务	具体措施
加快政府职能转变	完善负面清单管理模式
	加强社会信用体系应用
	加强信息共享和服务平台应用
	健全综合执法体系
	健全社会力量参与市场监督制度
	完善企业年度报告公示和经营异常名录制度
	健全国家安全审查和反垄断审查协助工作机制
	推动产业预警制度创新
	推动信息公开制度创新
	推动公平竞争制度创新
	推动权益保护制度创新
	深化科技创新体制机制改革
深化与扩大开放相适应的投资管理制度创新	进一步扩大服务业和制造业等领域开放
	推进外商投资和境外投资管理制度改革
	深化商事登记制度改革
	完善企业准入"单一窗口"制度
积极推荐贸易监管制度创新	在自贸试验区内的海关特殊监管区域深化"一线放开"、"二线安全高效管住"贸易便利化改革
	推进国际贸易"单一窗口"建设
	统筹研究推进货物状态分类监管试点
	推动贸易转型升级
	完善具有国际竞争力的航运发展制度和运作模式
深入推荐金融制度创新	加大金融创新开放力度，加强与上海国际金融中心建设的联动

（续表）

主要任务	具体措施
加强法制和政策保障	健全法制保障体系
	探索适应企业国际化发展需要的创新人才服务体系和国际人才流动通行制度
	研究完善促进投资和贸易的税收政策

9. 自贸区账户外币服务功能正式启动

2015 年 4 月 22 日，人民银行上海总部发布《关于启动自由贸易账户外币服务功能的通知》，正式宣布上海市开展自贸试验区分账核算业务的金融机构可按相关要求向区内及境外主体提供本外币一体化的自由贸易账户金融服务，标志着自由贸易账户外币服务功能的正式启动。

10. 上海自贸区成效显著

2015 年 10 月 6 日，商务部新闻发言人沈丹阳在例行新闻发布会上表示，上海自贸试验区成立两年来在四个方面取得了显著成效：以负面清单管理为核心的外商投资管理制度基本建立；以贸易便利化为重点的贸易监管制度有效运行；以资本项目可兑换和金融服务业开放为目标的金融制度创新有序推进；以政府职能转变为核心的事中事后监管制度初步形成。

上海自贸试验区建设取得了积极进展，具体包括 9 个成效，如图 4-1 所示。

加勒比自由贸易区响应世界经济发展新形势，正在筹备发起世界自贸区联合会，中国（上海）自由贸易试验区已成为世界自由贸易区联合会成员。世界自由贸易区联合会将有利于提升世界各自由贸易区的整体自由化水平，积极推动世界范围内建立自由贸易区，促进世界各国对外贸易额的大幅度提升，辐射五大洲国家的全球自由贸易区网络，使大部分对外贸易、双向投资实现自由化和便利化。

①外商投资和境外投资备案管理制度改革成效明显；

②企业准入"单一窗口"制度进一步完善；

③贸易便利化水平不断提升；

④贸易功能不断深化；

⑤本外币一体化运作的自由贸易账户功能进一步拓展；

⑥跨境人民币结算、跨国公司总部外汇资金集中运营、本外币双向资金池等金融创新进一步深化；

⑦一批面向国际的金融交易平台已正式运行；

⑧人才创业环境进一步优化；

⑨自贸试验区与自主创新示范区联动发展加快。

图 4-1　上海自贸试验区建设的成效

（二）上海自贸区各片区发展定位

最初成立的上海自贸区面积为 28.78 平方千米，涵盖上海市外高桥保税区、外高桥保税物流园区、洋山保税港区和上海浦东机场综合保税区等 4 个海关特殊监管区域。2014 年 12 月 28 日全国人大常务委员会授权国务院扩展上海自贸区，将面积扩展至 120.72 平方千米。扩展区域包括陆家嘴金融片区、金桥开发片区和张江高科技片区。

1. 综合保税区片区

综合保税区总面积为 28.78 平方千米，包括外高桥保税区、外高桥保税物流园区、洋山保税港区、浦东机场综合保税区 4 个海关特殊监管区域。根据自贸试验区产业经济发展目标，依托原自贸试验区产业发展基础，原自贸区将加快发展国际贸易、金融服务、航运服务、专业服务、高端制造五大产业集群，重点集聚总部经济、平台经济、"四新"经济三大业态。

（1）外高桥保税区

外高桥保税区成立于1990年6月，是全国第一个保税区。经过二十多年的发展，外高桥保税区已经成为国内经济规模最大、业务功能最丰富的海关特殊监管区域，也是全国第一个"国家进口贸易促进创新示范区"。外高桥保税区做大做强酒类、钟表、汽车、工程机械、机床、医疗器械、生物医药、健康产品、化妆品、文化产品十大专业贸易平台，其中文化贸易平台被文化部授予全国首个"国家对外文化贸易基地"。

外高桥保税区依托区域先发优势，联动森兰区域，打造成为以国际贸易服务、金融服务、专业服务功能为主，商业、商务、文化、休闲多元功能集成的综合性功能集聚区。

（2）外高桥保税物流园区

外高桥保税物流园区于2003年12月设立，是我国第一个保税物流园区。作为全国第一个实施"区港联动"的试点区域，外高桥保税物流园区内可同时享受保税区、出口加工区相关政策和上海港的港航资源。

外高桥保税物流园区依托外高桥港区和外高桥保税区，打造成为国际物流服务功能区，依托"区区联动"、"进区退税"等政策功能优势，保税物流园区与外高桥保税区相辅相成、联动发展，是现代国际物流发展的重要基地。

（3）洋山保税港区

洋山保税港区设立于2005年6月，是我国第一个保税港区，包括小洋山港口区域、陆域部分和连接小洋山岛与陆地的东海大桥。洋山保税港区充分利用洋山深水港得天独厚的深水岸线和航道条件，联动临港地区（包括南汇新城），依托自贸试验区和国际航运发展综合试验区的政策叠加优势，打造成为具有全球竞争力的国际航运服务和离岸服务功能区。

洋山保税港区实行"区港一体"监管运作，是上海国际航运发展综合试验区的核心载体，集聚了包括通信及电子产品、汽车及零部件、高档食品、品牌服装等的分拨配送中心，基本形成了面向欧美的分拨配送基地、大宗商品产业基地、面向国内的进口贸易基地以及航运龙头企业集聚地。

（4）浦东机场综合保税区

浦东机场综合保税区设立于 2009 年 7 月，它充分依托浦东国际机场的亚太航空枢纽地位，发挥国际客流、商流、物流密集的独特优势，与周边国际旅游度假区等区域联动发展，在强化国际航空服务功能的同时，拓展高端商业、贸易等功能，打造成为具有全球竞争力和吸引力的国际航空服务和现代商贸功能区。

浦东机场综合保税区实行保税物流区域与机场西货运区一体化运作，具有浦东机场亚太航空复合枢纽港优势，是上海临空服务产业发展的先导区。目前已引进包括电子产品、医疗器械、高档消费品等全球知名跨国公司空运分拨中心以及百多个融资租赁项目，UPS、DHL 和 FedEx 三大全球快件公司均入区发展，一批重点功能性项目已启动运作，机场综保区已逐步形成空运亚太分拨中心、融资租赁、快件转运中心、高端消费品保税展销等临空功能服务产业链。

2. 陆家嘴金融片区

陆家嘴金融片区包括陆家嘴金融贸易区和世博前滩地区。陆家嘴金融片区是上海国际金融中心的核心区域、上海国际航运中心的高端服务区、上海国际贸易中心的现代商贸集聚区。这里将探索建立与国际通行规则相衔接的金融制度体系，与总部经济等现代服务业发展相适应的制度安排，持续推进投资便利化、贸易自由化、金融国际化和监管制度创新，加快形成更加国际化、市场化、法治化的营商环境。

世博前滩地区是上海新一轮发展的重点区域，正在打造总部经济、航运金融、文化体育旅游业、高端服务业集聚区。

3. 金桥开发片区

金桥开发片区成立于 1990 年，经过二十多年的发展，已经成为上海重要的先进制造业核心功能区、生产性服务业聚集区、战略性新兴产业先行区和生态工业示范区。这里将以创新政府管理和金融制度、打造贸易便利化营商环境、培育能代表国家参与国际竞争的战略性新兴产业为重点，不断提升经济发展活力和创新能力。

4. 张江高科技片区

张江高科技片区是上海贯彻落实创新型国家战略的核心基地。这里将推动上海自贸试验区建设与张江国家自主创新示范区建设深度联动，提升张江园区创新力，重点在国家科学中心、发展"四新"经济、科技创新公共服务平台、科技金融、人才高地和综合环境优化等重点领域开展探索创新。

（三）"负面清单"管理：经济管理现代化的标志

"负面清单"管理模式是经济管理现代化的标志，也体现了政府管理体系和管理能力的进步，有利于促进我国经济快速发展。

《中共中央关于全面深化改革若干重大问题的决定》（以下简称《决定》）指出："全面深化改革的总目标是完善和发展中国特色的社会主义制度，推进国家治理体系和治理能力的现代化。"什么是国家治理体系和能力的现代化？如果具体到政府对经济管理的领域，政府经济管理体系现代化的标志就是"透明管理"，治理能力现代化的标志就是"监管管理"。

政府管理透明度的概念，早在中国加入 WTO 的时候就已经为大家耳熟能详。所谓"透明度"包括三方面的内容，如图 4-2 所示。其中，对政府管理透明度要求的核心是"不公布，不执行"或"凡执行，必公布"。

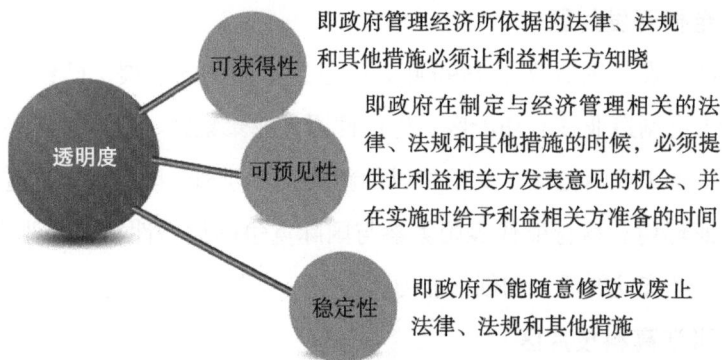

即政府管理经济所依据的法律、法规
和其他措施必须让利益相关方知晓

即政府在制定与经济管理相关的法
律、法规和其他措施的时候，必须提
供让利益相关方发表意见的机会、并
在实施时给予利益相关方准备的时间

即政府不能随意修改或废止
法律、法规和其他措施

图 4-2　政府透明度的概念

　　政府对经济管理的透明度要求主要通过负面清单管理方式来体现，所谓负面清单就是要求政府把其实施的对经济管理所依据的法律、法规和措施按部门和领域一一列明，加以公布，清单内容既包括政府正在实施的针对各部门的法律、法规和其他措施，也包括政府将保留进一步实施管理措施的权利部门和领域。即便是政府实施的管理按法律规定有透明度豁免权，也要列明透明度豁免的法律依据、实施范围和程序等。凡负面清单没有列明和公布的法律、法规和其他措施政府一律不得实施，除非将来另有法律规定。因此，负面清单管理不是管理的形式或手段，而是一种符合治理能力现代化要求的管理理念，对此我们必须有充分的理解。

　　所谓政府监管管理的概念，是对长期以来我国政府以审批为主的经济管理体制而言的。审批制本质上是一种集中计划经济体制遗留下来的管理方式。在经济发展水平比较低、经济活动主体比较单一、经济对外相对封闭的特殊条件下，审批制曾经在政府对经济的管理中发挥过一定的积极作用。但在目前我国经济整体发展水平已经比较高、经济活动主体不但多元化而且高度市场化、已经全面融入全球经济的情况下，对经济的以审批为主的管理方式已经暴露出一系列的弊病，到了非改革不可的地步。审批制的弊病主要表现在三个方面，如图 4-3 所示。

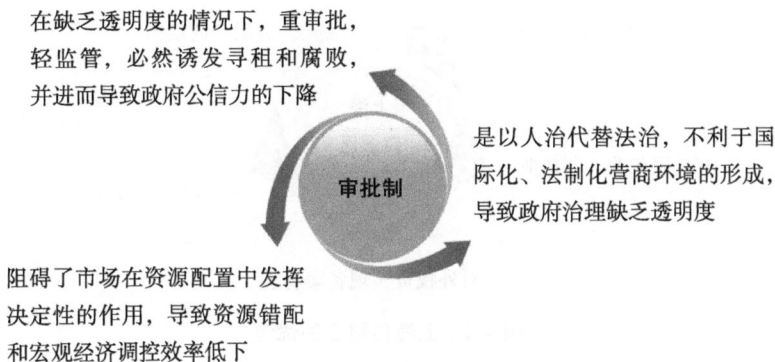

在缺乏透明度的情况下，重审批，
轻监管，必然诱发寻租和腐败，
并进而导致政府公信力的下降

审批制

是以人治代替法治，不利于国
际化、法制化营商环境的形成，
导致政府治理缺乏透明度

阻碍了市场在资源配置中发挥
决定性的作用，导致资源错配
和宏观经济调控效率低下

图 4-3　审批制的弊端

政府对经济活动的管理采取负面清单的方式，必然要求政府把管理重心从注重事前审批转向注重事中、事后监管，从而大大提高以科学监管为标志的政府治理能力的现代化。

正如《决定》所指出的那样："实行统一的市场准入制度，在制定负面清单的基础上，各类市场主体可依法平等进入清单以外的领域。探索对外商投资实行准入前国民待遇加负面清单的管理模式。"这段话的含义是，在上海自贸试验区进行对外商投资准入实行负面清单管理只是我国整个投资管理体制改革的第一步。改革的最终目标是要对我国整个投资管理体制按负面清单管理的要求进行改革，实现政府对经济活动的管理体系和管理能力的现代化。

（四）上海自贸区的优势

对于企业和机构来说，有些业务在上海自贸区内能做、区外不能做，有些业务是在自贸区内先做、自贸区外后做，有些业务是在自贸区内全能做、自贸区外部分能做。因此，自贸区能够为企业和机构业务的开展提供巨大的优势条件，具体来说，主要表现在如图 4-4 所示的几个方面。

图 4-4　上海自贸区的优势

1. 实行负面清单管理

目前在自贸区，负面清单以外按照内外资一致管理，也就是外资企业和项目登记实行备案管理，其他地方都要经过包括合同、章程等在内的逐案审批。

2. 开放服务业、制造业

自挂牌以来，上海自贸区先后在服务业领域以及部分制造业领域推出了 2 批共 54 项开放措施，目前这些举措只在区内进行试点。

3. 对外投资实现备案管理

在以前，对外投资需要经发改委、商务部、外汇等部门进行核准，一般需要耗费 3~6 个月的时间。在上海自贸区内，3 亿美元以下的项目只需在自贸区办理备案，3 个工作日就能办结，这大大加快了国内资本出海的速度。

4. 创新贸易便利模式

在海关监管上，自贸区率先在全国探索实践"一线放开、二线安全高效管住、区内自由"的模式，在贸易便利化如通航通关、检验检疫、选择性征税等方面形成了一系列的制度安排，促进了国际贸易单一窗口、货物状态分类监管等一系列新型业务的快速发展。

5. 金融开放创新

金融开放创新是自贸区改革的重头戏。目前,以自由贸易账户为基础的分账核算业务、境外本外币融资等都只在自贸区内试点。虽然跨境人民币双向资金池、跨国公司总部外汇资金集中运营管理等业务已经在全国范围内得到推广复制,但自贸区内要比区外更加便利。

(五)上海自贸区的影响

上海自贸区建设实际上是中国主动选择的一个新的开放试点,其核心是以开放倒逼改革提速。做出这种判断的依据是,自贸区建设需要政府将市场行为的主导权归还给市场主体、加快人民币自由兑换进程、推进税收改革。因此,自贸区建设带动并推进了金融、税收、贸易、政府管理等一系列改革措施的出台。同时,这些改革举措可为全国性的改革提供巨大的示范效应,在这个进程中,改革红利将会逐步释放出来,最终推动中国经济实现转型升级。

其次,自贸区是打造中国经济升级版的重要引擎。当前,中国经济正处于转型升级的重要阶段。在经济全球化的大背景下,国际经济合作显得更加重要,而加速资源要素的流通也势在必行。建立自贸区有助于提振外贸,稳定经济发展,为中国经济转型升级营造良好的发展环境。从国际角度看,建立自贸区符合当今国际贸易的发展趋势。

再次,对于资本市场来说,上海自贸区建设也有着非常重大的积极意义。这是因为自贸区经济有着巨大的长期发展潜力,辖区内的上市公司(与这些公司有业务关系的辖区外公司)获得经营方面实质性的积极影响,对于其业绩提升将有明显的裨益。同时,这些上市公司将会受到场内外资金的重点关注。由此,自贸区概念将成为资本市场的又一条投资主线。

最后,上海自贸区建设获批开始了自贸区 1.0 时代的发展,为自贸区 2.0 时代、3.0 时代的发展奠定了基础。

二、自贸区 2.0 发展时期

2014 年 12 月 28 日，全国人民代表大会常务委员会授权国务院在中国（广东）自由贸易试验区、中国（天津）自由贸易试验区、中国（福建）自由贸易试验区以及中国（上海）自由贸易试验区扩展区域暂时调整有关法律规定。

（一）新的三大自贸区概况

2015 年 4 月，天津、广东和福建三大自贸区同时挂牌，标志着我国自贸区建设正式进入 2.0 时代。加上 2013 年 9 月挂牌的上海自贸区，我国由南到北 4 大自贸区"连点成线"，勾画出改革开放、创新发展的新格局。

1. 天津自贸区

天津自贸区于 2014 年 12 月经国务院正式批准设立，面向东北亚市场，立足于京津冀协同发展，定位是要努力成为京津冀协同发展高水平对外开放平台、全国改革开放先行区和制度创新试验田、面向世界的高水平自由贸易园区。

天津自贸区总面积 119.9 平方千米，包括天津港东疆片区、天津机场片区和滨海新区中心商务片区。

（1）天津港东疆片区

天津港东疆片区面积 30 平方千米（含东疆保税港区 10 平方千米），是北方国际航运中心和国际物流中心的核心功能区。该片区将重点发展航运物流、国际贸易、融资租赁等现代服务业。区内拥有国际船舶登记制度、国际航运税收政策、航运金融、租赁业务 4 大类 22 项创新试点政策。

截至 2016 年 6 月，在东疆注册的企业超过 4600 家，其中 97% 的企业完成了纳税登记。

（2）天津机场片区

天津机场片区面积 43.1 平方公里（含天津港保税区空港部分 1 平方公里和滨海新区综合保税区 1.96 平方公里），是天津先进制造业企业和科技研发转化机构的重要集聚区。该片区将航空航天、装备制造、新一代信息技术等高端制造业和研发设计、航空物流等生产性服务业作为发展重点，形成了民用航空、装备制造、电子信息、生物医药、快速消费品和现代服务等优势产业集群。

2016 年上半年，机场片区生产总值增长超过 11 个百分点，规模以上工业总产值增长超过 10 个百分点。

（3）滨海新区中心商务片区

滨海新区中心商务片区面积 46.8 平方千米（含天津港保税区海港部分和保税物流园区 4 平方千米），是天津金融改革创新集聚区，也是滨海新区城市核心区，将以金融创新为主的现代服务业作为重点发展对象，是国内少数拥有金融"全牌照"的区域。

在该片区内，租赁、基金、保理、资金结算等业态获得快速发展。2016 年上半年，中心商务区新增市场主体 3000 多家，增速超过上年同期的 1.3 倍。目前，中心商务区市场主体已经超过 1.4 万家，创新金融、国际贸易与跨境电子商务、科技互联网三大特色产业集群初步形成，金融业支柱性地位进一步显现。

天津自贸区将重点实施行政管理、投资、贸易、金融和引领推动京津冀协同发展五个方面的试点内容，如图 4-5 所示。最终实现总体目标为：经过三至五年的改革探索，将天津自贸试验区建设成为贸易自由、投资便利、高端产业集聚、金融服务完善、法制环境规范、监管高效便捷、辐射带动效应明显的国际一流自由贸易园区，在京津冀协同发展和中国经济转型发展中发挥示范引领作用。

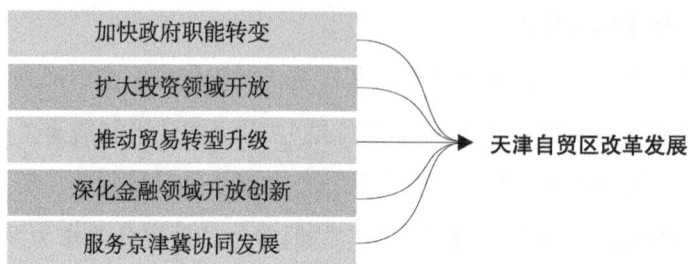

图 4-5　天津自贸区发展重点

2. 福建自贸区

2014 年 12 月 31 日，国务院正式批复设立中国（福建）自由贸易试验区，范围总面积 118.04 平方千米，包括平潭、厦门、福州 3 个片区。2015 年 2 月 13 日，中国（福建）自由贸易试验区福州海关工作组挂牌成立，工作组成立后会重点突出制度创新和对台特色，推进福建自贸区建设。

福建自贸区面向台湾，侧重两岸经贸合作，是两岸经贸的催化剂，定位于建设成为深化两岸经济合作示范区。根据区域布局和海关监管的不同方式，三个片区有不同的功能定位。

按照区域布局划分功能定位，如图 4-6 所示。

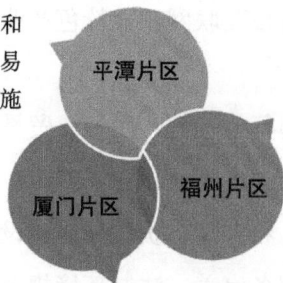

重点建设两岸共同家园和国际旅游岛，在投资贸易和资金人员往来方面实施更加自由便利的措施

平潭片区

重点建设先进制造业基地、21 世纪海上丝绸之路沿线国家和地区交流合作的重要平台、两岸服务贸易与金融创新合作示范区

厦门片区

福州片区

重点发展两岸新兴产业和现代服务业合作示范区、东南国际航运中心、两岸区域性金融服务中心和两岸贸易中心

图 4-6　福建自贸区按区域布局功能划分

按海关监管方式划分，海关特殊监管区域重点探索以贸易便利化为主要内容的制度创新，开展国际贸易、保税加工和保税物流等业务。非海关特殊监管区域重点探索投资制度改革，推动金融制度创新，积极发展现代服务业和高端制造业。

福建位于中国东南沿海，东临台湾，毗邻港澳，是中国最具成长性和竞争力的新兴区域，投资环境良好，这主要表现在四个方面，如图4-7所示。

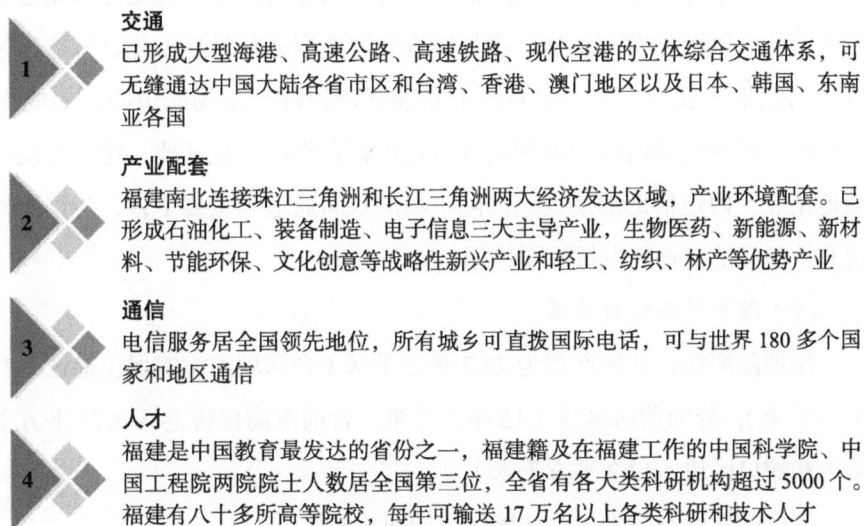

交通
1 已形成大型海港、高速公路、高速铁路、现代空港的立体综合交通体系，可无缝通达中国大陆各省市区和台湾、香港、澳门地区以及日本、韩国、东南亚各国

产业配套
2 福建南北连接珠江三角洲和长江三角洲两大经济发达区域，产业环境配套。已形成石油化工、装备制造、电子信息三大主导产业，生物医药、新能源、新材料、节能环保、文化创意等战略性新兴产业和轻工、纺织、林产等优势产业

通信
3 电信服务居全国领先地位，所有城乡可直拨国际电话，可与世界180多个国家和地区通信

人才
4 福建是中国教育最发达的省份之一，福建籍及在福建工作的中国科学院、中国工程院两院院士人数居全国第三位，全省有各大类科研机构超过5000个。福建有八十多所高等院校，每年可输送17万名以上各类科研和技术人才

图 4-7　福建良好投资环境具体表现

对于福建来说，通过设立自贸区，对推进机制体制创新，营造更加国际化、市场化、法治化的营商环境，增强发展软实力，实现政府管理经济方式转变，推动长远发展具有重大意义。

3. 广东自贸区

中国（广东）自由贸易试验区于 2014 年 12 月 31 日经国务院正式批准设立，依托港澳、服务内地、面向世界，定位于将自贸区建设成为全国新一轮改革开放先行地、21 世纪海上丝绸之路重要枢纽和粤港澳深度合作示范区。

广东自贸区实施范围为116.2平方千米，涵盖广州南沙新区片区、深圳前海蛇口片区、珠海横琴新区片区三个片区。

（1）广州南沙新区片区

广州南沙新区片区位于珠江三角洲地理结合中心，面积60平方千米（含广州南沙保税港区7.06平方千米），将航运物流、特色金融、国际贸易、高端制造等产业作为发展重点，致力于构建与国际新规则体系相适应的法治化、国际化营商环境，率先实现与港澳服务贸易自由化，打造国际贸易功能集成度高、金融创新服务功能强的国际航运物流中心，形成21世纪海上丝绸之路沿线国家和地区科技创新合作的示范基地，建成港澳向内地拓展、内地借助港澳通达国际市场的双向通道和重要平台，为国家构建开放型经济新格局发挥重要作用。

（2）深圳前海蛇口片区

深圳前海蛇口片区面积为28.2平方千米（含深圳前海湾保税港区3.71平方千米），分为前海区块（15平方千米，含前海湾保税港区3.71平方千米）和蛇口区块（13.2平方千米）。

根据产业形态分为三个功能区，如图4-8所示。

即前海区块中除保税港区之外的其他区域，主要承接服务贸易功能，重点发展金融、信息服务、科技服务和专业服务，建设我国金融业对外开放试验示范窗口、亚太地区重要的生产性服务业中心

即蛇口区块中除西部港区之外的其他区域，重点发展网络信息、科技服务、文化创意等新兴服务业，与前海区块形成产业联动、优势互补

重点发展港口物流、国际贸易、供应链管理与高端航运服务，承接货物贸易功能，努力打造国际性枢纽港

图4-8　深圳前海蛇口片区功能分区

深圳前海蛇口片区与香港隔海相望，紧邻香港国际机场和深圳机场两大空港，自身具有独一无二的优势，主要表现在四个方面，如图4-9所示。

片区联动的互补优势

"三区"叠加优势　　深圳前海蛇口片区　　深港合作的先天优势

一体化管理与整合优势

图4-9　深圳前海蛇口片区的优势

①"三区"叠加优势

前海深港合作区叠加了自贸试验区的功能和政策，具有"合作区＋自贸试验区＋保税港区"的"三区"叠加模式，因此，在享受前海合作区自身特有政策的同时，还可以享受全国自贸区的共享政策，比如15%的企业所得税和个人所得税。

②片区联动的互补优势

深圳西部港口区的蛇口港、赤湾港以及前海湾保税港区形成一个整体，为整合西部港区资源、建设国际性枢纽港、更好地贯彻"一带一路"战略提供有利条件。从功能上来看，前海的金融、贸易、航运服务将为蛇口产业升级添加新的活力，蛇口的产业基础和生活配套为前海提供支撑，二者形成优势互补、产业联动、错位发展的新格局。前海蛇口片区将形成深圳经济全新的增长极与城市中心，是珠三角"大湾区经济"最具活力与潜力的板块。

③深港合作的先天优势

前海蛇口片区内有两个世界级的港口群和机场群（分别为香港港、深圳西部港区、香港机场和深圳机场）。依托自贸区的制度框架，深港将形成更加尽力的经济合作关系，更好地整合深港两地的海空港资源，形成粤港澳大湾区发展的驱动轴。

④一体化管理与整合优势

前海蛇口片区成立管委会，统筹与整合前海与蛇口两大区块的发展，金融类企业、物流类企业等各类企业纷纷入驻。前海蛇口片区整合各类资源，打造"引进来"与"走出去"双向通道，将在服务"一带一路"战略中发挥更大的作用。

（3）珠海横琴新区片区

珠海横琴新区片区面积 28 平方千米，拥有独一无二的优势，如图 4-10 所示。珠海横琴新区片区将信息资讯服务、外包服务、商贸服务、会议展览、中医保健、会计、法律等产业作为发展重点，建设文化教育开放先导区和国际商务服务休闲旅游基地，打造促进澳门经济适度多元发展新载体。

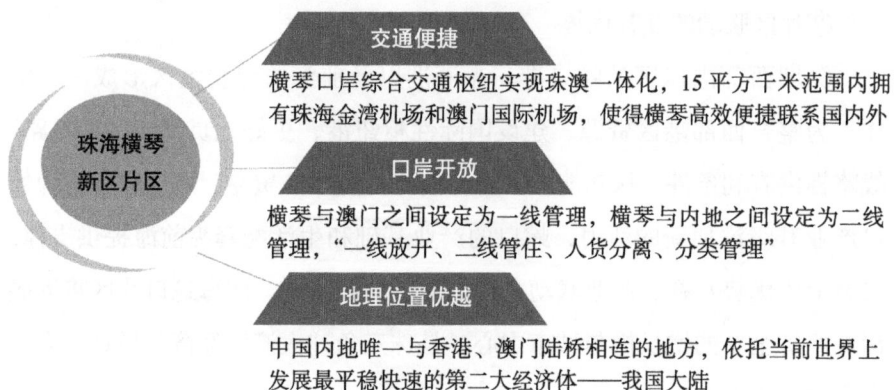

交通便捷

横琴口岸综合交通枢纽实现珠澳一体化，15 平方千米范围内拥有珠海金湾机场和澳门国际机场，使得横琴高效便捷联系国内外

珠海横琴新区片区

口岸开放

横琴与澳门之间设定为一线管理，横琴与内地之间设定为二线管理，"一线放开、二线管住、人货分离、分类管理"

地理位置优越

中国内地唯一与香港、澳门陆桥相连的地方，依托当前世界上发展最平稳快速的第二大经济体——我国大陆

图 4-10　珠海横琴新区片区的优势

（二）1.0 与 2.0 时代自贸区的发展区别

四大自贸区的发展重点有所不同，具体详见表 4-3。

表 4-3　四大自贸区发展定位

自贸区	发展定位
上海自贸区	面向全球，侧重金融中心
天津自贸区	面向东北亚，促进京津冀制造业升级
广东自贸区	面向港澳，侧重服务贸易自由化
福建自贸区	面向台湾，侧重两岸经贸合作

中国上海自由贸易区立足长江经济带，将更多地定位于金融业的发展；天津自由贸易区配合"京津冀"一体化战略，侧重制造业的发展及对外开放，力图辐射整个北方地区；广东自贸区则立足珠三角，侧重香港和澳门地区，力图促进服务业的发展和开放；福建自贸区侧重发挥对台优势，同时配合"一带一路"，力图在贸易等层面有所突破。

为什么会有这样的发展定位？

首先，上海作为中国经济的领头羊，对中国经济的拉动作用显著，因而选择上海作为第一个自由贸易区，自然有着对悠久的历史传统的考虑，而如何才能恢复"大上海"的历史辉煌地位才是值得期待的。回头看，上海自贸区经过几年的试验，取得了部分的进展，在贸易便利化、投资自由化等方面积累了一些可复制的经验，而负面清单尚存争议，事后监管仍然有很大的空间。而上海自贸区扩区，则能使一些成功的做法直接在更大的区域范围内采用。

其次，天津作为直辖市，毗邻首都，地位重要，在历史上曾经发挥了重要作用，因而通过天津自贸区试验力图对整个北方经济发挥辐射作用，对于传统的东北经济区发挥引领作用。在近期，则被期望能对京津冀一体化的进程发挥推动作用。

广东一直是改革的前沿阵地，在制度创新层面积累了不少经验，深圳一度被视为是改革开放的排头兵，自然被寄予厚望。作为偏离政治中心的广东，有可能在制度创新上发挥先行者角色，而目前也面临着优惠政策越来越少的局面，如何进一步开创新的局面一直为决策层所关注。

福建独特的历史和对台区位是建立自贸区的主要原因。在历史上，福建曾经是海上丝绸之路的起始点，在改革开放初期也是经济特区的设点省份，同时与台湾隔海相对，被视为对台的窗口，目前被视为"一带一路"的核心区，能否重现当年的风光也是各方所关注的。

（三）2.0 时代下的四大自贸区发展状况

具体而言，上海、广东、天津、福建 4 个自贸试验区在投资、贸易、金融服务、事中事后监管、创业创新等多个方面都取得了突破性的成果。

1. 投资管理体制

四个自贸试验区投资管理体制改革持续深化，以负面清单管理为核心，持续拓展商事登记制度改革，推行企业设立"一口受理"及对外投资合作"一站式"服务。

2. 贸易监管制度

以推进贸易便利化为重点，口岸管理部门优化"一线放开、二线安全高效管住"监管模式，支持试点"进境动植物检疫审批负面清单制度""货物状态分类监管"等举措，国际贸易"单一窗口"上线，各自贸区通关效率平均提高约 40%，贸易监管制度创新成效明显。

3. 金融开放创新

稳步推出金融开放创新举措，提升服务实体经济质量和水平。上海自贸试验区自由贸易账户试点由人民币业务拓展至外币，黄金国际板平稳运行，国际板黄金交易规模近 2000 吨，广东、天津、福建自贸试验区试点推出公募房地产信托投资基金产品、中小微企业贷款风险补偿、"银税互动"诚信小微企业贷款免除担保等。

4. 事中事后监管

初步形成了严密高效的事中事后监管体系，事前诚信承诺、事中评估分类、事后联动奖惩构成了自贸试验区全链条信用监管体系，信用信息公示平台普遍建立。

5. 创业创新

鼓励创业创新，上海市将自贸试验区建设与科技创新中心建设相结合，探索完善高层次人才引进、留学生就业等制度；广东自贸试验区出台人才建设意见，推进粤港澳人才合作示范区建设；天津自贸试验区专辟"双创特区"，为创业创新企业提供"一条龙"服务；福建自贸试验区引入两岸金桥（福建）就业培训机构、福建工程学院创新创业孵化中心等"双创"服务支持机构。

2013 年起至今，上海、广东、天津、福建四大自贸试验区共同立足于服务国家战略，依照自身区域优势，肩负不同的具体任务。例如，为推动"一带一路"建设，上海自贸试验区建立亚太示范电子口岸网络；广东自贸试验区"走出去"与伊朗、马来西亚、印度尼西亚等国家自贸园区开展合作；天津自贸试验区推出"一带一路"过境货物专项便利检验检疫制度；福建自贸试验区以中欧班列（厦门）常态化运营为契机，融入"一带一路"战略。四地协同发展，在整体上服务于国家的改革开放大势，把自贸区建设和自由贸易试验区建设结合起来，通过自贸试验区的先行先试，突破原有管理体系、制度、流程的制约，形成以开放促改革、促发展的新局面。

广东、福建、天津、上海四大自贸区"连点成线"，在中国沿海构筑起各具优势、各有侧重的对外开放新热土、新高地，肩负着服务国家重大发展战略的使命，将在中国深入参与全球治理体系改革、推动新一轮国际贸易协定、融入国际贸易新机制中发挥重要作用。

推进自贸区建设是中央根据全球化新趋势、新变化，深刻把握国内改革发展新要求，为全面深化改革扩大开放，探索新途径积累新经验做出的重大决策。自贸区是制度创新"高地"，而非政策"洼地"，是以开放倒逼简政放权改革，是中国新一轮高水平对外开放和更大范围改革的试验田，将进一步提升中国开放型经济发展水平，将成熟的经济金融制度向全国推广。

（四）2.0 时代自贸区发展战略展望

自贸区在政策设计上，一方面是积极应对外部环境的变化，化被动为主动，应对国际规则和竞争的变化；另一方面则是通过对外开放，促进改革的深入实施。因而，自贸区非常重要的一点就是不断提高自贸区本身的创新能力，通过改革和制度创新，为改革和开放积累经验，并及时总结推广。

四大自由贸易区的发展策略展望如下。

1. 上海自贸区——突破制度创新障碍

上海自贸区具有先发优势，在自贸区中已经积累了相当的经验，需要强化的是突破制度创新的障碍，进行更积极的改革努力。在金融改革上需要有更多的改革措施，更好地协调各个部委之间的关联，最大的难题是金融改革内在的困难可能在金融体系之外，更在上海本身的能力范围之外。最值得探索的是，如何强化事后的监管，上海在管理层面具有历史传统和优势，因而应该积极总结和进一步探索由"事前审批"变"事后监管"所面临的问题及应对措施。

2. 天津自贸区——提高对外开放

天津自贸区面临较大的挑战：一方面，创新并不是天津的传统优势；另一方面，太靠近决策中心，可能并没有足够的影响政策决定能力。位于北方经济区内，行政干预过强，导致经济活力不足一直是老大难问题，天津自贸区在开放促进改革的试验中具有一些短板。因而天津自贸区的侧重点应该是如何在京津冀一体化背景下提高对外开放的水平。

3. 广东自贸区——进一步扩大对外开放

广东自贸区比较有可能实现政策预期目标。广东具有改革的传统，在政府与市场的关系上，政府更多地具有一定的"非禁即入"特征，对市场的直接干预较少；同时市场主体也具有较高的经济意识，敢于创新。广东自贸区试验应该力图进一步扩大对外开放的力度，鼓励企业进一步走出去。

4. 福建自贸区——推出制度创新

福建自贸区任重道远。福建自贸区试验需要避免当年厦门经济特区的教训，在改革开放的实践中需要加大勇气，不断进行制度创新。目前看来，除了对台的区域考虑，福建自贸区的优势并不明显。即使是台商，在大陆的投资中，投在福建省内的并不是最多。同时，福建本身在基础设施、投资环境、政府的服务水平等方面都有待进一步提升，改革的决心和勇气也有待进一步加强，如何发挥"后发优势"值得观察。

总体来看，由于自贸区更多定位在制度创新上，因而四大贸易区的制度创新能力将是长期发展的关键，而"事后监管"能力的培育和提升将是真正的挑战。

三、自贸区 3.0 发展时期

2016 年 8 月 31 日党中央、国务院决定，在辽宁省、浙江省、河南省、湖北省、重庆市、四川省、陕西省设立 7 个新的自贸试验区。2013 年以来，中国先后设立了上海、广东、天津、福建四个自贸试验区。伴随着我国经济结构调整、产业转型创新以及新的区域规划思路的展开，我国经济地理新的版图正在铺开，在"以陆桥通道、沿长江通道为两条横轴，以沿海、京哈京广、包昆通道为三条纵轴"的城镇化战略布局下，中西部地区将重点吸纳东部返乡和就近转移的农民工人口，加快发展产业集群。由此次试点地区来看，新增自贸试验区重点强调了西部地区的开放要求和中部地区的东西贯通、产业承接能力，同时兼顾东北老工业基地转型、沿海及腹地共同开放。

此次决定设立 7 个横跨沿海内陆、贯通东西、兼顾东北的新自贸试验区，这一举措将推动国内国际格局的统筹，进一步以开放促改革、促发展，代表着自贸试验区建设进入了试点探索的新航程。

自贸试验区建设工作启动以来，上海、广东、天津、福建 4 个自贸试验区立足国家发展战略，结合自身区域优势，在投资、贸易、金融服务、事中事后监管、创业创新等多个方面进行了深入探索，激发了市场活力。要把自贸区建设和自由贸易试验区建设结合起来，通过自贸试验区的先行先试，突破原有管理体系、制度、流程的制约，形成以开放促改革、促发展的新局面。

新设的 7 个自贸试验区将继续依托现有经国务院批准的新区、园区，继续紧扣制度创新这一核心，进一步对接高标准国际经贸规则，在更广领域、更大范围形成各具特色、各有侧重的试点格局，推动全面深化改革、扩大开放。

（一）七大自贸区的功能定位

与上海、广东、福建、天津自贸区综合性改革不同，新设立的七个自贸区都打出了更具地方特色的"改革牌"，如图 4-11 所示。

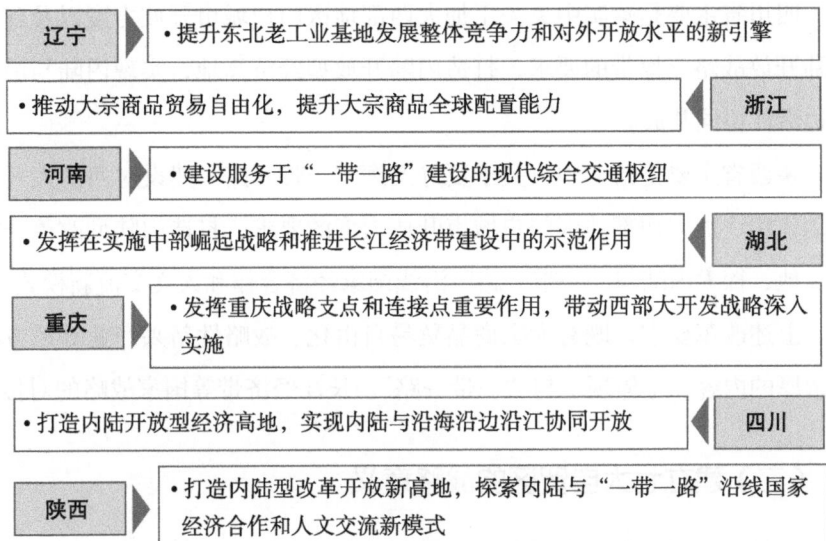

辽宁 ▶	• 提升东北老工业基地发展整体竞争力和对外开放水平的新引擎

• 推动大宗商品贸易自由化，提升大宗商品全球配置能力	◀ 浙江

河南 ▶	• 建设服务于"一带一路"建设的现代综合交通枢纽

• 发挥在实施中部崛起战略和推进长江经济带建设中的示范作用	◀ 湖北

重庆 ▶	• 发挥重庆战略支点和连接点重要作用，带动西部大开发战略深入实施

• 打造内陆开放型经济高地，实现内陆与沿海沿边沿江协同开放	◀ 四川

陕西 ▶	• 打造内陆型改革开放新高地，探索内陆与"一带一路"沿线国家经济合作和人文交流新模式

图 4-11　七大自贸区改革要点

辽宁省主要是落实中央关于加快市场取向体制机制改革、推动结构调整的要求，着力打造提升东北老工业基地发展整体竞争力和对外开放水平的新引擎。

浙江省主要是落实中央关于"探索建设舟山自由贸易港区"的要求，就推动大宗商品贸易自由化、提升大宗商品全球配置能力进行探索。

河南省主要是落实中央关于加快建设贯通南北、连接东西的现代立体交通体系和现代物流体系的要求，着力建设服务于"一带一路"建设的现代综合交通枢纽。

湖北省主要是落实中央关于中部地区有序承接产业转移、建设一批战略性新兴产业和高技术产业基地的要求，发挥其在实施中部崛起战略和推进长江经济带建设中的示范作用。

重庆市主要是落实中央关于发挥重庆战略支点和连接点重要作用、加大西部地区门户城市开放力度的要求，带动西部大开发战略深入实施。

四川省主要是落实中央关于加大西部地区门户城市开放力度以及建设内陆开放战略支撑带的要求，打造内陆开放型经济高地，实现内陆与沿海沿边沿江协同开放。

陕西省主要是落实中央关于更好发挥"一带一路"建设对西部大开发带动作用、加大西部地区门户城市开放力度的要求，打造内陆型改革开放新高地，探索内陆与"一带一路"沿线国家经济合作和人文交流新模式。

上述改革要点，既有大宗商品贸易自由化、战略性新兴产业等地方特色浓厚的内容，也体现了与"一带一路"、长江经济带等国家战略的对接。

（二）建立七大自贸区的战略意义

建设自贸区是党中央国务院从国内外发展大势出发，统筹国内国际两个大局，顺应全球经贸发展新趋势，推进我国改革的重大举措和重大尝试。"边试点、边总结、边推广"是自贸试验区工作的重要原则之一。自2013年以来，自贸试验区不断产生可复制可推广的经验。而设立新自贸区的决议更是在借鉴以往四个自贸区实践过程中取得的可复制改革试点经验的基础上，因地制宜，进一步促进中西部地区发展，深化落实"两横三纵"战略，体现了我国区域经济设计新版图。

1. 对内战略意义

对内落实"两横三纵"战略设计，优化我国中长期区域规划宏观布局。伴随着中国经济结构调整、产业转型创新以及新的区域规划思路的展开，过去30多年来中国基本形成的东部对外开放、中部承接产业转移、西部能矿、东北重工业的单一层级的线性区域经济地理格局正在出现分化裂变。

新设 7 个自贸试验区在布局上强调了连贯东西、打通沿海到内陆的战略连结渠道、加大中西部门户城市的开放需求，优化布局、合理分工、功能互补、协同发展。实现了"两横三纵"战略所强调的具体目标，即在中西部和东北有条件的地区，依靠市场力量和国家规划引导，逐步发展形成若干城市群，成为带动中西部和东北地区发展的重要增长极，推动国土空间均衡开发。同时进一步塑造我国以开放促改革、促发展新红利的新优势。

2. 对外战略意义

对外探索国际合作新形式，主动顺应全球化经济治理新趋势、新格局，对接国际贸易投资新规则、新要求，推动新一轮对外开放。后金融危机时代，发达国家构建新型经济结构、加快推进再工业化和制造业回归；新兴经济体加快崛起，在全球经贸发展中的话语权和地位不断提升；全球金融贸易投资治理结构的大调整，新的国际金融体系、国际投资体系、多边贸易体系正在重构，新产业革命促成新业态新模式，引至新的贸易新的投资。

2016 年在经历了英国脱欧事件后，全球经济进入新一轮下滑时期，整体经济环境与 2008 年有所类似。2016 年的杭州 G20 峰会结束后，在当前全球发展正向亚太转移的国际形势下，中国一方面作为全球新格局中受关注的新焦点，在全球经济中的角色越发重要，另一方面更需要把握住全球经济协作的关键拐点。自贸区的进一步扩大有助于中国推进新的更高标准的贸易自由化、投资自由化，扩大开放领域、提升开放能级，接轨国际贸易投资新规则。

（三）3.0 时代自贸区对企业人的影响

对于自贸区企业人来说，3.0 时代的自贸区对他们也有非常重要的影响。

第一，3.0 时代的七个自贸区与前四个有本质的区别。对前四个自贸区国家没有明确产业指导，而对 3.0 时代的七个全部做了产业指导，如浙江省主要探索大宗商品交易。

第二，七个自贸区的产业指导都有一定基础。还是以浙江为例，自贸区设在舟山，而舟山有一个舟山大宗商品交易中心，现在改名为中国（浙江）大宗商品交易中心。

第三，设立自贸区的目的是给这些产业进一步政策支持以及整体规划，从而避免恶性竞争。政策支持很简单，这些地区原本的优势产业发展碰到了瓶颈，国家就在此设立自贸区，让该地区没有约束地发展，避免恶性竞争。比如前几年国家支持光伏产业，导致全国多地发展光伏，互打价格战，形成了恶性战争。这次国家制定了规划，各地区发展自己的优势产业，避免了地区与地区之间的恶意竞争。

第四，自贸区的政策优势各有特点。例如，

- 保税，方便做转口贸易；
- 白名单制度，国家没有说不能做的就大胆去做；
- 各种试点，对于新生事物，自贸区外通常会因过于谨慎导致搁浅，而自贸区内通常建议先尝试；
- FT 账户，便于做外贸业务。

第五章

"一带一路"与自贸区的战略对接

2015 年 3 月 28 日，各界期盼已久的国家级规划——《推动共建丝绸之路经济带和 21 世纪海上丝绸之路的愿景与行动》公布。此前的 3 月 24 日，广东、天津、福建自贸区方案通过，自贸区扩展为四个。"一带一路"与自贸区战略有着紧密联系，标志着我国新一轮改革开放有了新的支点。那么，在"一带一路"战略的指导下，自贸区将会得到什么样的发展？本章将着重介绍"一带一路"与自贸区的关系，以及其中的优惠政策。

一、我国改革开放新版图，四大自贸区如何继续发展

随着时代的发展，我国改革开放进入新的发展阶段。在这种形势下，四大自贸区怎样继续发展才能紧随时代的潮流？

（一）开放新版图的必然原因

一般认为，经济增速之所以下行，是因为我们传统的三驾马车即投资、出口、消费不得力。投资、出口、消费都在进行深刻转型，在拉动增速方面分别面临着不同问题。

1. 投资产生负面效应

从投资来看，在投资拉动边际效应越来越小、时效越来越短的同时，大量投资的进入也产生了负面效应，比如产能过剩、资源浪费、房价高企、地方债突出等问题。"一带一路"把投资引向国外，能够减轻这些问题，同时还能为巨额的外汇储备增值。

2. 受出口影响所致

我国加入 WTO 后的十几年，我国制造在世界市场上所向披靡。历史经验证明，出口对于我国非常重要。但如今，随着人口红利消失、世界经济失衡等内外因素影响，出口形势不容乐观。

出口面临比较严峻的国际形势。我国目前已经是货物贸易第一大国，贸易摩擦成为常态，人民币升值导致出口成本继续上升。外贸转型虽有所进展，但仍需时间。在自贸区谈判方面，WTO 框架内进展停滞，美国在 TPP 和 TTIP 中排斥夹击我国，我国亟须找到新的对外开放窗口，"一带一路"成为必然选择。

3. 扩大消费面临较大困难

与发达国家相比，我国消费对经济增速的贡献率很低，虽然提升消费

具有巨大的潜力，但是扩大居民消费涉及收入持续增长、收入分配改革、完善社会保障、填平房价医疗和教育等诸多方面的问题，这将是一个系统性工程，短期内很难达到。

不唯 GDP，并非不提 GDP。在三驾马车加快转型升级的同时，存在一个拉动经济增速的空档期，这需要一个突破口。"一带一路"就是这个突破口。除了国内需要，"一带一路"也是世界外部经济失衡环境的要求：第一，中国有过剩的资本，需要走出去；第二，中国的巨大产能也要有出路。"资本需要投资空间，过剩产能需要新的市场"。

（二）推进"一带一路"建设的意义

"一带一路"对于我国的意义，不仅在于拉动经济增速，更在于构建新的开放格局。"一带一路"战略是我国新的对外开放体系的建构，至少包括三个层面，且这三个层面是三环相扣的开放经济体系，如图 5-1 所示。

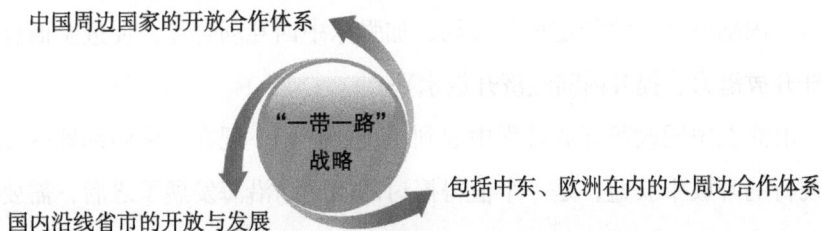

中国周边国家的开放合作体系

"一带一路"战略

包括中东、欧洲在内的大周边合作体系

国内沿线省市的开放与发展

图 5-1　"一带一路"对外开放体系

推进"一带一路"建设，是我国扩大和深化对外开放、全面提高开放型经济水平的需要，是实行更加积极主动开放战略的具体实践。对于我国来说，"一带一路"开放格局的重要性还体现在其规模之大——区域内有 60 多个国家，约 44 亿人口，占世界人口 63%，其经济内涵就是发掘区域内市场潜力，促进投资和消费，创造需求和就业。

基础设施互联互通是"一带一路"建设的优先领域，工程、道路、港口、通信等多领域需要投资。据预测，至2020年，亚洲地区需要投入8万亿美元用于基础设施建设，才能支撑目前的经济增长水平。

我国是当今世界最具能力进行基础设施建设的国家，"一带一路"国家则需要大规模的基础设施建设。我国过剩的产能、我国的资本、我国的基础设施建设技术，都是这些国家所需要的。

当前的情况是，当国家需要通过对外产能输出化解产能过剩时，外汇储备恰好为国内企业的海外拓展提供融资支持，最好的方式就是建立多边金融机构。美国主导建立了世界银行，日本主导建立了亚洲开发银行，我国倡导筹建的亚洲基础设施投资银行（简称亚投行）早已做好准备。东南亚、中亚都需要大规模的基础设施建设，所以我国建立亚投行，进行互利互通的基础设施建设，对方有巨大的缺口需求。

"一带一路"新格局的构建，意义更在于把中西部推向开放的前沿，充分发挥国内各地区比较优势，进一步优化西北、东北、西南、沿海和港澳台、内陆五大区块的定位与布局，加强东中西互动合作，促进全面释放内陆开放潜力、提升内陆经济开放水平。

沿海在中国改革开放进程中起到了重要作用。现在，中西部地区如何从现行的开放中获益，是一个值得探讨的问题。沿海发展了之后，需要思考广大内陆地方的发展，"一带一路"建设给内陆发展提供了一个很重要的契机。

（三）四个自贸区：改革新高地

广东、天津、福建自贸区方案的通过，打响了自贸区2.0时代的发令枪，连同2013年9月正式挂牌的上海自贸区一起，2015年政府工作报告中提出的四个"各具特色的改革开放高地"正式集结完毕。

　　从上海自贸区扩展到从南到北的四个自贸区，很多人相信，自贸区作为改革开放试验田，其最终目标是要将成熟的经济和金融制度推广至全国。以开放倒逼改革，历史上中国的四个经济特区有着成功的经验，它们发挥了拉动中国改革的作用。如今，四个自贸区的起点已不可同日而语，它们有着更深层次的追求。当年的经济特区，目的是对接港澳台，引进外资和技术，重在开放；而如今的自贸区，形成南北呼应，重在自我转型和升级，意在改革。

　　当下的我国已是世界第一贸易大国，无论是贸易总量还是 GDP 总量在全世界占比都早已突破十个百分点，我国经济也正式宣布进入新常态。自贸区所要面对的是在新常态下进行的新一轮体制创新的先行先试。新常态之下，是高水平的开放、高质量的发展和高标准的改革。

　　我国四个自贸区将进一步开放。金融、教育、文化、医疗机构、建筑、设计、会计、统计、电子商务、商贸物流等都是未来自贸区重点开放的服务业领域。

　　在这个我国改革开放的新版图中，如果把"一带一路"看作是横向铺开的话，那么，四个自贸区的意义就在于纵向深入。当"一带一路"在开辟对外开放新通道时，作为传统开放起点的沿海，在尝试着把改革开放"掘"得更深。人们看到，从四个自贸区到"一带一路"环环相扣。一个改革开放的新版图正在铺展。

二、"一带一路"对接自贸区

　　"一带一路"的战略发展给自贸区带来了新的曙光，那么，"一带一路"对接自贸区又会带来什么样的突破？

（一）自贸区是"一带一路"战略的前进方向

"一带一路"战略是为了适应国内外经济新格局新变化，突破以出口为主的外向型经济发展制约，化解结构性矛盾和产能过剩压力，打破欧美等发达国家不断通过贸易结构调整及规则重塑对我国发展的封堵，由以习近平为首的新的中央领导集体提出的宏大战略构想。"一带一路"战略的具体实施，需要自贸区作为基础支撑，形成以点带面、联动发展的改革开放新局面。为什么自贸区是"一带一路"战略的前进方向？

1. 自贸区是"一带一路"战略的基础平台和重要节点

"一带一路"的核心要点在于东西互济、陆海统筹，要连接成线、发展成带。其推进落实较为可行的途径是将国内外一些核心区域和重要节点作为战略支撑，形成"一带一路"战略的发展平台和重要开放窗口。

3.0时代自贸区的建立也可以从此处体现出来，3.0时代自贸区一些区位优势明显、腹地广阔、潜力较大的交通节点地区，更加有利于发挥对"一带一路"国内相关区域和沿线国家的要素集聚、经济辐射与联动作用。

2. 自贸区与"一带一路"战略具有"纲与目"的关系

以"一带一路"为纲，自贸区为目，纲举而目张，共同深化对外开放的载体。习近平总书记针对"一带一路"提出的"五通"目标与自贸区的"四化"任务有相通之处，比如贸易畅通、货币流通正与贸易便利化、金融国际化相吻合。

各个自贸区如同一颗颗"珍珠"，而"一带一路"如同两条"丝线"，二者形成合力，结成"珍珠链"，这是"一带一路"与自贸区关系的典型写照。二者相得益彰，"一带一路"战略为对外开放构建新的平台，深化与沿线国家双边区域经济合作；而自贸区则在投资自由化、贸易便利化、金融国际化、行政管理简化等具体方面先行先试，为国内经济转型升级、参与国际贸易谈判积累经验，促进"一带一路"战略目标的实现。两者共同发展，更加有利于强化我国经济的发展。

（二）自贸区与"一带一路"进行对接融合

既然"一带一路"与自贸区战略是应有之力，那么如何做才能使得其全方面进行对接融合？

1. 积极谋划申报，错位共赢发展，服务于"一带一路"战略大局

一要积极谋划把握自贸区与"一带一路"战略在众多产业和要素调动中产生的各种不可估量的产业创新、金融创新、区域创新等新机遇。

二要错位共赢发展，避免出现"一哄而上"和恶性竞争的现象。努力在国家战略与申报诉求之间找到结合点，追求互补发展、共赢发展，避免相互"拆台"和"窝里斗"。

三要着眼于地缘政治和国家经济核心战略方面，应该进行统筹协调、共建共享、互利共赢，实现更高层次的竞合，防止无序竞争，实现自贸区与"一带一路"战略对外向型经济新格局的融合驱动。

2. 争取政策红利，立足自身优势，创造融入"一带一路"战略的切入点

要充分认识到自贸区的宗旨在于打造投资便利、贸易自由、高端聚集、金融完善、监管透明、法规健全、辐射显著的全球经济制高点，为"一带一路"区域发展创造国际化平台。要立足现实、发挥优势、主动对接，避免只希望上级重视、偏爱特殊政策给予、"等靠要"资金和政策上的倾斜。要顺应发展趋势、潮流，找准切入点。

这就需要做好如图 5-2 所示的五个方面的工作，积极推动自贸区的贸易投资便利化制度红利迅速外溢，延伸自贸区辐射功能，服务于"一带一路"战略。

1	要提升物流功能，融入"一带一路"要素流动的载体体系
2	要突出发展跨境贸易电子商务，深化"一带一路"对外开放的重要功能载体，有效规避传统国际贸易中的各种壁垒
3	要突出发展高端装备国际贸易，促进"一带一路"沿线产业升级
4	要突出发展流通消费国际化示范区，打造"一带一路"消费引领高端节点
5	要打造投资贸易便利内陆开放高地，提升"一带一路"要素集聚、产业聚集功能

图 5-2　自贸区如何创造"一带一路"战略切入点

3. 务实制度创新，保障"一带一路"战略的根基

政府对外要做好政策沟通协调，营造良好的合作环境，对内则要进行强化统筹协调，为企业搭好平台。要突出企业的主体作用，依托企业不断探索自贸区发展的新模式。

一要强化制度创新对自贸区和"一带一路"本质意义的认识。自贸区的最大导向在于从优惠政策的谋取转向制度创新。地方自贸区制度创新要自觉服从于国家重大发展战略，先行先试。

二要牢固树立企业主体地位，突出企业在自贸区和"一带一路"战略中的重要作用。引导企业特别是民营企业在自贸区构建发展中的深度参与，要引导企业规范经营，积极矫正中国企业在快速"走出去"过程中过于粗放的情况。

三要推进政府服务模式和监管模式创新，营造自贸区和"一带一路"法治化、国际化营商环境。简政放权，实施准入前国民待遇和负面清单的管理模式，加强事中事后监管，创造可复制、可推广的自贸区发展的制度路径依赖，形成"一带一路"沿途的生产、流通、市场规模效应。

4. 布局合作战略，创新互动模式，实现"一带一路"经济带互利共赢

"一带一路"沿线国家多达 60 多个，占世界人口的 60%，具有时空范围广、跨度大、周期长的特点，实施难度可想而知，进程设想太快也不现实。要探索区域开发开放与"一带一路"沿线相结合的互利共赢合作新模式、新机制、新办法。

一是探索构建联席会议制度，加强互联互通，共商发展大计，缓解海量信息交流沟通和利益互动问题。二是创新合作模式，实现互利共赢。选取"一带一路"沿线城市结对，从友好城市或者友好港口开始，再发展双边或单边产业园，重塑国际间产业发展的合作模式。可从政府角度加大与沿线国家地方政府、社会组织的密切交往，考虑与所在国的地方政府构建合作网络，搭建"一带一路"经贸合作的服务平台。三是更加主动地实施国家间的自贸区战略，积极参与重大国际自贸区谈判与全球规则制定。四是加快与国内"一带一路"节点地区对外经贸发展的对接与合作。

（三）加强"一带一路"与国际间自贸区的战略对接

"一带一路"构想与自贸区战略有着紧密联系，加强彼此间的有机对接和战略联动，有利于为我国新一轮对外开放提供有力支撑。在推动二者的联动过程中，必须合理安排政府与市场的定位。

1. 加强"一带一路"与国际间自贸区战略联动的重要性

在推进与贸易伙伴共同发展的道路上，探索各种经济合作方式。自贸区是全面深化改革、构建开放型经济新体制的必然选择，也是我国积极运筹对外关系、实现对外战略目标的重要手段。同时，"一带一路"构想也与自贸区战略有着紧密联系，加强彼此间的有机对接和战略联动，将为我国新一轮对外开放提供有力支撑。

2008 年国际金融危机至今，全球经济增长虽然出现部分复苏迹象，但仍然表现出发展动力不足、整体需求疲软的局面。各国都在想方设法推动贸易与投资，以摆脱经济低迷的困境。在多边贸易机制没有太多进展的背景下，发达经济体转向区域经济一体化。由此可见，全球贸易体系正经历新一轮重构。

与此同时，我国经济发展也进入了新常态，技术创新与产业升级成为我国经济转型中的重要命题。在全球贸易体系新一轮重构和国内经济增速调整的双重挑战下，我国更加需要扩大对外开放。

"丝绸之路经济带"和"21 世纪海上丝绸之路"构想正是突破上述双重压力的重大战略设计，一方面通过与亚欧国家开展经贸合作，开拓新的市场，降低我国对欧美等传统市场的依赖；另一方面，加强与周边经济体的基础设施建设和互联互通，也为沿边和沿海省份提供了新的发展机遇，为新一轮的对外开放赋予了新的内容。目前，我国正在逐步构筑立足周边、辐射"一带一路"、面向全球的自由贸易区网络。

我国这样的战略举措，使得"一带一路"建设能够与自由贸易区战略相呼应，更加有助于优化我国区域发展战略空间布局，推动地方经济发展。通过"一带一路"沿线基础设施建设，我国中西部和沿边地区可以更好地发挥资源优势，提高产品附加值，延伸价值链合作，加强与"一带一路"沿线国家经贸合作与交流，有助于缩小我国东中西部之间的经济差距。

2. 如何做好"一带一路"与国际间自贸区的战略联动

"一带一路"构想与自由贸易区战略联动中，要合理安排政府与市场的定位。在"一带一路"建设中，企业是主体，政府可以为企业提供更好的管理、信息、融资等服务。特别是随着"一带一路"沿线自由贸易协定数量的增加，意味着有可能出现各种规则、标准的重叠与交叉。政府应加大宣讲培训力度,推动"单一窗口"建设,进一步采用电子通关方式等,帮助广大企业了解和掌握与不同国家之间的贸易规则与措施,更好地利用自由贸易协定。

三、四个自贸区如何对接"一带一路"战略

自贸区是我国对外开放的升级版,是继特区、新区之后的第三个开放高地,"一带一路"是开展更大范围、更高水平、更深层次区域合作的战略政策。自贸区的预期目标落实效果如何,取决于自贸区如何对接"一带一路"发展战略。

(一)"一带一路"为黄金市场提供契机

由于"一带一路"沿线国家黄金资源丰富,需求旺盛,可以建立黄金合作发展机制,并将之纳入"一带一路"战略规划框架,制定相应的专项规划和扶持政策。

关于黄金合作发展机制,由人民银行、外交部、发改委、商务部等相关部门牵头,以上海黄金交易所为核心,"一带一路"沿线省份主要产用金企业、其他黄金市场参与主体等共同参与。这一机制以活跃黄金投融资和转口贸易为着力点,并服务好"一带一路"建设。

上海黄金交易所是全球最大的现货黄金交易所,中国目前所有的黄金现货交易都需要在该交易所进行。2014年上海黄金交易所黄金交易量达1.85万吨,已经连续多年在全球现货交易所中位居第一。

2014年9月18日,上海正式启动黄金国际板,引入国际投资者参与上海黄金交易所以人民币计价的黄金、白银等贵金属产品交易,同时利用

上海自贸区的优势，为参与者提供实物黄金转口服务。数据显示，目前黄金国际板已经吸收了近60家国际会员，其中不少来自"一带一路"沿线国家。

目前交易运行平稳，交割路径畅通，资金划付结算便捷，进口转口机制顺畅，这为进一步推进国内外黄金市场和贸易互联互通打下了坚实基础。

（二）新增三地自贸区点亮"一带一路"

广东、天津、福建三地的自贸区建设是不可能完全复制上海自贸区经验的，其可以在借鉴上海自贸区经验的同时因地制宜、量体裁衣。随着第二轮自贸区试点揭晓，新增广东、天津、福建的自贸区试点差异化发展已成必然趋势。

不同的边贸、口岸和地区在国际贸易中所处的地位是不同的，另外，各地的优势、发展潜力和资源优势等条件也不同，所以其他地区的自贸区建设应将其资源优势整合成现实的优势，发挥其特有的功能特色。

1.广东自贸区——各片区各有特色和侧重点

在广东自贸区的建设中，前海、横琴、南沙和白云机场保税区应当各有特色和侧重点。其中，前海在金融创新和人民币国际化方面肩负重任，横琴新区发展定位于发展七大战略性新兴产业，南沙可以发展加工制造业、物流业、贸易、港口、教育、旅游等产业，白云空港在"境内关外"、保税展示等方面则享有税收优惠的政策。

2.天津自贸区——"一带一路"连接点

天津港除了是京津冀协同发展的一大主角外，其本身就位于"一带一路"的连接点，所以天津自贸区对于货物贸易将起到巨大影响。目前我国很多制造企业都需要从国外进口零部件，投资便利化和贸易便利化将为企业创新带来强劲推动力，并且吸引更多北京、河北的企业落户。

3. 福建自贸区———区多园模式

福建的自贸区试点是"一区多园"的模式，成为福建参与建设"一带一路"的新载体，有助于福建全面拓展与海上丝绸之路沿线国家的交流合作，为建设 21 世纪海上丝绸之路探索新途径。

此外，三个自贸区各有侧重点，如图 5-3 所示。

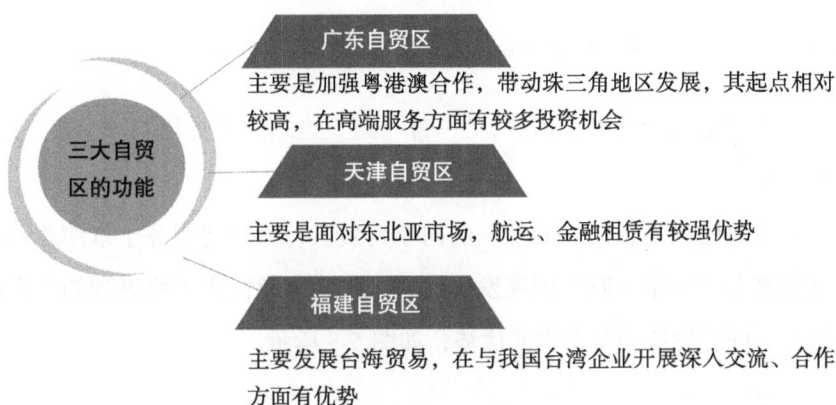

广东自贸区
主要是加强粤港澳合作，带动珠三角地区发展，其起点相对较高，在高端服务方面有较多投资机会

三大自贸区的功能

天津自贸区
主要是面对东北亚市场，航运、金融租赁有较强优势

福建自贸区
主要发展台海贸易，在与我国台湾企业开展深入交流、合作方面有优势

图 5-3　三大自贸区发展侧重点

(三) 四个自贸区谋划如何对接"一带一路"战略

"一带一路"本身是开放的战略，而上海最大的优势是开放，最重要的资源是人才。这个最大优势和最重要资源，决定了上海有条件也有责任服务好"一带一路"战略。具体来说，上海可以在三方面有所作为，如图 5-4 所示。

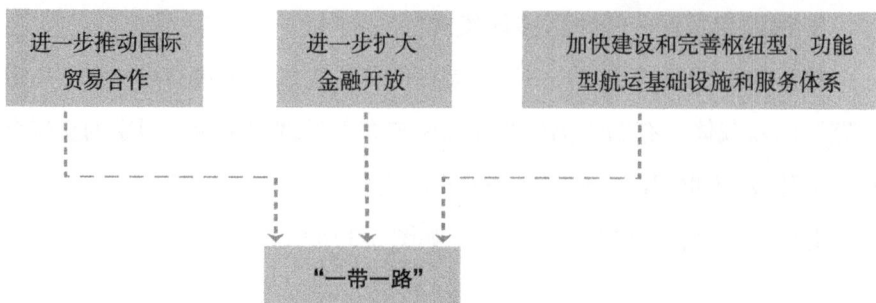

图 5-4 上海自贸区服务"一带一路"的举措

对于其他三个自贸区而言,"一带一路"也须思考如何与"一带一路"战略对接。

天津自贸区是长江以北唯一的国家自贸区,所以将服务于京津冀协同发展战略和"一带一路"国家发展战略。天津自贸区发展将做到两个方面的结合,同时发挥两个方面的优势,如图 5-5 所示。

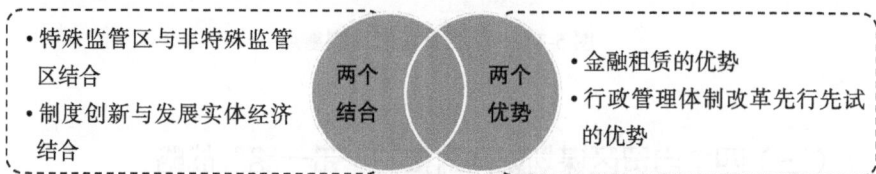

图 5-5 天津自贸区服务"一带一路"的举措

广东也在"一带一路"建设特别是在海上丝绸之路建设当中承担着非常重要的任务。在海上丝绸之路建设方面,广东的基础很好,比如广东与东盟的贸易额已超过 1000 亿美元,广东有 2000 多万华侨在沿线国家;广东的港口航线与沿线国家已经存在互联互通;一些企业已开始走出去,在沿线国家开办产业园,建码头建电厂等。广东"一带一路"规划实施方案已制订完毕,准备报国家发改委审核,之后广东将按照国家部署履行好"一带一路"的建设任务。

目前，广东、福建、天津三地自贸区的金融新政策是各方瞩目的焦点内容。广东自贸区将打造成为资本项目可兑换"试验田"，促进人民币国际化。

附：

《国务院关于加快培育外贸竞争新优势的若干意见》

各省、自治区、直辖市人民政府，国务院各部委、各直属机构：

对外贸易是我国开放型经济体系的重要组成部分和国民经济发展的重要推动力量。在国际环境和国内发展条件都发生重大变化的历史背景下，保持我国外贸传统优势、加快培育竞争新优势是事关我国发展全局的重大问题。为巩固外贸传统优势、加快培育竞争新优势，实现我国对外贸易持续健康发展，推动我国由贸易大国向贸易强国转变，现提出如下意见。

一、充分认识加快培育外贸竞争新优势的重要性和紧迫性

经过改革开放 30 多年的发展，我国对外贸易取得举世瞩目的成就，2013年跃居世界第一货物贸易大国，对于推动我国经济社会发展、提高国家综合实力和国际影响力、加强与世界经济融合发挥了不可取代的重要作用。当前，世界经济仍处在国际金融危机后的深度调整期，全球总需求不振，大规模国际产业转移明显放缓，世界科技和产业革命孕育新突破，贸易保护主义持续升温。我国经济正处于"三期叠加"阶段，经济发展进入新常态。今后一段时期，外贸发展既面临重要机遇期，出口竞争优势依然存在，也面临严峻挑战，传统竞争优势明显削弱，新的竞争优势尚未形成。企业创新能力亟待增强，品牌产品占比偏低，同质化竞争较为普遍。参与国际贸易规则制定的能力有待提升，外贸体制和营商环境需进一步改进。必须适应新形势新要求，努力巩固外贸传统优势，加快培育竞争新优势，继续发挥出口对经济发展的重要作用。这既是巩固贸易大国、建设贸易强国的必由之路，也是促进我国经济持续健康发展的战略选择，对于实现"两个一百年"奋斗目标和中华民族伟大复兴的中国梦，具有重大而深远的意义。

二、总体要求

（一）**指导思想**。深入贯彻党的十八大和十八届二中、三中、四中全会精神，认真落实党中央、国务院的决策部署，充分发挥市场配置资源的决定性作用和更好发挥政府作用，主动适应经济新常态，统筹考虑和综合运用国际国内两个市场、两种资源，着力调整优化贸易结构、转变外贸发展方式，提升我国外贸在全球价值链中的地位，提高外贸增长的质量和效益，实现外贸持续健康发展，推动我国由贸易大国向贸易强国转变，为国民经济和社会发展作出更大贡献。

（二）**基本原则**。

深化改革，创新驱动。深化外贸体制机制改革，营造创新发展环境。增强科技创新能力，创新商业模式和贸易业态，集成新的竞争优势，增强外贸发展的内生动力。

开放引领，互利共赢。以更大范围、更广领域、更高层次的开放，通过"引进来"与"走出去"相结合带动贸易增长，扩大与贸易伙伴利益汇合点，形成更加和谐稳定的发展环境，共创更大市场空间。

内外联动，持续发展。更加积极地促进内需和外需平衡、进口和出口平衡、引进外资和对外投资平衡，逐步实现国际收支平衡，构建开放型经济新体制。

统筹规划，分类指导。加强规划指导和统筹推进，因地制宜、分类施策，实现货物贸易与服务贸易、贸易与投资、传统产业与新兴产业、沿海与内陆协调互动发展。

夯实基础，重点突破。加强贸易与产业的结合，全面参与全球价值链、产业链重构进程，提高产业国际竞争力。

（三）**目标任务**。巩固贸易大国地位，推进贸易强国进程。努力提高新兴市场、中西部地区、一般贸易、服务贸易和品牌产品在我国外贸中的占比。力争到2020年，外贸传统优势进一步巩固，竞争新优势培育取得实质性进展。

着力优化国际市场布局，推进市场多元化；着力优化国内区域布局，推动东中西部协调发展；着力优化外贸商品结构，提升出口附加值和技术含量；着力优化经营主体结构，促进各类企业共同发展；着力优化贸易方式，推进对外贸易转型升级。

大力推动我国外贸由规模速度型向质量效益型转变，努力实现五个转变：一是推动出口由货物为主向货物、服务、技术、资本输出相结合转变；二是推动竞争优势由价格优势为主向技术、品牌、质量、服务为核心的综合竞争优势转变；三是推动增长动力由要素驱动为主向创新驱动转变；四是推动营商环境由政策引导为主向制度规范和营造法治化国际化营商环境转变；五是推动全球经济治理地位由遵守、适应国际经贸规则为主向主动参与国际经贸规则制定转变。

三、大力推动外贸结构调整

（一）**推动国际市场结构调整**。推动进出口市场结构从传统市场为主向多元化市场全面发展转变。深耕美、欧、日等传统市场。加大拉美、非洲等新兴市场开拓力度，综合考虑经济规模、发展速度、资源禀赋、风险程度等因素，选择若干个新兴市场重点开拓，逐步提高新兴市场在我国外贸中的比重。扩大先进技术设备进口，促进质量好、档次高、具有比较优势的产业和产品出口。

（二）**推动国内区域协调发展**。按照国家对重点产业布局和产业转移的总体部署，形成有利于发挥地区比较优势、产业链合理分工的新局面。鼓励东部地区重点发展高端产业、高增值环节和总部经济，提高贸易的质量和效益，发挥示范带动作用。支持中西部地区结合地方实际，积极承接东部地区产业转移，规模与质量并重提升。加快沿边开放步伐，有序发展跨境经济合作区，扩大与周边国家经贸往来。

（三）**推动各类外贸经营主体协调发展**。鼓励行业龙头企业延长产业链，提高国际化经营水平。推动优势企业强强联合、跨地区兼并重组和对外投资合作。加快形成一批在全球范围内配置要素资源、布局市场网络的具有跨国经营能力的大企业。鼓励创新型、创业型和劳动密集型中小微企业发展，支持企业走"专精特新"和与大企业协作配套发展的道路，支持有创新能力的外向型民营企业发展。

（四）推动外贸商品结构调整。加强对重点行业出口的分类指导。继续巩固和提升纺织、服装、箱包、鞋帽、玩具、家具、塑料制品等劳动密集型产品在全球的主导地位。提升农产品精深加工能力和特色发展水平。强化电力、轨道交通、通信设备、船舶、工程机械、航空航天等装备制造业和大型成套设备出口的综合竞争优势，着力扩大投资类商品出口。进一步提高节能环保、新一代信息技术、新能源等战略性新兴产业的国际竞争力。扩大先进技术设备、关键零部件等进口，促进产业结构调整和优化升级。稳定能源资源产品进口，完善战略储备体系。合理增加一般消费品进口，引导境外消费回流。促进贸易平衡，继续对最不发达国家部分进口产品实施零关税待遇。

（五）推动贸易方式优化。做强一般贸易，扩大一般贸易规模，提升一般贸易出口产品的附加值，增加品牌产品出口，发挥品牌增值效应，提高盈利能力。创新加工贸易模式，促进沿海地区加工贸易转型升级，向品牌、研发、分拨和结算中心等产业链高端延伸，稳妥推进有条件的企业将整机、零部件、原材料配套、研发结算等向内陆和沿边地区转移，形成产业集群，构建发展新格局。加快边境贸易创新发展和转型升级。

（六）大力发展服务贸易。推动服务贸易便利化。培育服务新业态，加强研发服务、技术转移等科技服务业发展。稳定和拓展旅游、运输、劳务等传统服务业出口；扩大金融、物流等服务业对外开放；重点培育和扩大通信、金融、会计等新兴服务贸易，提升服务业国际化水平，提高服务贸易在对外贸易中的比重。推进国内服务市场健全制度、标准、规范和监管体系，促进专业人才和专业服务跨境流动便利。积极发展服务外包。

四、加快提升对外贸易国际竞争力

（一）加快提升出口产品技术含量。加快运用现代技术改造传统产业，提升劳动密集型产品质量、档次和技术含量，推动传统产业向中高端迈进。利用资本市场大力支持传统产业收购兼并。着力构建以企业为主体、市场为导向、产学研贸相结合的技术创新体系。加大科技创新投入，支持企业原始创新。鼓励企业以进口、境外并购、国际招标、招才引智等方式引进先进技术，促进消化吸收再创新。支持国内企业通过自建、合资、合作等方式设立海外研发中心。鼓励跨国公司和境外科研机构在我国设立研发机构。支持企业、行业组织参与国际标准制定，大力推动我国标准国际化，支持通信等领域的技术标准在海外推广应用。

（二）加快培育外贸品牌。研究建立出口品牌统计制度。引导企业加强品牌建设。推动有条件的地区、行业和企业建立品牌推广中心，推介拥有核心技术的品牌产品。鼓励企业创立品牌，鼓励有实力的企业收购品牌，大力培育区域性、行业性品牌。支持企业开展商标和专利的国外注册保护，开展海外维权。采取多种方式，加大中国品牌海外推介力度。

（三）加快提高出口产品质量。积极采用国际先进质量标准，建立国际认可的产品检测和认证体系，鼓励企业按照国际标准组织生产和质量检验。推动出口产品质量安全示范区建设。加快推进与重点出口市场检验体系和证书互认。加强重要产品追溯体系建设，完善产品质量安全风险预警与快速反应机制，建立完善出口产品质量检测公共平台，支持出口企业开展质量管理体系认证。加强出口农产品质量提升工作，加大对外技术质量磋商谈判力度，稳定出口食品农产品质量安全水平。严厉打击出口侵犯知识产权和假冒伪劣商品违法行为。

（四）加快建立出口产品服务体系。鼓励企业将售后服务作为开拓国际市场的重要途径，提升服务质量，完善服务体系。鼓励企业有计划地针对不同市场、不同产品，采取与国外渠道商合作、自建等方式，建设服务保障支撑体系，完善售后服务标准，提高用户满意度。积极运用信息技术发展远程监测诊断、运营维护、技术支持等售后服务新业态。在境外建立电力、通信、轨道交通等大型成套设备的售后维修服务中心和备件生产基地，带动中国装备和服务出口。

（五）加快培育新型贸易方式。大力推动跨境电子商务发展，积极开展跨境电子商务综合改革试点工作，抓紧研究制定促进跨境电子商务发展的指导意见。培育一批跨境电子商务平台和企业，大力支持企业运用跨境电子商务开拓国际市场。鼓励跨境电子商务企业通过规范的"海外仓"等模式，融入境外零售体系。促进市场采购贸易发展，培育若干个内外贸结合商品市场，推进在内外贸结合商品市场实行市场采购贸易，扩大商品出口。培育一批外贸综合服务企业，加强其通关、物流、退税、金融、保险等综合服务能力。

（六）加强区域开放载体建设。深化中国（上海）自由贸易试验区改革开放，在全国复制推广改革试点经验。推进广东、天津、福建三个新设自由贸易试验区的建设，做好中国（上海）自由贸易试验区扩区等工作，并逐步扩大试点范围，形成各具特色的改革开放高地。积极探索开放平台转型升级的新途径，将国家级经济技术开发区、国家高新技术产业开发区、海关特殊监管区域等各类园区打造成为我国高端制造、物流、研发、销售、结算、维修中心。

（七）加快建设对外贸易平台。加快外贸转型升级基地建设，培育一批综合型、专业型和企业型基地。加快贸易促进平台建设，培育若干个国际知名度高、影响力大的国家级会展平台，打造重点行业国际知名专业展会。培育一批进口促进平台，发挥其对进口的促进作用。加强培育有国际影响力的证券、大宗商品及金融衍生品市场，提升参与国际市场竞争的能力。加快国际营销网络建设，鼓励企业在境外建设展示中心、分拨中心、批发市场、零售网点等。

五、全面提升与"一带一路"沿线国家经贸合作水平

（一）深化贸易合作。稳定劳动密集型产品等优势产品对沿线国家出口，抓住沿线国家基础设施建设机遇，带动大型成套设备及技术、标准、服务出口。顺应沿线国家产业转型升级趋势，加快机电产品和高新技术产品出口。加快与相关国家开展农产品检验检疫合作及准入谈判，扩大与沿线国家农产品贸易。扩大自沿线国家进口，促进贸易平衡。

（二）大力拓展产业投资。推动我国优势产业产能走出国门，促进中外产能合作，拓展发展空间。鼓励较高技术水平的核电、发电及输变电、轨道交通、工程机械、汽车制造等行业企业到沿线国家投资。支持轻工纺织、食品加工等行业企业到沿线国家投资办厂。开展农牧渔业、农机及农产品流通等领域的深度合作。深化能源资源合作，加强海洋经济合作。支持境外产业园区、科技园区等建设，促进产业集聚发展。

（三）优化周边经贸发展格局。巩固和扩大电力输送、光缆通信等合作，加快形成面向中亚、俄蒙、新欧亚大陆桥、东南亚、南亚等地区的国际大通道。以重点经贸产业园区为合作平台，着力推进重点开发开放试验区、境外经贸合作区、跨境经济合作区、边境经济合作区建设，共同打造若干国际经济合作走廊。扎实推动中巴经济走廊和孟中印缅经济走廊建设，指导我国企业有序参与建设活动。

六、努力构建互利共赢的国际合作新格局

（一）加快对外贸易与对外投资有效互动。深化对外投资管理体制改革，实行备案为主的管理模式，提高对外投资便利化水平。加快推进签订高水平的投资协定，推动制定投资规则。大力推动中国装备"走出去"，推进国际产能合作，提升合作层次。着力推动家用电器、机械装备等行业有实力、有条件的企业加快境外产业合作，积极稳妥开展境外技术和营销网络等并购。深化国际能源资源开发和加工互利合作，稳步推进境外农业投资合作，带动相关产品进出口。创新对外投资合作方式，支持开展绿地投资、联合投资等，带动我国产品、技术、标准、服务出口。

（二）进一步提高利用外资的质量和水平。稳定外商投资规模和速度，提高引进外资质量。创新利用外资管理体制，探索实行准入前国民待遇加负面清单管理模式。将承接国际制造业转移和促进国内产业转型升级相结合，积极引导外资投向新兴产业、高新技术、节能环保等领域。鼓励跨国公司在华设立地区总部、采购中心、财务管理中心，促进引资与引智相结合，进一步发挥外资作为引进先进技术、管理经验和高素质人才载体的作用。

（三）加快实施自贸区战略。继续维护多边贸易体制在全球贸易发展中的主导地位，以开放的态度加快实施自贸区战略，发挥自贸区对贸易投资的促进作用。尽早签署并实施中国-韩国、中国-澳大利亚自贸协定，积极推动中国-东盟自贸区升级谈判，推进中日韩、区域全面经济伙伴关系（RCEP）、中国-海湾国家合作委员会、中国-以色列、中国-斯里兰卡等自贸协定谈判和建设进程，稳步推进亚太自贸区建设，适时启动与其他经贸伙伴的自贸协定谈判。大力推动内地和港澳的经济一体化，继续推进两岸经贸合作制度化。加强顶层设计，积极同"一带一路"沿线国家和地区商建自贸区，加快形成立足周边、辐射"一带一路"、面向全球的高标准自贸区网络。

七、营造法治化国际化营商环境

（一）优化公平竞争的市场环境。学习借鉴成熟市场经济国家的贸易规制，完善符合我国国情和国际惯例的外贸法律法规体系。加强外贸企业诚信体系建设，建立商务、海关、质检、工商等部门协调机制，探索建立进出口企业信用评价体系，以适当方式对外公布或推荐我信用状况良好的企业。加强知识产权保护，依法查处制售侵权假冒商品违法企业，建立诚信守法便利和违法失信惩戒机制。探索建立规范外贸经营秩序新模式，完善重点行业进出口管理和竞争自律公约机制。加强外贸及产业政策的合规性审查。加强双边对话与合作，促进美欧等发达国家放宽对华出口管制。

（二）提高贸易便利化水平。加大贸易便利化改革力度，降低贸易成本。推进大通关建设，全面实现口岸管理相关部门信息互换、监管互认、执法互助。加快区域通关一体化改革，建立高效便捷的通关制度，推行通关作业无纸化。增强海关查验的针对性和有效性。加快电子口岸建设，推进国际贸易"单一窗口"建设。建立完善国际贸易供应链管理机制，推动实施"经认证的经营者"（AEO）国际互认。清理规范进出口环节经营性服务和收费，切实减轻企业负担。

（三）提升国际经贸规则话语权。推进全球经济治理体系改革，推动引领多边、区域、双边国际经贸规则制定。继续深入参与多边贸易体制运作，广泛参与出口管制国际规则和管制清单制定。积极参与全球价值链合作，加强贸易增加值核算体系建设，建立健全全球价值链规则制定与利益分享机制。

（四）积极应对贸易摩擦。建立应对贸易摩擦部门协调机制，加强贸易摩擦和贸易壁垒预警机制建设，强化贸易摩擦预警信息公共服务，积极提供法律技术咨询和服务，指导相关行业和企业应对贸易摩擦。积极参加多双边规则谈判，充分利用世界贸易组织规则，有效化解贸易摩擦和争端。分析评估国外贸易投资法律、政策及措施，调查涉及我国的歧视性贸易壁垒措施并开展应对。依法发起贸易救济调查，维护国内产业安全和企业合法权益。

八、完善政策体系

（一）**深化外贸体制改革**。完善外贸政策协调机制，加强财税、金融、产业、贸易等政策之间的衔接和配合。完善外贸促进政策和体系。根据安全标准、环保标准、社会责任等要求，依法完善商品进出口管理。加强外贸行政审批事项下放后的监管体系建设，强化事中事后监管。优化通关、质检、退税、外汇管理方式等，加快海关特殊监管区域整合优化，支持跨境电子商务、外贸综合服务平台、市场采购贸易等新型贸易方式发展。

（二）**加强贸易政策与产业政策的协调**。适时修订产业结构调整指导目录和外商投资产业指导目录。促进战略性新兴产业国际化发展，密切跟踪世界科技和产业发展方向，突破一批关键核心技术，加快形成先导性、支柱性产业。加强贸易政策和产业政策的互动，鼓励优势产业产能向外拓展发展空间。加快产业布局调整，推进区域协调发展。进一步深化国际产业合作，提高国际竞争力。

（三）**完善财税政策**。在现有支持政策的基础上进一步丰富和完善支持内容和方式，加强对社会资金的引导，改善公共服务，促进优化对外贸易结构和布局，推动创新发展、品牌培育、产品和服务质量提升及国际营销网络、境外服务机构建设。促进边境贸易发展。完善支持服务贸易发展的政策促进体系。进一步优化进出口关税结构。逐步实施国际通行的退税政策，进一步完善出口退税分担机制。

（四）**完善金融政策**。鼓励金融机构为企业在境外提供融资支持。支持金融机构灵活运用流动资金贷款等方式，加强对有效益的企业的信贷支持。积极创新外汇储备运用，通过外汇储备委托贷款等多种方式支持企业"走出去"。研究建立融资保险长期制度性安排，强化对外贸发展的促进和保障作用。扩大人民币在跨境贸易和投资中的使用，继续完善人民币汇率形成机制。鼓励金融机构向企业提供更多的直接或间接投融资产品，开发适应实体经济发展需要的避险产品和风险管理工具，帮助企业有效规避汇率风险。大力发展政府支持的融资担保和再担保机构，完善银担合作机制，不断创新产品和服务。鼓励金融机构"走出去"，加快金融机构海外布局，提高为实体企业服务的能力。

（五）提高公共服务能力。加强对重点市场相关法律、准入政策、技术法规等收集发布。加快技术性贸易措施公共信息服务平台建设。发挥驻外使领馆在提供市场信息、应对贸易摩擦等方面的作用。深化商协会管理体制改革，推动其在行业信息交流、行业标准体系建设、组织企业参加国内外展会、推进行业自律等方面发挥更大作用。加强外贸人才培养，营造良好的外贸人才发展环境。大力发展职业教育和培训，提升劳动者职业技能。

九、加强组织实施

培育外贸竞争新优势是一项长期的、涉及面广的系统工作，各有关方面要加强协调，形成合力。商务部要会同相关部门制订培育外贸竞争新优势的行动计划，建立协调工作机制。各部门要抓紧研究制订具体工作方案。地方各级人民政府要结合本地实际，出台有针对性的相关措施，抓好政策落实工作。

国务院

2015 年 2 月 12 日

第六章

自贸区带来的发展新机遇

——以上海自贸区为例

我国自贸区发展已经进入3.0时代，而上海自贸区作为全国第一个自贸区，在经历了两年多的发展之后，已经取得了阶段性的成就，为2.0时代、3.0时代自贸区的建设甚至全国经济发展提供了可推广、可复制的经验。本章将以上海自贸区为例，详细解读自贸区带来的发展新机遇。

一、自贸区负面清单管理模式

负面清单（Negative List）是国际上重要的投资准入制度，目前国际上有 70 多个国家采用"准入前国民待遇和负面清单"管理模式。负面清单相当于投资领域的"黑名单"，列明了企业不能投资的领域和产业。学术上的说法是，凡是针对外资的与国民待遇、最惠国待遇不符的管理措施，或是业绩要求、高管要求等方面的管理限制措施，均以清单方式列明。

负面清单最大的意义是结束了由政府积极的财政政策、适度宽松的货币政策以及政府制定的产业政策的"政府在前，市场紧随"的模式。负面清单能最大化利用市场的能量，根据市场自己的特长，只要不触及国家安全、金融体系稳定、社会和谐等重大问题，大家都可以发挥自己的能量来做。

我国对外资管理一直采用《外商投资产业指导目录》模式，即正面清单，规定"能做什么"。而负面清单仅限定"不能做什么"，没有列入负面清单的都可以做。2013 年获批设立的中国（上海）自由贸易试验区内，负面清单管理作为一项引人注目的制度变革得以针对外商投资"试水"。

上海自贸区制定负面清单的主要依据是国家的法律法规和《外商投资产业指导目录》，编制方法是按照国民经济行业分类。对于负面清单以外的领域，将按照内外资一致的原则，由核准制改为备案制，这是行政管理体制改革中的一项重大突破。

（一）2013 年版负面清单

在《中国（上海）自由贸易试验区总体方案》中，总体方案提出探索建立负面清单管理模式。2013 年 9 月 29 日，上海市政府发布《中国（上海）自由贸易试验区外商投资准入特别管理措施（负面清单）》（以下简称

"负面清单")。

负面清单按国民经济行业分类，列出 18 个门类，89 个大类，419 个中类，1069 个小类，190 条特别监管措施，约占试验区内 1069 个小经济行业分类的 17.8%。对于未列入负面清单的外商投资一般项目改为备案制（国务院规定对国内投资项目保留核准的除外），最快 4 天企业可以拿到营业执照、机构代码和税务登记等。

与上海自贸区负面清单相匹配，2013 年 9 月国务院公布了首批服务业扩大开放措施，涉及 6 大领域，18 个行业，23 项开放清单。

附:

表 6-1　中国（上海）自由贸易试验区服务业扩大开放措施

1. 金融服务领域

1. 银行服务（国民经济行业分类：J 金融业——6620 货币银行服务）	
开放措施	（1）允许符合条件的外资金融机构设立外资银行，符合条件的民营资本与外资金融机构共同设立中外合资银行。在条件具备时，适时在试验区内试点设立有限牌照银行 （2）在完善相关管理办法、加强有效监管的前提下，允许试验区内符合条件的中资银行开办离岸业务
2. 专业健康医疗保险（国民经济行业分类：J 金融业——6812 健康和意外保险）	
开放措施	试点设立外资专业健康医疗保险机构
3. 融资租赁（国民经济行业分类：J 金融业——6631 金融租赁服务）	
开放措施	（1）融资租赁公司在试验区内设立的单机、单船子公司不设最低注册资本限制 （2）允许融资租赁公司兼营与主营业务有关的商业保理业务

2. 航运服务领域

4. 远洋货物运输（国民经济行业分类：G 交通运输、仓储和邮政业——5521 远洋货物运输）
开放措施	（1）放宽中外合资、中外合作国际船舶运输企业的外资股比限制，由国务院交通运输主管部门制定相关管理试行办法 （2）允许中资公司拥有或控股拥有的非五星旗船，先行先试外贸进出口集装箱在国内沿海港口和上海港之间的沿海捎带业务

5. 国际船舶管理（国民经济行业分类：G 交通运输、仓储和邮政业——5539 其他水上运输辅助服务）
开放措施	允许设立外商独资国际船舶管理企业

3. 商贸服务领域

6. 增值电信（国民经济行业分类：I 信息传输、软件和信息技术服务业——6319 其他电信业务，6420 互联网信息服务，6540 数据处理和存储服务，6592 呼叫中心）
开放措施	在保障网络信息安全的前提下，允许外资企业经营特定形式的部分增值电信业务，如涉及突破行政法规，须经国务院批准同意

7. 游戏机、游艺机销售及服务（国民经济行业分类：F 批发和零售业——5179 其他机械及电子商品批发）
开放措施	允许外资企业从事游戏游艺设备的生产和销售，通过文化主管部门内容审查的游戏游艺设备可面向国内市场销售

4. 专业服务领域

8. 律师服务（国民经济行业分类：L 租赁和商务服务业——7221 律师及相关法律服务）
开放措施	探索密切中国律师事务所与外国（港澳台地区）律师事务所业务合作的方式和机制

（续表）

9. 资信调查（国民经济行业分类：L 租赁和商务服务业——7295 信用服务）	
开放措施	允许设立外商投资资信调查公司

10. 旅行社（国民经济行业分类：L 租赁和商务服务业——7271 旅行社服务）	
开放措施	允许在试验区内注册的符合条件的中外合资旅行社，从事除台湾地区以外的出境旅游业务

11. 人才中介服务（国民经济行业分类：L 租赁和商务服务业——7262 职业中介服务）	
开放措施	（1）允许设立中外合资人才中介机构，外方合资者可以拥有不超过 70% 的股权；允许港澳服务提供者设立独资人才中介机构 （2）外资人才中介机构最低注册资本金要求由 30 万美元降低至 12.5 万美元

12. 投资管理（国民经济行业分类：L 租赁和商务服务业——7211 企业总部管理）	
开放措施	允许设立股份制外资投资性公司

13. 工程设计（国民经济行业分类：M 科学研究与技术服务企业——7482 工程勘察设计）	
开放措施	对试验区内为上海市提供服务的外资工程设计（不包括工程勘察）企业，取消首次申请资质时对投资者的工程设计业绩要求

14. 建筑服务（国民经济行业分类：E 建筑业——47 房屋建筑业，48 土木工程建筑业，49 建筑安装业，50 建筑装饰和其他建筑业）	
开放措施	对试验区内的外商独资建筑企业承揽上海市的中外联合建设项目时，不受建设项目的中外方投资比例限制

5. 文化服务领域

15. 演出经纪（国民经济行业分类：R 文化、体育和娱乐业——8941 文化娱乐经纪人）	
开放措施	取消外资演出经纪机构的股比限制，允许设立外商独资演出经纪机构，为上海市提供服务
16. 娱乐场所（国民经济行业分类：R 文化、体育和娱乐业——8911 歌舞厅娱乐活动）	
开放措施	允许设立外商独资的娱乐场所，在试验区内提供服务

6. 社会服务领域

17. 教育培训、职业技能培训（国民经济行业分类：P 教育——8291 职业技能培训）	
开放措施	（1）允许举办中外合作经营性教育培训机构 （2）允许举办中外合作经营性职业技能培训机构
18. 医疗服务（国民经济行业分类：Q 卫生和社会工作——8311 综合医院，8315 专科医院，8330 门诊部〔所〕）	
开放措施	允许设立外商独资医疗机构

（二）2014 年版负面清单

2014 年 6 月 28 日，国务院批准了《中国（上海）自由贸易试验区进一步扩大开放的措施》，推出 31 条进一步扩大开放措施，其中涉及服务业领域 14 条、制造业领域 14 条，采矿业领域 2 条，建筑业领域 1 条。

2014 年 7 月，上海市人民政府发布了《关于公布中国（上海）自由贸易试验区外商投资准入特别管理措施（负面清单）（2014 年修订）》的公告。《中国（上海）自由贸易试验区外商投资准入特别管理措施（负面清单）（2014 年修订）》特别管理措施由 2013 年版的 190 条调整为 139 条，减少了 26.8%。

1. 服务业新增 14 条开放措施

在服务业领域，新增 14 条开放措施，包括航运服务领域 6 条，商贸服务领域 3 条，专业服务领域 4 条，社会服务领域措施 1 条。例如，在商贸领域取消了对外商投资邮购和一般商品网上销售的限制等；在物流领域放宽了一些行业的外资股比限制，允许外商独资从事国际海运货物装卸、国际海运集装箱站和堆场业务，允许外商独资从事航空运输销售代理业务等；在会计行业，允许取得中国会计师资格的香港、澳门专业人士担任会计师事务所合伙人；在医疗领域，取消了外商投资医疗机构最低投资总额和经营年限的限制。

2. 制造业开放突出"研发"

包括允许外商以独资的形式从事汽车电子总线网络技术、电动助力转向系统电子控制器的制造与研发；允许外商以独资形式从事豪华邮轮、游艇的设计；允许外商以独资形式从事船舶舱室机械的设计；允许外商以独资的形式从事航空发动机零部件的设计、制造和维修；允许外商以独资的形式投资于高速铁路、铁路客运专线、城际铁路及城市轨道交通配套的乘客服务设施和设备的研发、设计与制造等，有利于产业能级的持续提升。

3. 建筑业突出基础设施开放

在建筑业扩大开放方面，体现了基础设施建设对外资的开放，例如允许外商以独资形式从事地方铁路及其桥梁、隧道、轮渡和战场设施的建设、经营。

（三）2015 年版负面清单

2015 年 4 月 20 日，国务院办公厅印发 2015 版负面清单，新清单保留了对外商在出版、新闻、互联网内容、电影等领域的投资限制，并保留了现有的外商投资证券业务合资公司持股比例最多 49% 的规定，航空、水路货运、公路客运等也属于限制类。2015年版负面清单统一适用于上海、广东、天津、福建四个自贸区，改革试点空间范围更大。

相较于前两版负面清单，2015年版负面清单主要有三大特色。

1. 更加开放

2015年版负面清单列明了15个门类、50个条目、122项特别管理措施。从内容上来看，2015年版负面清单具有更高的开放度，表明我国外商投资负面清单管理模式的不断发展和完善。从条款数量来看，2015年版负面清单的内容比2014年版减少了17条，比2013年版减少了68条。

2015年版负面清单大幅度减少了制造业的内容，涉及制造业的条款由2014年的将近50条减少至17条。只是对一些关系国际民生的重点制造业领域对外资有所限制，如航空、船舶、汽车、轨道交通、通信设备、矿产冶炼、医药制造等，而对一般制造业领域，如农副产品加工业、酒类、烟草、印刷、文教、工美体育、文化用品等则完全放开。

2. 更加透明

总体上来说，2015年版负面清单是在前两版的基础上有增有减，但是并不是简单地减少，而是在上一版的基础上将某些条目进行展开说明，使其更加透明，更具操作性。

增加的地方主要集中在金融、文化、体育和娱乐领域。在金融领域，2015年版负面清单的条款内容增加至14条，较2014年版的4条多了10条，文化、体育和娱乐领域的条款内容增加至24条，与2014年相比多了16条。这增加出来的条数是将这些领域对外商投资的限制更加具体化，是透明度提升的表现。

3. 更加完整

在2015年版负面清单中，特别管理措施不仅有针对各个行业的管理措施，还增加了适用于所用行业的平行限制措施。对于不属于清单的领域，在自贸区内按内外资一致的原则进行管理。平行限制措施主要集中于股权投资和并购领域，要求更加明确，与国际接轨。

附：

表 6-2　自由贸易试验区外商投资准入特别管理措施（负面清单）

序号	领域	特别管理措施
一、农、林、牧、渔业		
（一）	种业	1. 禁止投资中国稀有和特有的珍贵优良品种的研发、养殖、种植以及相关繁殖材料的生产（包括种植业、畜牧业、水产业的优良基因） 2. 禁止投资农作物、种畜禽、水产苗种转基因品种选育及其转基因种子（苗）生产 3. 农作物新品种选育和种子生产属于限制类，须由中方控股 4. 未经批准，禁止采集农作物种质资源
（二）	渔业捕捞	5. 在中国管辖水域从事渔业活动，须经中国政府批准 6. 不批准以合作、合资等方式引进渔船在管辖水域作业的船网工具指标申请
二、采矿业		
（三）	专属经济区与大陆架勘探开发	7. 对中国专属经济区和大陆架的自然资源进行勘查、开发活动或在中国大陆架上为任何目的进行钻探，须经中国政府批准
（四）	石油和天然气开采	8. 石油、天然气（含油页岩、油砂、页岩气、煤层气等非常规油气）的勘探、开发，限于合资、合作
（五）	稀土和稀有矿采选	9. 禁止投资稀土勘查、开采及选矿；未经允许，禁止进入稀土矿区或取得矿山地质资料、矿石样品及生产工艺技术 10. 禁止投资钨、钼、锡、锑、萤石的勘查、开采 11. 禁止投资放射性矿产的勘查、开采、选矿

（续表）

序号	领域	特别管理措施
（六）	金属矿及非金属矿采选	12.贵金属（金、银、铂族）勘查、开采，属于限制类 13.锂矿开采、选矿，属于限制类 14.石墨勘查、开采，属于限制类
三、制造业		
（七）	航空制造	15.干线、支线飞机设计、制造与维修，3吨级及以上民用直升机设计与制造，地面、水面效应飞机制造及无人机、浮空器设计与制造，须由中方控股 16.通用飞机设计、制造与维修限于合资、合作
（八）	船舶制造	17.船用低、中速柴油机及曲轴制造，须由中方控股 18.海洋工程装备（含模块）制造与修理，须由中方控股 19.船舶（含分段）修理、设计与制造属于限制类，须由中方控股
（九）	汽车制造	20.汽车整车、专用汽车制造属于限制类，中方股比不低于50%；同一家外商可在国内建立两家（含两家）以下生产同类（乘用车类、商用车类）整车产品的合资企业，如与中方合资伙伴联合兼并国内其他汽车生产企业可不受两家的限制 21.新建纯电动乘用车生产企业生产的产品须使用自有品牌，拥有自主知识产权和已授权的相关发明专利
（十）	轨道交通设备制造	22.轨道交通运输设备制造限于合资、合作（与高速铁路、铁路客运专线、城际铁路配套的乘客服务设施和设备的研发、设计与制造，与高速铁路、铁路客运专线、城际铁路相关的轨道和桥梁设备研发、设计与制造，电气化铁路设备和器材制造、铁路客车排污设备制造等除外） 23.城市轨道交通项目设备国产化比例须达到70%及以上
（十一）	通信设备制造	24.民用卫星设计与制造、民用卫星有效载荷制造须由中方控股 25.卫星电视广播地面接收设施及关键件生产属于限制类

（续表）

序号	领域	特别管理措施
（十二）	矿产冶炼和压延加工	26. 钨、钼、锡（锡化合物除外）、锑（含氧化锑和硫化锑）等稀有金属冶炼属于限制类 27. 稀土冶炼、分离属于限制类，限于合资、合作 28. 禁止投资放射性矿产冶炼、加工
（十三）	医药制造	29. 禁止投资列入《野生药材资源保护管理条例》和《中国稀有濒危保护植物名录》的中药材加工 30. 禁止投资中药饮片的蒸、炒、炙、煅等炮制技术的应用及中成药保密处方产品的生产
（十四）	其他制造业	31. 禁止投资象牙雕刻、虎骨加工、宣纸和墨锭生产等民族传统工艺
四、电力、热力、燃气及水生产和供应业		
（十五）	原子能	32. 核电站的建设、经营，须由中方控股 33. 核燃料、核材料、铀产品以及相关核技术的生产经营和进出口由具有资质的中央企业实行专营 34. 国有或国有控股企业才可从事放射性固体废物处置活动
（十六）	管网设施	35. 城市人口50万以上的城市燃气、热力和供排水管网的建设、经营属于限制类，须由中方控股 36. 电网的建设、经营须由中方控股
五、批发和零售业		
（十七）	专营及特许经营	37. 对烟草实行专营制度。烟草专卖品（指卷烟、雪茄烟、烟丝、复烤烟叶、烟叶、卷烟纸、滤嘴棒、烟用丝束、烟草专用机械）的生产、销售、进出口实行专卖管理，并实行烟草专卖许可证制度。禁止投资烟叶、卷烟、复烤烟叶及其他烟草制品的批发、零售 38. 对中央储备粮（油）实行专营制度。中国储备粮管理总公司具体负责中央储备粮（含中央储备油）的收购、储存、经营和管理 39. 对免税商品销售业务实行特许经营和集中统一管理 40. 对彩票发行、销售实行特许经营，禁止在中华人民共和国境内发行、销售境外彩票

（续表）

序号	领域	特别管理措施
六、交通运输、仓储和邮政业		
（十八）	道路运输	41. 公路旅客运输公司属于限制类
（十九）	铁路运输	42. 铁路干线路网的建设、经营须由中方控股 43. 铁路旅客运输公司属于限制类，须由中方控股
（二十）	水上运输	44. 水上运输公司（上海自贸试验区内设立的国际船舶运输企业除外）属于限制类，须由中方控股，且不得经营以下业务：（1）中国国内水路运输业务，包括以租用中国籍船舶或者舱位等方式变相经营水路运输业务；（2）国内船舶管理、水路旅客运输代理和水路货物运输代理业务 45. 船舶代理外资比例不超过51% 46. 外轮理货属于限制类，限于合资、合作 47. 水路运输经营者不得使用外国籍船舶经营国内水路运输业务，经中国政府许可的特殊情形除外 48. 中国港口之间的海上运输和拖航，由悬挂中华人民共和国国旗的船舶经营。外国籍船舶经营中国港口之间的海上运输和拖航，须经中国政府批准
（二十一）	公共航空运输	49. 公共航空运输企业须由中方控股，单一外国投资者（包括其关联企业）投资比例不超过25% 50. 公共航空运输企业董事长和法定代表人须由中国籍公民担任 51. 外国航空器经营人不得经营中国境内两点之间的运输 52. 只有中国指定承运人可以经营中国与其他缔约方签订的双边运输协议确定的双边航空运输市场
（二十二）	通用航空	53. 允许以合资方式投资专门从事农、林、渔作业的通用航空企业，其他通用航空企业须由中方控股 54. 通用航空企业法定代表人须由中国籍公民担任 55. 禁止外籍航空器或者外籍人员从事航空摄影、遥感测绘、矿产资源勘查等重要专业领域的通用航空飞行
（二十三）	民用机场与空中交通管制	56. 禁止投资和经营空中交通管制系统 57. 民用机场的建设、经营，须由中方相对控股

（续表）

序号	领域	特别管理措施
（二十四）	邮政	58.禁止投资邮政企业和经营邮政服务 59.禁止经营信件的国内快递业务
七、信息传输、软件和信息技术服务业		
（二十五）	电信传输服务	60.电信公司属于限制类，限于中国入世承诺开放的电信业务，其中：增值电信业务（电子商务除外）外资比例不超过50%，基础电信业务经营者须为依法设立的专门从事基础电信业务的公司，且公司中国有股权或者股份不少于51%
（二十六）	互联网和相关服务	61.禁止投资互联网新闻服务、网络出版服务、网络视听节目服务、网络文化经营（音乐除外）、互联网上网服务营业场所、互联网公众发布信息服务（上述服务中，中国入世承诺中已开放的内容除外） 62.禁止从事互联网地图编制和出版活动（上述服务中，中国入世承诺中已开放的内容除外） 63.互联网新闻信息服务单位与外国投资者进行涉及互联网新闻信息服务业务的合作，应报经中国政府进行安全评估
八、金融业		
（二十七）	银行业股东机构类型要求	64.境外投资者投资银行业金融机构，应为金融机构或特定类型机构。具体要求： （1）外商独资银行股东、中外合资银行外方股东应为金融机构，且外方唯一或者控股／主要股东应为商业银行 （2）投资中资商业银行、信托公司的应为金融机构 （3）投资农村商业银行、农村合作银行、农村信用（合作）联社、村镇银行的应为境外银行 （4）投资金融租赁公司的应为金融机构或融资租赁公司 （5）消费金融公司的主要出资人应为金融机构 （6）投资货币经纪公司的应为货币经纪公司 （7）投资金融资产管理公司的应为金融机构，且不得参与发起设立金融资产管理公司 （8）法律法规未明确的应为金融机构

（续表）

序号	领域	特别管理措施
（二十八）	银行业资质要求	65.境外投资者投资银行业金融机构须符合一定数额的总资产要求，具体包括： （1）外资法人银行外方唯一或者控股/主要股东、外国银行分行的母行； （2）中资商业银行、农村商业银行、农村合作银行、农村信用（合作）联社、村镇银行、信托公司、金融租赁公司、贷款公司、金融资产管理公司的境外投资者 （3）法律法规未明确不适用的其他银行业金融机构的境外投资者 66.境外投资者投资货币经纪公司须满足相关业务年限、全球机构网络和资讯通信网络等特定条件
（二十九）	银行业股比要求	67.境外投资者入股中资商业银行、农村商业银行、农村合作银行、农村信用（合作）联社、金融资产管理公司等银行业金融机构受单一股东和合计持股比例限制
（三十）	外资银行	68.除符合股东机构类型要求和资质要求外，外资银行还受限于以下条件： （1）外国银行分行不可从事《中华人民共和国商业银行法》允许经营的"代理发行、代理兑付、承销政府债券""代理收付款项""从事银行卡业务"，除可以吸收中国境内公民每笔不少于100万元人民币的定期存款外，外国银行分行不得经营对中国境内公民的人民币业务 （2）外国银行分行应当由总行无偿拨付营运资金，营运资金的一部分应以特定形式存在并符合相应管理要求 （3）外国银行分行须满足人民币营运资金充足性（8%）要求 （4）外资银行获准经营人民币业务须满足最低开业时间要求
（三十一）	期货公司	69.期货公司属于限制类，须由中方控股

（续表）

序号	领域	特别管理措施
（三十二）	证券公司	70. 证券公司属于限制类，外资比例不超过 49% 71. 单个境外投资者持有（包括直接持有和间接控制）上市内资证券公司股份的比例不超过 20%；全部境外投资者持有（包括直接持有和间接控制）上市内资证券公司股份的比例不超过 25%
（三十三）	证券投资基金管理公司	72. 证券投资基金管理公司属于限制类，外资比例不超过 49%
（三十四）	证券和期货交易	73. 不得成为证券交易所的普通会员和期货交易所的会员 74. 不得申请开立 A 股证券账户以及期货账户
（三十五）	保险机构设立	75. 保险公司属于限制类（寿险公司外资比例不超过 50%），境内保险公司合计持有保险资产管理公司的股份不低于 75% 76. 申请设立外资保险公司的外国保险公司，以及投资入股保险公司的境外金融机构（通过证券交易所购买上市保险公司股票的除外），须符合中国保险监管部门规定的经营年限、总资产等条件
（三十六）	保险业务	77. 非经中国保险监管部门批准，外资保险公司不得与其关联企业从事再保险的分出或者分入业务
九、租赁和商务服务业		
（三十七）	会计审计	78. 担任特殊普通合伙会计师事务所首席合伙人（或履行最高管理职责的其他职务），须具有中国国籍
（三十八）	法律服务	79. 外国律师事务所只能以代表机构的方式进入中国，在华设立代表机构、派驻代表，须经中国司法行政部门许可 80. 禁止从事中国法律事务，不得成为国内律师事务所合伙人 81. 外国律师事务所驻华代表机构不得聘用中国执业律师，聘用的辅助人员不得为当事人提供法律服务

（续表）

序号	领域	特别管理措施
（三十九）	统计调查	82. 实行涉外调查机构资格认定制度和涉外社会调查项目审批制度 83. 禁止投资社会调查 84. 市场调查属于限制类，限于合资、合作，其中广播电视收听、收视调查须由中方控股 85. 评级服务属于限制类
（四十）	其他商务服务	86. 因私出入境中介机构法定代表人须为具有境内常住户口、具有完全民事行为能力的中国公民
十、科学研究和技术服务业		
（四十一）	专业技术服务	87. 禁止投资大地测量、海洋测绘、测绘航空摄影、行政区域界线测绘，地形图、世界政区地图、全国政区地图、省级及以下政区地图、全国性教学地图、地方性教学地图和真三维地图编制，导航电子地图编制，区域性的地质填图、矿产地质、地球物理、地球化学、水文地质、环境地质、地质灾害、遥感地质等调查 88. 测绘公司属于限制类，须由中方控股 89. 禁止投资人体干细胞、基因诊断与治疗技术开发和应用 90. 禁止设立和运营人文社会科学研究机构
十一、水利、环境和公共设施管理业		
（四十二）	动植物资源保护	91. 禁止投资国家保护的原产于中国的野生动植物资源开发 92. 禁止采集或收购国家重点保护野生植物
十二、教育		
（四十三）	教育	93. 外国教育机构、其他组织或者个人不得单独设立以中国公民为主要招生对象的学校及其他教育机构（不包括非学制类职业技能培训） 94. 外国教育机构可以同中国教育机构合作举办以中国公民为主要招生对象的教育机构，中外合作办学者可以合作举办各级各类教育机构，但是：

（续表）

序号	领域	特别管理措施
（四十三）	教育	（1）不得举办实施义务教育和实施军事、警察、政治和党校等特殊领域教育机构； （2）外国宗教组织、宗教机构、宗教院校和宗教教职人员不得在中国境内从事合作办学活动，中外合作办学机构不得进行宗教教育和开展宗教活动； （3）普通高中教育机构、高等教育机构和学前教育属于限制类，须由中方主导（校长或者主要行政负责人应当具有中国国籍，在中国境内定居；理事会、董事会或者联合管理委员会的中方组成人员不得少于1/2；教育教学活动和课程教材须遵守我国相关法律法规及有关规定）
十三、卫生和社会工作		
（四十四）	医疗	95.医疗机构属于限制类，限于合资、合作
十四、文化、体育和娱乐业		
（四十五）	广播电视播出、传输、制作、经营	96.禁止投资设立和经营各级广播电台（站）、电视台（站）、广播电视频率频道和时段栏目、广播电视传输覆盖网（广播电视发射台、转播台〔包括差转台、收转台〕、广播电视卫星、卫星上行站、卫星收转站、微波站、监测台〔站〕及有线广播电视传输覆盖网等），禁止从事广播电视视频点播业务和卫星电视广播地面接收设施安装服务 97.禁止投资广播电视节目制作经营公司 98.对境外卫星频道落地实行审批制度。引进境外影视剧和以卫星传送方式引进其他境外电视节目由新闻出版广电总局指定的单位申报 99.对中外合作制作电视剧（含电视动画片）实行许可制度

（续表）

序号	领域	特别管理措施
（四十六）	新闻出版、广播影视、金融信息	100.禁止投资设立通讯社、报刊社、出版社以及新闻机构 101.外国新闻机构在中国境内设立常驻新闻机构、向中国派遣常驻记者，应当经中国政府批准 102.外国通讯社在中国境内提供新闻的服务业务须由中国政府审批 103.禁止投资经营图书、报纸、期刊、音像制品和电子出版物的出版、制作业务；禁止经营报刊版面 104.中外新闻机构业务合作、中外合作新闻出版项目，须中方主导，且须经中国政府批准（经中国政府批准，允许境内科学技术类期刊与境外期刊建立版权合作关系，合作期限不超过5年，合作期满需延长的，须再次申请报批。中方掌握内容的终审权，外方人员不得参与中方期刊的编辑、出版活动） 105.禁止从事电影、广播电视节目、美术品和数字文献数据库及其出版物等文化产品进口业务（上述服务中，中国入世承诺中已开放的内容除外） 106.出版物印刷属于限制类，须由中方控股 107.未经中国政府批准，禁止在中国境内提供金融信息服务 108.境外传媒（包括外国和港澳台地区报社、期刊社、图书出版社、音像出版社、电子出版物出版公司以及广播、电影、电视等大众传播机构）不得在中国境内设立代理机构或编辑部。如需设立办事机构，须经审批
（四十七）	电影制作、发行、放映	109.禁止投资电影制作公司、发行公司、院线公司 110.中国政府对中外合作摄制电影片实行许可制度 111.电影院的建设、经营须由中方控股。放映电影片，应当符合中国政府规定的国产电影片与进口电影片放映的时间比例。放映单位年放映国产电影片的时间不得低于年放映电影片时间总和的2/3

（续表）

序号	领域	特别管理措施
（四十八）	非物质文化遗产、文物及考古	112.禁止投资和经营文物拍卖的拍卖企业、文物购销企业 113.禁止投资和运营国有文物博物馆 114.禁止不可移动文物及国家禁止出境的文物转让、抵押、出租给外国人 115.禁止设立与经营非物质文化遗产调查机构 116.境外组织或个人在中国境内进行非物质文化遗产调查和考古调查、勘探、发掘，应采取与中国合作的形式并经专门审批许可
（四十九）	文化娱乐	117.禁止设立文艺表演团体 118.演出经纪机构属于限制类，须由中方控股（为本省市提供服务的除外） 119.大型主题公园的建设、经营属于限制类
十五、所有行业		
（五十）	所有行业	120.不得作为个体工商户、个人独资企业投资人、农民专业合作社成员，从事经营活动 121.《外商投资产业指导目录》中的禁止类以及标注有"限于合资""限于合作""限于合资、合作""中方控股""中方相控"和有外资比例要求的项目，不得设立外商投资合伙企业 122.外国投资者并购境内企业、外国投资者对上市公司的战略投资、境外投资者以其持有的中国境内企业股权出资涉及外商投资项目和企业设立及变更事项的，按现行规定办理

（四）2016年《市场准入负面清单草案（试点版）》

2016年3月2日，国家发展改革委、商务部以通知的形式印发《市场准入负面清单草案（试点版）》（以下简称《草案》），并先行在天津、上海、福建、广东四个省、直辖市试行。

《草案》根据《国务院关于实行市场准入负面清单制度的意见》（以下

简称《意见》）确定的法治原则、安全原则、渐进原则、必要原则、公开原则汇总审查形成，列明了中华人民共和国境内禁止和限制投资经营的行业、领域、业务等市场准入负面清单事项。《草案》共 328 项，包括禁止准入类 96 项，限制准入类 232 项。

1. 市场准入负面清单制度的总体思路

根据国家发改委有关负责人在就《草案》答记者问中介绍，此次改革的总体思路可以概括为"一张清单、两个类别、三种准入方式、四个对接"。

（1）"一张清单"

"一张清单"包括两层含义，如图 6-1 所示。

要求全面梳理禁止和限制市场主体投资经营的行业、领域、业务等，市场准入负面清单以外的事项由市场主体依法自主决定

清单全覆盖　制度统一性　一张清单

市场准入负面清单由国务院统一制定发布，做到全国一张单子。未经国务院授权，各地区各部门不得自行发布市场准入负面清单，不得擅自增减、变更市场准入负面清单条目

图 6-1　"一张清单"的含义

（2）"两个类别"

市场准入负面清单包括禁止准入类和限制准入类，适用于各类市场主体基于自愿的初始投资、扩大投资、并购投资等投资经营行为及其他市场进入行为。

（3）"三种准入方式"

"三种准入方式"的具体内容如图 6-2 所示。

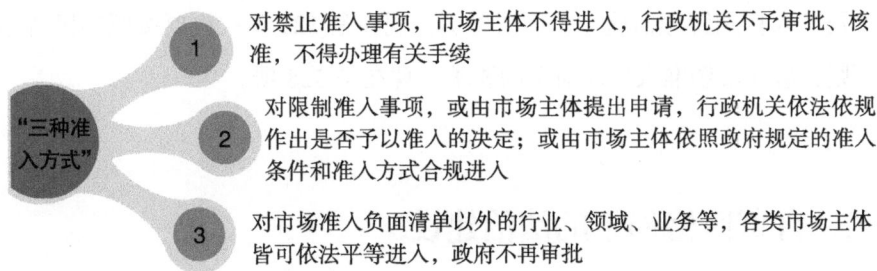

图6-2　"三种准入方式"的含义

（4）"四个衔接"

实现市场准入负面清单与行政审批事项清单、与《产业结构调整指导目录》、与《政府核准的投资项目目录》，以及与依据法律、行政法规、国务院决定设定的市场准入管理事项的衔接。

2.《草案》与自由贸易试验区正在实施的外商投资准入特别管理措施（负面清单）的关系

在2015年10月30日上午国务院新闻办举办的国务院政策例行吹风会上，国家发展改革委、商务部有关负责人对二者之间的关系作出了详尽和准确的解读。

《意见》明确，"市场准入负面清单是适用于境内外投资者的一致性管理措施，是对各类市场主体市场准入管理的统一要求；外商投资负面清单适用于境外投资者在华投资经营行为，是针对外商投资准入的特别管理措施"。需要强调的是，制定外商投资负面清单要与投资议题对外谈判统筹考虑，目前在4个自贸区实施的负面清单是我国对外商投资负面清单的一个尝试，是我国自主制定的，而不是谈判形成的。随着自贸区负面清单的不断完善，将为下一步在全国实行外商投资负面清单管理模式探索经验。

对4个自贸区的外商投资企业来讲，既要遵守《自由贸易试验区外商投资准入特别管理措施（负面清单）》，现在是 122 项；也要按照国民待遇原则，遵守市场准入负面清单的要求，现在是 328 项。

二、自贸区格局下的法治建设

自贸区的建设必须要有完善的法治基础。目前，调整自贸区改革的制度规范体系初步确立，但是依然不够完善，自贸区的制度创新和改革深化需要完善的法治保障。通过对上海自贸区建设过程中的法治建设加以分析，对广东、天津、福建等其他地区自贸区建设的逐步推进，对未来统一《自由贸易区法》的制定具有借鉴意义。

（一）上海自贸区需坚持法制创新

建立自贸区不是争取优惠政策，而应当着力制度创新。制度创新是难事，需要相当的实践和积累。眼下，基于不同的动机，各地纷纷上马自贸区，这些自贸区条件和情况各不相同，在此情形之下，期望对所有自贸区"一碗水端平"并不现实。上海自贸区负有提供"可复制、可推广"的制度创新经验的责任。可复制、可推广，其实蕴含了先行先试的意味。

国家对自贸区创新监管模式的"一线放开、二线管住"，符合改革开放大局，也是上海自贸区运行的底线。"放开"和"管住"是一对矛盾，不适当的松和紧都会带来消极后果。比如，金融监管要符合潮流，由"行为监管""规则监管"向"原则监管"演变，这并非放松监管，而是追求更有力度、更有效果的监管。原则监管的标准和尺度非常明确，监管方式改变后，监管的力量更集中。无论放开还是管住都需要明确的规则，规则缺失可能会导致国家利益受损。为避免"无法可依"局面的发生，对于有关市场准入、国民待遇、负面清单、安全审查、清洁环境等问题，应尽早形成规则和标准。

鉴于行政法规在现实经济社会生活中的作用，以及制定程序相对快捷，上述许多规则和标准可以由行政法规确定。为此，国家相关部委应当及时提出一些具体意见，需要多家部委提出的，应当加强部委间的协调，以便相关行政法规早日出台。

在上海自贸区法治建设中，地方立法应有所作为，需要做好六个方面的工作，如图 6-3 所示。

图 6-3　地方立法应做好的工作

1. 创新行政管理

在创新行政管理方面，上海应当遵循国际规则，以问题为导向，改革在先，放胆试验，让上海自贸区实施有关行政审批职能，建立受理、综合审批和高效运作的服务模式。建立完善信息网络平台，实现不同部门、不同办事窗口"一口对外"的协同机制。同时，进一步提高政府行政透明度，充分履行公布法律法规、提供信息和通知的义务，体现投资者参与、符合国际规则的信息公开透明原则。

2. 完善投资者权益保障机制

应当完善投资者权益有效保障机制，根据国家规定和授权，在取消对国内外投资不必要的限制、实现各类投资的公平竞争、允许符合条件的外国投资者自由转移其投资收益等方面，明确程序和对当事人的各项具体要求。

3. 制定相关细则

地方应针对国务院的规定制定相关细则。国务院已经明确，试验区将停止实施 10 件行政法规的部分规定、1 件国务院文件的部分规定，在试验区实施 11 项国务院依法专项决定的政策措施。行政法规停止实施后，根据需要，可以通过地方立法建立与试点要求相适应的管理制度。对专项决定的政策措施中所涉地方有关事项，可以通过地方性法规或者政府规章加以进一步明确，以支持上海自贸区先行先试，并借此解决相关的制度保障问题。

4. 建立统一的市场监管综合执法体系

在执法方面，上海自贸区应当建立集中统一的市场监管综合执法体系，在质检、食药监、知识产权、工商、税务等经济管理领域，实现统一高效监管。尤其应当抓紧建立知识产权纠纷调解、援助等多元化解决机制，以推动国内外知识产权资源集聚。另一方面，应当积极鼓励社会力量参与市场监督，加快形成符合上海自贸区发展需要的良好法治环境。

5. 探索服务贸易监管机制

上海自贸区在服务贸易领域监管方面，尤其是在利用互联网的服务业监管方面要多加探索，以真正做到既放得开，又管得住。以文物交易市场为例，在规范市场秩序方面，地方可以有所作为。实现了有效监管，相关市场才可能持续生存和发展。

6. 建立健全争端解决机制

上海自贸区法治建设中，要注重建立健全争端解决机制，这是法治建设不能缺少的环节。是否能够公正、便捷地进行争端调处，事关上海自贸区的前途和命运。仲裁是贸易和投资领域被各国和各国际性经济组织所普遍采用的争端解决方式，仲裁具有专业、高效、周期短、技术性强的特点，体现了自愿、协调和自我约束的原则，仲裁也应当成为上海自贸区争端解决的首选方式。仲裁的具体操作模式以及程序规则需要明确，并在实践中不断地总结和完善。在重视硬件建设的同时，对仲裁还需要去行政化，更加尊重意思自治权利。

此外，可以发挥"商事调解"在上海自贸区争端解决方面的作用。"商事调解"具有快捷、廉价、私密性强等特点，使其在与司法审判、仲裁相比较中具有一定的优势。"商事调解"的广泛运用将对上海自贸区正常运转以及市场秩序的稳定发挥积极的作用。

（二）完善法治建设

自贸区的建设必须要有完善的法治基础。在各地自贸区设立之后，全国人大、国务院、地方人大、地方人民政府等已经制定了大量的规范性文件，使得调整自贸区改革的制度规范体系得以初步确立。但是这些既有规范制度依然不够完善，自贸区的制度创新和改革深化需要从法治视角提供更为完善的保障。

1. 进一步完善"法律法规暂停实施制度"

依据 2013 年 8 月 30 日全国人大常委会通过的《全国人民代表大会常务委员会关于授权国务院在中国（上海）自由贸易试验区暂时调整有关法律规定的行政审批的决定》，在上海自贸区内暂时调整《外资企业法》《中外合资经营企业法》《中外合作经营企业法》规定的有关行政审批。这种调整在三年内试行，对实践证明可行的，应当修改完善有关法律；对实践证明不宜调整的，恢复施行有关法律规定。

法律法规的"暂停实施"制度若想得到顺利推进，就必须合理界定法律法规"暂停实施"的法定条件和法定程序。在此基础上，上海自贸区的创新试验才能得到有序开展。

依据我国宪法和立法的相关规定，法律、法规的"暂停实施"并不属于法律、法规的"废止"，而是为实现特定目的在特定区域内、特定时间内暂时停止发挥法律效力。这一问题属于立法学理论上和实践中的"新问题"。

具体到上海自贸区改革而言，"暂停实施"的法律、法规必须符合《中国（上海）自由贸易试验区总体方案》的原则精神和具体要求，与此无关的法律、法规不得暂停实施。法律、法规"暂停实施"的其他实质性要件（如是否获得充分授权、有无超过授权范围）也值得深入研究。同时，全国人大常委会、国务院、上海市人大常委会在"暂时实施"法律、行政规范、地方性法规之时也必须履行特定程序（如采取审批、备案或请示等方式）。此外，上海自贸区内部分法律、法规的"暂停实施"是否会导致法律体系冲突或法律规范漏洞也是值得探讨的重要议题。

因此，有必要进一步完善上海自贸区内法律、法规的"暂停实施"制度，使其符合宪法、立法及其他相关法律的规定，进而能够更好促进上海自贸区的改革发展。

2. 负面清单制背景下国家安全审查制度需要完善

目前，上海自贸区内对外商投资准入施行负面清单管理制度。对负面清单之外的领域，按照内外资一致的管理原则，外商投资项目实行备案制，外商投资企业设立和变更实行备案管理；对于负面清单之内的领域，外商投资项目实行核准制，外商投资企业设立和变更实行审批管理。

在"负面清单管理"制度框架之下，外商投资准入从核准制变为备案制，外商投资者可以享受准入前国民待遇，这些措施的采纳是上海自贸区改革的关键内容。但是这并不意味着必须放弃对外商投资的国家安全审查制度。《中国（上海）自由贸易试验区总体方案》也提到需要"完善国家安全审查制度，在试验区内试点开展涉及外资的国家安全审查，建构起安全高效的开放型经济体系"。

值得注意的是，我国虽然已有国家安全审查制度，但是主要针对外国投资者并购境内企业时所涉及的国家安全问题，而且审查标准较为原则化、抽象化，也缺乏具体的实施细则和配套条例。

随着上海自贸区内外商投资准入负面清单管理制度的推行，我国针对外商投资的国家安全审查制度必须及时加以重构，使其能够适应负面清单管理背景下备案制的新形势。例如，可以适当扩大审查范围、提升审查层次、明确审查标准、优化审查程序、提高审查效率等。2015 年 4 月 8 日国务院办公厅发布的《自由贸易试验区外商投资国家安全审查试行办法》对上述内容虽然有所规定，但是依然有待依据实践需要加以调整优化。

3. 完善自贸区内企业设立的有关法律制度

为了充分贯彻落实《中国（上海）自由贸易试验区总体方案》中有关"工商登记与商事登记制度改革相衔接，逐步优化登记流程"的规定，上海市工商行政管理局颁布了《关于中国（上海）自由贸易试验区企业登记管理的规定》，对上海自贸区内企业设立的注册资本认缴制、"先证后照"登记制、年度报告公示制、外商投资企业广告项目备案等做出了具体规定。

实行注册资本认缴制之后，发起人股东对其认缴额度、出资方式、出资期限等因素可以自行约定并记载在公司章程之中，工商登记部门只登记全体股东认缴的注册资本但不登记实收资本。上海自贸区内的企业向工商部门申请登记并取得营业执照后即可从事一般生产经营活动。传统的企业年度检验制度改为企业年度报告公示制度，工商部门可以对年度报告内容进行抽查。同时，建立市场主体信用信息公示系统，对有违法记录的市场主体及其相关责任人,工商部门可以采取有针对性的信用监管措施。

但是,上述改革措施依然需要从法制层面加以进一步完善。例如,实行注册资本认缴制之后认缴股东的权利和义务需要得到更为准确的界定;股东的权利不能因为认缴制的实施而"虚化",股权应有的融资功能不能因之受到影响;企业年度报告公示制度实施之后,工商部门不能因为抽查活动而增加企业运营成本、谋求寻租腐败机会;工商部门对市场主体采取的信用监管措施必须依法有据,而且必须完善企业信用的动态监管制度。

必须进一步完善上海自贸区内的商事登记管理制度,使得企业设立运营更为便捷和高效。特别是对外商投资企业而言,完善的企业设立法制能够确保它们充分享受准入前国民待遇,进而使得上海自贸区的企业设立制度更趋法治化、国际化。

4. 自贸区内金融创新需要法律支持

在上海自贸区内,金融服务业将向符合条件的民营资本和外资金融机构全面开放,新型国际交易平台将会逐步设立,创新金融市场产品将会不断出现。此外,在上海自贸区内人民币资本项目可兑换、利率市场化、人民币跨境使用等改革也会逐步启动,并建立与之相适应的外汇管理体制。上海自贸区内的企业可以开展各种形式的境外投资,可以充分利用境内外两个市场、两种资源,充分实现跨境融资的自由化和便利化。

由于上海自贸区内的金融创新改革尚属于起步阶段,上述目标的实现需要法律、法规提供更为具体的指引,这些金融创新活动也需要得到监管机构更为审慎的监管。同时,司法机关也应加强对各类金融机构合规经营活动的司法保护,依法保障各类跨境金融交易活动,稳妥审理涉及金融创新的各类纠纷案件,有效防范金融创新风险。

具体而言,上海自贸区内金融创新的法律支持体现为三个方面,如图 6-4 所示。

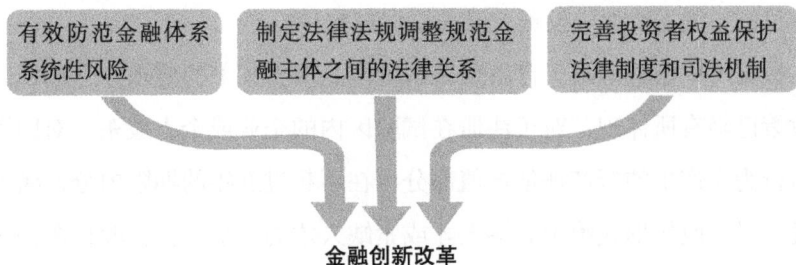

图 6-4 上海自贸区金融创新的法律支持

（1）有效防范金融体系系统性风险

利率市场化、人民币跨境使用、资本项下自由对换等改革措施均有可能造成金融体系系统性风险的产生，因此针对这些金融创新活动必须不断完善审慎监管框架，确立监管目标、明确监管机构、明晰监管职责、优化监管手段、协调监管冲突，进而使金融创新可能引发的任何系统风险均能得到有效防范。

（2）制定法律法规调整规范金融主体之间的法律关系

对利率市场化等具体改革措施，必须厘清所涉主体之间的法律关系并且通过制定具体的法律规范对其加以调整规范，使得相关金融创新改革能够得以有序推进。以利率市场化改革为例，有必要通过立法引导金融机构加强利率管理和风险控制，使得利率风险能够得到有效控制和应对。

（3）完善投资者权益保护法律制度和司法机制

任何金融创新都会涉及投资者权益保护问题。上海自贸区内的上述金融改革创新措施也会对投资者权益产生深远影响，因此有必要通过完善投资者权益保护法律制度和司法机制，更好地保护投资者的合法权益。

5. 自贸区内税收法制需要更新完善

在上海自贸区内建设具有国际水准的投资和服务贸易体系，必须营造与之相适应的税收制度环境。上海自贸区内税收优惠政策的制定需要满足双重目的，既需要促进投资，又需要促进贸易。

根据《中国（上海）自由贸易试验区总体方案》的要求，上述税收优惠政策已经有所体现：对于注册在试验区内的企业或个人股东，对因资本重组行为而产生的资产评估增值部分可在不超过五年的期限内分期缴纳所得税；对以股权形式给予高端人才或紧缺人才的奖励，实行股权激励所得税分期纳税政策；试验区内注册的融资租赁企业或金融租赁公司的子公司纳入融资租赁出口退税试点范围。此外，对特定内容的融资租赁、航运服务等也提供了税收优惠措施。

就目前上海自贸区的税收优惠实践而言，上述优惠政策的涉及范围较为有限，税收优惠的广度和深度依然有待拓展。因此，有必要从税收法制完善的视角进一步探讨上海自贸区内税法制度的变革与重构，进而探索出与试验区相配套的成熟税收制度。例如，扩展税收优惠范围、加大税收优惠幅度、优化税收征管程序。当然，税收优惠的安排也需遵循法定条件和法定程序，同时遵守相关国际税收协定的要求。

6. 自贸区内法律争议解决机制的优化

上海自贸区的改革以扩大投资领域开放、加快政府职能转变、推进贸易发展方式转变、深化金融开放创新等内容为主要目标，这些目标能否顺利实现也和是否存在与之相适应的高效法律争议解决机制密切相关。

为了更好地解决上海自贸区内的各类法律争议，人民法院、仲裁机构等已经做了有益的尝试。上海市高级人民法院、上海市第一中级人民法院、上海市浦东新区人民法院分别发布文件，要求各级法院必须充分发挥化解矛盾纠纷、支持改革创新、营造法治环境的职能作用，并对上海自贸区的司法保障工作提出了具体要求。上海国际经济贸易仲裁委员会也制定发布了《中国（上海）自贸区仲裁规则》，完善了上海自贸区内的仲裁程序和仲裁规则，特别提出了仲裁和调解相结合的纠纷解决方式。

（三）自贸区法治保障的成效

作为改革开放 30 多年来第一个冠名"中国"的自贸区，上海自贸区的建立凸显其战略高度、政策意义和影响范围。这项重大改革是以制度政策创新为着力点，用开放促进新一轮改革，靠制度创新释放红利，重在提升软实力，赢取下一个黄金十年的有力举措。自贸区的建设能够为当地乃至全中国经济带来多重福利，引领中国经济的转型发展。其改革的成效主要体现在五个方面，如图 6-5 所示。

从全能政府转向有限政府　　从企业依附转向商人自治

从封闭社会转向开放社会

从行政管控转向司法独立

改革成效

从金融管制转向金融开放

图 6-5　上海自贸区改革成效

三、自贸区格局下的经济领域制度建设

设立自由贸易区是我国政府根据当前国际经济形势与国内经济发展所遇到的各种问题的前提下，力排众议做出的重要决定。这是顺应全球经贸发展新趋势，更加积极主动对外开放的重大举措，有利于培育我国面向全球的竞争新优势，构建与各国合作发展的新平台，拓展经济增长的新空间，打造中国经济"升级版"。

根据《中国（上海）自由贸易试验区总体方案》，涉及投资、贸易、金融、行政法制多项改革试点的上海自贸区，希望能够用两至三年的试验，推进服务业的扩大开放和投资管理体制的改革，加快探索资本项目可兑换和金融服务业的全面开放，以及综合实现一系列创新改革目标。下面将以上海自贸区为例，看其在经济领域发展的机遇。

（一）投资领域

1. 试行准入前国民待遇

按照准入前国民待遇"内外资一致"的原则，率先在试验区范围内对"三个准入环节"（项目准入环节、外商投资企业设立和变更环节、工商登记环节）进行改革。

2. 探索建立负面清单管理模式

根据我国服务业发展需要以及试验区功能定位，率先选择"六个服务领域"（金融领域、航运领域、商贸领域、专业领域、文化领域、社会领域），取消资格要求、股比限制、经营范围等准入限制，扩大对内对外开放。

3. 构筑对外投资服务促进体系

创新投资服务促进机制，进一步完善市场运行机制，探索形成有利于发挥各类投资主体积极性和创造性的良好环境。改革境外投资管理方式、加强境外投资事后管理、鼓励从事境外股权投资、支持以非货币性资产对外投资、支持企业按国际惯例的股权激励分配机制。

（二）贸易领域

1. 创新贸易发展新方式

积极培育贸易新型业态和功能，形成以技术、品牌、质量、服务为核心的外贸竞争新优势，加快提升我国在全球贸易价值链中的地位。促进服务贸易发展，推动离岸贸易发展，实现内外贸一体化发展。

2. 推动国际航运发展政策创新

积极发挥外高桥港、洋山深水港、浦东空港国际枢纽港的联动作用，探索形成具有国际竞争力的航运发展制度和运作模式。

（三）离岸贸易

在《中国（上海）自由贸易试验区总体方案》中有明确提出要支持试验区内企业发展离岸业务，积极研究完善离岸业务发展的税收政策，且允许试验区内符合条件的中资银行开办离岸业务。在《中国（上海）自由贸易试验区管理办法》中也有明确提出要推进新型业务监管创新试点，建立与服务贸易、离岸贸易和新型贸易业务发展需求相适应的监管模式。

1. 什么是离岸

"离岸"的含义是指投资人的公司注册在离岸法区，但投资人不用亲临当地，其业务运作可在世界各地的任何地方直接开展。

2. 什么是离岸法区

这些年纷纷以法律手段制定并培育出一些特别宽松的经济区域，这些区域一般称为离岸法区。一般来说，当地政府对法区内的公司没有税收，只收取少量的年度管理费，同时，所有的国际大银行都承认这类公司，为其设立银行账号及账务运作提供方便。

3. 什么是离岸公司

离岸公司（Offshore Company）是人们用来泛指在离岸法域成立的有限责任公司或股份有限公司，如英属维京群岛、纽埃岛、巴哈马群岛、塞舌尔群岛、巴拿马共和国、毛里求斯共和国等（在中国语境下，其也称为境外特殊目的公司 Special Purpose Vehicle，SPV）。

在离岸公司的概念中，有几点需要注意：

- 地域：离岸公司必须在特定的离岸法域成立；
- 资本来源：离岸公司的注册资本来源于离岸法域之外的投资者的投资，或者说离岸公司的投资者或设立人具有非当地性。
- 经营：离岸公司不得在离岸法域内经营，其主要经营管理活动都应在所注册的离岸法域之外进行，也就是说注册地和经营地必须分离（注：分离还体现于其董事、经理等公司的高级管理人员一般也不是注册地的居民）。

每个离岸法域都有特定的法规，像在中国有《离岸公司法》，但在自贸区目前尚无明确的法规或解读。

4. 离岸贸易有哪些好处

设立离岸贸易公司的目的通常是为了进行资本运作以及税务筹划等，具体如下。

（1）减免税负

按照国际惯例来说，离岸法区的政府只向离岸公司征收年度管理费，不再征收任何税款（离岸公司所取得的营业收入和利润免交当地税或以极低的税率交纳），有的甚至免交遗产税。

目前有点遗憾的是，在自贸区内的企业依然缴纳 25% 的企业所得税，针对从事离岸贸易的公司按 15% 征税的设想也还在商讨中，尚未确定。

（2）合理合法避税

比如说价值 60 万美元的货物，离岸公司就可以 70 万美元的价格向国内采购，再以 100 万美元的价格卖给海外客户。海外公司将 100 万美元货款付至离岸公司账户，离岸公司再把 70 万美元付回国内进行核销。这样离岸公司就有了 30 万美元的利润，这 30 万美元是不会被结汇的，也不需要交税。

这就是利用离岸贸易达到的合理避税效果，遗憾的是在自贸区的离岸贸易还要缴纳 15% 的所得税。而在香港，只要业务不在香港本土发生，就无需向香港税务局交税。

（3）无外汇管制

开在国内的离岸账户等同于在境外开的银行账户，账户内资金可以自由汇给国内、国外及公司或者个人，无需提交任何政府批文、报关单、核销单、发票、合同等。相当于个人钱包，外汇进出自由，可任意支付，包括收取外汇个人佣金。因为按国家《离岸银行账户管理管理办法》规定，这类账户视同境外账户所以不受国家的外汇管制，不受强制结汇，对进行国际贸易结算如转 LC、收 TT 都是非常方便的。

（4）降低国际结算成本

比如降低汇兑产生的风险、离岸账户存款免征利息税或者只征较低的利息税等。

（5）降低财务成本

法律不要求离岸公司递交经审计的公司账目给当地税务局，只需保留资料反映经济状况即可。这些宽松的法律规定省去了企业的会计、审计负担和财务成本支出。

（6）降低船务运营成本

从事国际贸易的企业可以利用离岸公司进行国际贸易操作，货物从中国公司直接运往买主指定的地点，而不像正常贸易操作那样货物需要运抵买方所在地后再转口给最终买主，降低了船务运营的成本支出。

（7）降低进出口业务操作成本

运用离岸贸易的操作方式，货物从生产出口国直接运往买方指点的目的地，不需经过第三方海关报关，所以只需一次出口和一次进口报关手续，免去了中间环节报关工作，降低了关务成本。

（8）避开国别贸易壁垒

加入 WTO 后国际贸易摩擦与壁垒越来越多，例如一个企业向美国出口产品，需要申请配额及一系列的相关手续，这中间需要多花费一到两倍的成本。而如果该企业拥有一个离岸公司，由企业向离岸公司出口产品，再由离岸公司向美国等发达国家出口，就可以绕开关税壁垒获得免税待遇，还能够成功地绕开出口配额限制。

（四）制度建设领域

深化行政管理体制改革，加快转变政府职能，创新政府管理方式，营造公平竞争的市场环境，具体措施如图 6-6 所示。

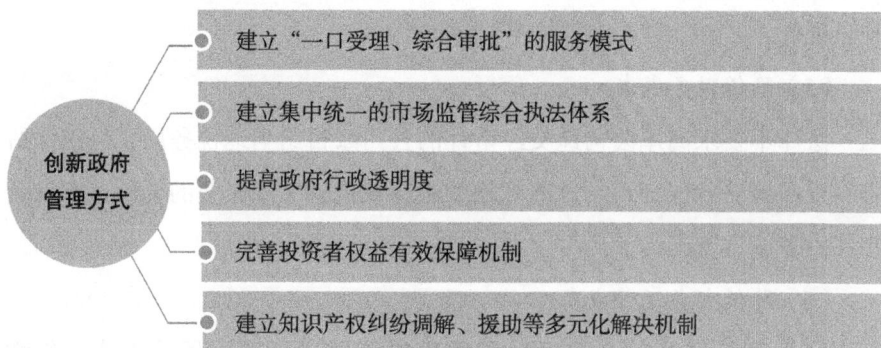

建立"一口受理、综合审批"的服务模式

建立集中统一的市场监管综合执法体系

提高政府行政透明度

创新政府
管理方式

完善投资者权益有效保障机制

建立知识产权纠纷调解、援助等多元化解决机制

图 6-6　行政体制改革的具体措施

（五）金融领域

在坚持宏观审慎、风险可控的前提下，人民银行、银监会、证监会、保监会推出了 51 条创新举措，在自由贸易账户体系、投融资汇兑便利、

人民币跨境使用、利率市场化、外汇管理改革5个方面形成了"一线放开、二线严格管理的宏观审慎"的金融制度框架和监管模式，为国家金融改革做好"压力测试"。

1.金融创新措施不断推出

"一行三会"积极推动资本项目可兑换、人民币跨境使用、利率市场化和外汇管理改革等方面的先行先试。人民银行出台了分账核算、外汇管理等7个细则文件。银监会出台了简化准入、风险评估等4个实施细则。证监会、保监会也出台了相关操作办法，进一步推进了金融服务业的开放。

2.金融服务功能不断增强

87家有金融牌照的机构和一批金融服务企业已入驻区内，启动实施了一批服务实体经济和投资贸易便利化的金融创新业务。同时，面向国际的金融市场平台建设正在有序推进，上海国际能源交易中心、国际黄金交易中心已批准成立。

3.建立完善金融监管和防范风险的机制

"一行三会"驻沪机构和上海市政府建立监管协调机制和跨境资金流动监测机制，人行上海总部和试验区管委会建立"反洗钱、反恐融资、反逃税"监管机制，同时进一步完善金融宏观审慎管理措施和切实加强机构风险管理自我责任。

（六）监管税收领域

1.创新监管模式

改革和优化海关监管机制和模式是上海综合保税区建设自由贸易试验区的关键内涵，是实行贸易和投资领域进一步开放试验的先决条件。基本目标是：一线逐步彻底放开，二线安全高效管住，区内货物流动自由。

2.配套税收政策

以培育功能为导向，开展税收制度改革试点，率先调整相关税收政策，并与国内其他税收制度改革相衔接，着力形成促进投资和创新的政策环境。基本目标是：实施促进投资的税收政策，实施促进贸易的税收政策，实施与海关监管模式相匹配的税收政策。

四、文化产业制度建设

国家对外文化贸易基地（上海）成立于2011年，是上海自贸区内唯一的专业文化贸易公共服务平台，也是上海主动对接国家战略、先行先试的试验田。

目前，入驻基地的文化企业涵盖了演艺、娱乐、影视、动漫游戏、图书出版、印刷、拍卖、贸易、艺术品经营以及文化投资等文化产业的各个领域，其中百视通、香港寰亚、亚洲联创、东方明珠、美国微软、巨人集团、大田游艺、索尼、佳士得拍卖、盛大网络、倪德伦演艺、时代出版、新文化等文化行业的一大批龙头企业都纷纷将其子公司或合资公司注册设立到自贸区内的基地。基地已成为中国文化产品、项目、企业、服务直至资本"走出去"的自贸区样本。

（一）文化服务领域扩大开放的措施

《中国（上海）自由贸易试验区总体方案》中提出"加快对文化贸易基地的建设"的开放措施。第一批文化领域扩大开放的政策措施，涉及游戏游艺设备的生产和销售、演出经纪、娱乐场所三个方面，这些在基地都已实现落地。

一方面,《总体方案》允许外资从事游戏游艺设备的生产和销售。基地内的百视通联合微软共同投资近 5 亿元成立百家合公司,带动中国游戏和文化走向世界,预计未来 5 年累计产值将达 2000 亿元。基地内的东方明珠也与索尼合资成立游戏公司,推出 PS 游戏系统。

另一方面,《总体方案》允许外商独资成立演出经纪机构(服务上海)。受益该政策,美国百老汇著名演艺经纪机构倪德伦公司已进入基地。"倪德伦"将通过该公司为积极推动上海文化精品节目赴美提供帮助,并就"倪德伦"在上海建设类似百老汇剧院群事宜,与上海有关方面进行沟通调研,积极推进。"倪德伦"将用足自贸区的新政,推进其在中国文化服务领域的业务创新,为上海提供服务,并希望以此为中外文化的交流和传播做出贡献。

此外,《总体方案》还允许外商独资在区内设立演出娱乐场所。日本太田公司已在基地设立游艺机保税展示体验中心,有望在今年第四季度对外开放。一些韩国演艺企业也来基地积极咨询和洽谈具体落地项目。

(二)运用溢出效应,向外推广文化基地建设经验

基地的视野并未仅仅停留于上海,而是借助自贸区的溢出效应,将触角伸向其他省市。据了解,基地与上海国际传媒产业园文化装备管理有限公司签订战略合作协议,把自贸区洋山保税港区的"上海国际文化装备产业集聚区"作为基地专项发展"文化装备"的延伸点,积极拓展基地的文化装备产业及相关业务,进一步提升基地作为公共文化服务平台的影响力和辐射面,不断强化和提升自贸区及基地的创新复制功能。

此外,基地不仅与上海杨浦等地的文化创意园区开展战略合作,还与云南、新疆等地区开展合作,共商新丝绸之路经济带与海上丝绸之路的建设,目前与"一带一路"区域的相关合作已全面启动。

（三）创立文化基金管理创新模式

利用自贸区投资便利化，基地创立了文化基金管理新模式。据了解，基地目前正在为由海外资本和上海大开金融信息服务有限公司等国内资本共同投资建立文化基金管理公司项目提供咨询服务。项目合作是文化产业中最为广泛的合作方式，其特点是合作时间短、投资金额不确定、投资回报周期短和与之相对应的高风险。

在自贸区文化基地建立文化基金管理公司，旨在利用自贸区投资便利化的特点，借鉴国际先进的影视、财务管理经验，来完善和提高国内文化市场，将金融和文化真正结合起来。

五、保险业制度建设

离岸保险市场是上海国际保险中心的重要内容。2014 年 11 月上海市政府印发的《上海市人民政府贯彻〈国务院关于加快发展现代保险服务业的若干意见〉的实施意见》（以下简称《实施意见》）明确提出完善再保险产业链，通过自贸区政策优势吸引中外资再保险机构、自保公司和再保险经纪机构入驻，与风险评估、损失理算、法律咨询等专业服务机构形成集聚效应。与此同时，加快筹建上海保险交易所也会促进上海区域性再保险中心建设，发展离岸保险市场。《实施意见》将保交所发展作为一项重点工作推进，致力打通国内与国际保险市场。未来，国际上通行的"巨灾债权""灾害期货""巨灾期权"等衍生品也有望在此进行交易。

1. 发展人民币再保险

为了推动保险行业的国际化进程，《实施意见》提出大力发展人民币再保险、支持保险机构开展全球保单分入业务，鼓励各类保险机构为中国海外企业提供风险保障。目前，保险服务逆差在我国服务贸易逆差中占比在 15% 左右，要努力实现保险强国目标，必须让保险服务在"走出去"方面取得较大进展。下一步，上海将积极推动建立适应离岸保险业务发展的税收制度和外汇管理制度，自贸试验区也将探索建立国际化的保险纠纷解决机制。

2. 推动保险资金跨境双向投融资试点

推动自贸试验区内保险资金跨境双向投融资试点，是《实施意见》中明确的一项重点工作任务。配合中国保监会扩大保险资金境外投资范围试点，上海将支持保险机构在自贸区内设立保险资产管理公司及子公司，设立各类专业保险资产管理机构、保险资金运用中心，积极推动在自贸试验区内保险资金跨境双向投融资试点，支持保险机构利用自贸试验区平台，在政策范围内开展多种形式的境外融资。

推动保险资金跨境双向投融资试点，有利于实现自贸区内保险资金投资的全球化配置，优化投资结构，降低投资风险，突破投资种类的局限性，在扩大保险资金投资范围的同时，降低保险机构的融资成本。《实施意见》还鼓励保险资产管理机构在自贸试验区内发起设立基金，投资自贸区的基础设施建设，如交通设施、码头、港口等。

3. 发展责任保险、贸易信用险和融资租赁保险

根据自贸试验区以国际航运、国际贸易为主的产业布局，《实施意见》提出了将大力发展责任保险、贸易信用险和融资租赁保险，以求更好服务区内的实体经济。

针对能源、航空航天等特殊风险，利用自贸试验区为平台，探索专业的再保险机制创新，弥补区外市场的不足，为这些行业提供更为完善的保障，促进其更好发展。

自贸试验区将加快开发航运保险协会条款，并研究建设航运保险产品

注册制度，在此基础上推进保险产品开发的规范化和国际化。

4. 探索保险监管制度创新

支持在自贸试验区探索保险监管制度创新，是实践国务院有关国家治理体系和治理能力现代化的总体要求，保险监管部门责无旁贷。

党的十八届三中全会《中共中央关于全面深化改革若干重大问题的决定》强调，要使市场在资源配置中起决定性作用和发挥更好的作用。因此，为配合国家金融管理部门以自贸试验区为平台开展保险监管制度创新，《实施意见》将推动保险监管体系和监管现代化能力现代化建设。

在保险产品管理制度、保险资金跨境投资管理制度、离岸保险监管等工作中，上海将以自贸区为平台进行试点，不断探索，为日后向全国推广积累更多经验。上海将加强金融监管协调和跨境监管合作，切实防范金融风险，构筑自贸区金融安全网。

六、自贸区格局下航运业发展的机遇

我国拥有长 1.8 万公里的大陆海岸线、1.4 万公里的岛均海岸线和 123 万公里的内河港口码头。庞大的江河、江海水路运输网形成了长三角、珠三角、环渤海三大枢纽港群，为我国航运业的发展奠定了良好的基础。自贸区的建立和发展给我国航运业带来了极大的机遇，主要体现在四个方面。

（一）增加转口贸易量

自贸区直接的刺激作用就是转口贸易大量增加，从物流的角度大幅提升相关港口的货运吞吐量，随着我国自贸区贸易自由和金融自由的双层推进，港口吞吐量必将再上台阶，受益的港口包括上港集团、深赤湾、盐田港、珠海港、天津港、重庆港等。

（二）促进港口发展

自贸区建立后，我国的港口产业将发生质的变化。在由创新和转型所带来的港口贸易中，中国自主研发和生产制造的货物将越来越多。而港口产业升级的另一典型表型是产业链的延伸和拓展。未来港口的业务将转向保险、仓储、租赁、航运等。

（三）加快国际航运中心的建设步伐

通过制定自由贸易区政策以及相关的国际航运融资、税收政策，吸引更多的中国国际航运要素回归国内，促进国际航运中心的建设。

（四）对航运保险企业的影响

自贸区的建设对航运保险业的影响主要表现在三个方面。

1. 有机会提高航运险企业在航运险市场中的竞争力并参与充分竞争

一方面，自贸区将逐步放宽外资准入机制，"负面清单"的内容也将逐渐缩减。未来外资保险企业有望进驻自贸区与国内保险公司共享开放的成果。这必将增加自贸区内航运保险市场上的竞争主体，促进"水险"市场的竞争，而自贸区相对宽松的市场条件将使竞争更趋自由化。

另一方面，竞争也将助益企业自身的改革，包括管理体制改革、营销策略转变和产品创新升级等。而这变革的有效性一旦被证实，便可推广至企业的所有子公司，以提高其在航运险业务上的整体实力。

2. 保险企业将享受专业技术配套服务体系带来的红利

首先，在自贸区内筹备设立的海损理算中心、中国第一家航运保险定价中心以及海事仲裁中心将联合保险产品市场构成一整套全面的航运专业技术配套服务体系，以辅助自贸区货物贸易的跃进。这正如给予凋萎了多年的中国"水险"之花养料，使其有了重新绽放的可能。

其次，国际专业保险中介机构以及法律咨询等服务组织或个人进驻自贸区依法开展相关业务，支持航运保险业务的发展。借自贸区加大开放力度之机，若行业可以结合国情区情对国外优秀经验加以借鉴，探索出适应自贸区发展要求的保险营销模式，必将有助于化解中国"水险"难题。

最后，此服务体系成立之后，产品的费率厘定将更趋科学合理，航运事故的海损理算成本将明显降低，海事纠纷仲裁的过程也有望缩短，再配合优化的展业模式，市场中航运保险产品的质量应有显著提升，保险公司的经营风险和成本也会下降。

3. 区内外汇管制放宽，中国保险或将借航运保险"乘船出海"

多年来，由于我国以航运保险为代表的国际险种并不发达且出于投资谨慎性及外汇管制的考虑，中国保险公司在海外设立分支寥寥。而自贸区的成立和发展为保险企业提供了一个大步"走出去"的机会。此外，外汇管制的放宽有利于航运保险的海外再保险。航运保险，尤其是船舶保险通常是大宗财产保险，再保险是保险公司分散风险的重要措施。开放的渠道有利于企业在全球范围内分散自身的经营风险，也能为投保人提供更稳妥的服务。

此外，自贸区航运业的发展为航运企业发展带来的创新效应表现在如图 6-7 所示的三个方面。

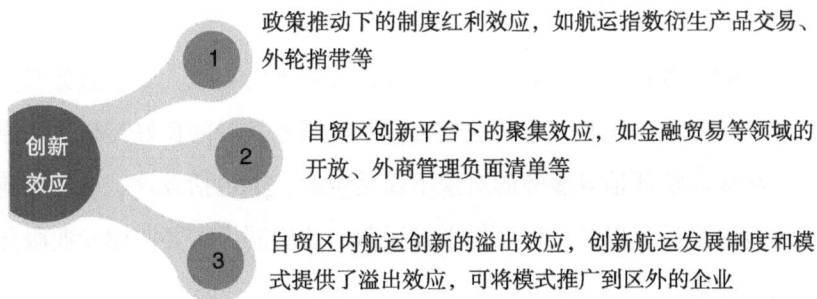

图 6-7　航运企业发展的创新效应

　　目前自贸区航运业正在发展，不可否认，有机遇的同时也会有挑战，但经过良好的前景分析，自贸区格局下的航运业会走得越来越好。

七、自贸区格局下专业服务发展的机遇

　　《中国（上海）自由贸易试验区总体方案》中提出了上海自贸区服务业扩大开放的具体措施，在自贸区格局下给专业服务领域带来了发展机遇，使得自贸区呈现了"百花齐放"的局面。

（一）律师服务开放："狼来了"

开放措施：

　　探索密切中国律师事务所和境内外（包括中国港澳台地区）律师事务所业务合作的方式和机制。

1. 律师服务发展现状

　　中国自贸区的发展，除了中国本土以及涉外原有的一些诉讼与非诉法律服务需求外，同时还会产生大量新的法律服务需求。律师服务需求的这种变化会对律所管理、律师素质、律师人才培养产生相应的影响，并提出更高的要求。

从大的趋势判断，随着中国自贸区行政管理的缩减，专业服务必须跟进，尤其是法治深化和完善，这是法律专业服务发展的良好契机。法律意见书、法律风险评估等服务的对象不仅是企业，也包括教育。如何在前置审批逐步退出后，保证自贸区的平稳运营，政府同样需要法律专业服务和法律风险评估。

司法部和上海市委市政府办公厅曾就重大事项的风险评估出台文件，规定重大决策事项的建设从顶层设计、宏观设计、中观设计再到微观设计都需要法律专业服务。该政策一旦落实，对律师业的发展将是一剂催化剂。

中国自贸区的发展将使我国律师业务结构发生显著变化，非诉业务量将急速上升，而诉讼业务还会保持平稳发展。例如，企业注册登记、房屋租赁买卖、货物贸易、技术转让、劳动关系等传统领域的法律服务数量会进一步增长，而离岸贸易、国际贸易结算、国际大宗商品交易、融资租赁、跨境电子商务、航运金融、国际船舶运输、国际航运经纪等产业中新的法律服务需求则会大量增长。

非诉业务涉及律师所结构问题，中国包括上海 90% 以上的小型律师事务所还在各自为政、单打独斗，这些律师所若想分得一杯羹，就要促进律师所管理体制的改革转型。第二次世界大战以后，在国际市场上，对外投资的国家以英美为主，两国的律师也随企业走向了国际。中国吸引外资和对外投资倒挂之时，才是中国律师真正走向全球的时候。

2. 自贸区法律事务开放政策

2014 年 11 月 18 日，上海市人民政府办公厅转发了上海市司法局制定的《中国（上海）自由贸易试验区中外律师事务所互派律师担任法律顾问的实施办法》和《中国（上海）自由贸易试验区中外律师事务所联营的实施办法》两个文件。根据这两个实施办法，上海自贸区两条法律服务对外开放的政策正式落地：

- 一是允许在上海自贸区设立代表处的外国律师事务所与中国律师事务所以协议方式，相互派驻律师担任法律顾问；
- 二是允许外国律师事务所与中国律师事务所在上海自贸区内实行联营。

在互派法律顾问的合作中，中国律师被派驻到外国律所驻上海（含自贸试验区）代表机构担任中国法律顾问期间，可以中国律师身份向客户提供中国法律咨询服务和涉及适用中国法律的民商事诉讼、非诉讼法律事务的代理服务，可以分工协作方式与外国律所驻上海（含自贸试验区）代表机构合作办理跨境或国际法律事务，可以就重大复杂法律事务提请所在的中国律所与外国律所合作办理。

外国律师被派驻到中国律所或者分所担任外国法律顾问期间，除向接受派驻的中国律所或者分所提供外国法律信息、法律环境等方面的咨询服务外，可以外国律师身份向客户提供涉及外国法律适用的咨询和代理服务，还可以分工协作方式与中国律所或者分所合作办理跨境或国际法律事务。

由此可见，律师服务开放的专业服务可以更好地保障自贸区发展，也为自贸区更好的专业服务打下坚实基础。

（二）资信调查开放：允许外商投资设立资信调查公司了吗

开放措施：

允许设立外商投资资信调查公司。

资信调查是现代市场经济发展到一定阶段的必然要求，它是以一定的调研技术（包括调查技术、财务技术等）和专业人员为基础，对相关企业或个人的资信情况、专项项目的真实性等进行调查、分析，为社会提供专业化服务的一种信用服务行业。

1992 年，我国第一家专业从事企业资信调查服务的公司成立，标志着中国资信调查行业开始起步发展。据不完全统计，目前我国有各类征信机构约 100 多家，资信评估机构 80 多家，信用担保机构 2000 多家，其他专业信用机构 500 多家。一些外国征信公司如邓白氏公司、ABC 公司、TCM 公司均已在我国设有分支机构，并提供企业资信调查服务。

此次允许设立外商投资资信调查公司，将推动国外资信调查公司加快在中国市场落地、实现法人化运作，为我国各类企业特别是试验区内企业带来先进的信用评估技术，减少企业经营中的各种信用风险。

（三）旅行社服务开放：合资旅行社经营出境游业务在开闸

开放措施：

允许在试验区内注册符合条件的中外合资旅行社，从事除我国台湾地区以外的出境旅游业务。

中外合资旅行社从事出境游业务在 2010 年已经在国内进行试点，截至目前，全国共有近 20 家中外合资旅行社。中外合资旅行社可以进驻自贸区经营出境游，意味着等待多年的外资巨头终于可以经营其最强势业务了。

（四）人才中介服务开放：提高外方持股人才中介机构上限

开放措施：

（1）允许自由贸易试验区内成立中外合资人才中介机构，外方合资者可以拥有不超过 70% 的股权，允许港澳服务提供者设立独资人才中介机构。

（2）外资人才中介机构最低注册资本金要求由 30 万美元降低至 12.5 万美元。

《中外合资人才中介机构管理暂行规定》要求外资人才中介机构注册资本金不低于 30 万美元。此次大幅下调最低注册资本金要求，有助于降低外资人才中介机构准入的资金门槛，推动更多外资人才中介机构进入。

（五）投资管理服务开放：允许设立股份制外资投资性公司

开放措施：

允许设立股份制外资投资性公司。

此次允许设立股份制外资投资性公司，意味着其可以面向社会募集资金，将极大增强外资投资性公司的资本实力和投资经营能力，并且在运作上也更为规范。

（六）工程设计服务开放：降低外资工程设计企业准入门槛

开放措施：

对试验区内为上海市提供服务的外资工程设计（不包括工程勘探）企业，取消其首次申请资质时对投资者的工程设计业绩要求。

根据 WTO 承诺，中国已允许外商独资工程设计企业进入中国市场，但仍然存在一定的门槛。

根据中国《外商投资建设工程设计企业管理规定实施细则》规定，外商投资建设工程设计企业，首次申请工程设计资质，其外国服务提供者（外国投资方）应提供两项及以上在中国境外完成的工程设计业绩，其中至少一项工程设计业绩是在其所在国或地区完成的；申请资质升级，应提供取得工程设计资质后在中国境内或境外完成的工程设计业绩，其中至少有两项工程设计业绩是在中国境内完成的。

此次政策放宽对首次申请资质时的工程设计业绩要求，意味着中国进一步降低外资工程设计企业进入中国的门槛限制，有助于外资工程设计企业更便捷地在中国工程设计市场开展业务。

（七）建筑服务开放：放宽外商独资建筑企业承揽上海项目条件

开放措施：

对试验区内的外商独资建筑企业承揽上海市的中外联合建设项目时，不受建设项目的中外方投资比例限制。

按照 2002 年我国发布的《外商投资建设工程设计企业管理规定》，外商独资建筑业企业允许承揽四类工程，如图 6-8 所示。

1 全部由外国投资、外国赠款、外国投资及赠款建设的工程

2 由国际金融机构资助并通过根据贷款条款进行的国际招标授予的建设项目

3 外资等于或者超过 50% 的中外联合建设项目，以及外资少于 50%、但因技术困难而不能由中国建筑企业独立实施，经省、自治区、直辖市人民政府建设行政主管部门批准的中外联合建设项目

4 由中国投资、但因技术困难而不能由中国建筑企业独立实施的建设项目，经省、自治区、直辖市人民政府建设行政主管部门批准，可由中外建筑企业联合承揽

图 6-8　允许外商独资建筑企业承揽的工程

此次放宽外商独资建筑企业承揽中外联合建设项目时的中外方投资比例限制，意味着外商独资建筑企业将能够承接更多的中外联合建设项目，改变其在中国建筑市场份额过小的局面，促进中国建筑市场的良性竞争和规范发展。

八、自贸区格局下电信业发展的机遇

上海自贸区成立后，《中国（上海）自由贸易试验区总体方案》中提到，"在保障网络信息安全的前提下，允许外资企业经营特定形式部分增值电信业务，如涉及突破行政法规，须经国务院批准同意"，意味着在

"特定形式的增值电信业务"领域已经对外资开放,只是其不能参与到具体的网络基础设施以及涉及网络安全的投资和建设中去。由此,在自贸区格局下,电信业迎来了发展的机遇。

(一)自贸区电信业蕴含的商机

上海自贸区是一个面向全球的自贸区服务平台,其建设的初衷必定是欢迎全球的电信行业企业前来,无论是带来先进的信息服务理念还是最前沿的信息消费模式,都将给上海注入优质资源。

电信行业原则上实行"负面清单"管理,特定电信增值服务的开放有利于国际知名的互联网公司借此契机进入中国市场。当然,电信行业的开放仍有一定限制,主要是考虑保护中国网络信息安全。值得一提的是《中国(上海)自由贸易试验区总体方案》中提到的外包数据处理、存储服务、呼叫中心等服务提供者都将是主要受益的行业,这可以发挥我国互联网人才、软件人才快速成长的优势,提供全球性服务。

2014年,我国电信业进入了新一轮的发展期,4G、虚拟运营业务开闸,网间资费调整,携号转网试点扩围,"三网融合"全面推进。4G为电信业服务模式的变革以及运营商的转型提供了技术层面的支撑,虚拟运营商和自贸区增值电信业务向外资开放,则为电信业的全方位竞争发展引入新变量。电信市场经过几年的激烈竞争,对企业与用户的需求有了更为深刻的了解,国内运营商把探索更有效的业务以及市场运作模式作为制胜武器。

(二)国内运营商的作为

自贸区作为我国经济升级版的试验田,吸引了来自世界各国的资金及企业,将成为资金、信息、物流的重要汇聚点,也进一步加大了区内企业对国际专线、数据流量、数据中心、呼叫中心以及IT运维外包等一系列新兴业务的需求。国内电信运营企业已经敏锐地意识到了商机，机制、体制上将进一步改革创新，在服务方式、响应速度、经营策略、网络质量上追求"高、扶、率"，力求以市场的力量打开未来的市场。

电信业的当务之急是合理利用现有资源，开发更多的资源。现有资源包括固网的线路、移动的基站、政企客户经理们的人脉关系等，牢牢掌握现有资源是将来电信立于不败之地的根本。"以人为本"这句话不仅仅是面向客户，招募人才，特别是适应自贸区电信市场的人才，是电信业目前急需关注的问题。例如，熟练掌握各国语言而且精通电信业务同时又了解其他国家电信背景的人员，是目前自贸区首当其冲的急需人才。

如今，我国电信已全面启动自贸区电信服务综合能力提升工作，包括网络资源优化、服务标准提升、电信业务创新等。我国电信正利用其强大的宽带接入、无线接入以及数据运营能力，为区内客户提供行业应用解决方案。

（三）着力创新，合理利用规则

自贸区的特别之处就是"负面清单"，合理利用规则拓展新市场，开发新产品是电信业创新的突破口，也是可以给电信业带来巨大利润的发力点。吃透规则寻找契机，比如在欧洲的电信运营商可以利用电信的用户资源开展衍生的金融产品，利用沉淀资金盘活资源创造最大的企业利润。

目前，我国增值电信业务的开放其信号意义大于实际意义。我国互联网是国内为数不多的几个和西方国家管理模式、资本结构相仿的行业，并且行业一出生就与市场密切接轨，没有受到过行政的干涉，发展较好。虽然这次自贸区增值业务的开放束缚较多，但我们要清楚地看到这块撬动中国下一阶段经济增长试验田带来的积极信号。未来，外资的进入、国内人才的发展都将为我国电信、互联网行业增加国际竞争力提供帮助。

第七章

四大自贸区创新政策解读

自贸区的发展，离不开政策创新。区内一系列优惠政策的推行，吸引了大量企业的入驻。在自贸区可以享受哪些税收优惠，以及纳税、退税是否便捷会对企业的正常运行产生直接影响，也关系着自贸区税收服务的便利化程度。此外，作为连接国内外市场的一座桥梁，自贸区为企业"走出去"和"引进来"提供了一个双向平台，对自贸区金融创新提出了更高的要求。本章将对我国四大自贸区围绕税收服务改革以及金融改革所进行的政策创新进行解读，为读者展现四大自贸区富有本地特色的创新服务措施。

一、上海自贸区相关创新政策解读

作为国内第一个自由贸易试验区，上海自贸区自挂牌三年以来，将制度创新作为核心任务，在创建法治化、国际化、便利化的营商环境，构建国际水平的投资贸易便利环境，推进税收制度、金融体制创新，完善监管高效便捷等方面做出了大量有成效的尝试、改革和创新。

（一）上海自贸区税收政策改革

上海自贸区的税收优惠制度由两个部分构成：一是《中国（上海）自由贸易试验区总体方案》（以下简称《总体方案》）中确定的七项税收优惠政策；二是相关部委发布的税收优惠的具体文件。

1.《总体方案》中的税收优惠政策

《总体方案》确定的七项税收优惠政策中，有两项政策的目的是促进自贸区企业对外投资，五项政策的目的是促进自贸区企业对外贸易。其中涉及的税种有企业所得税、个人所得税、增值税和关税等。

（1）两项促进投资的政策

《总体方案》中确定的促进自贸区企业对外投资的税收政策具体包括以下两项。

①非货币性资产投资政策：注册在试验区内的企业或个人股东，因非货币性资产对外投资、资产重组行为而产生的资产评估增值部分，可在不超过5年时间内分期缴纳所得税。

②股权激励政策：对试验区的企业以股份或出租比例等股权形式给予企业的高端人才和紧缺人才的奖励，技术人员一次性缴纳税款有困难的，经主管税务机关审核可在5年内分期缴纳个人所得税。

两项政策的具体内容详见表7-1。

表 7-1　非货币性资产投资政策、股权激励政策

项目	非货币性资产投资政策	股权激励个人所得缴税递延
通过案例诠释政策含义和纳税者得益	A 公司通过支付 500 万元现金的方式购得 M 公司股权，在持有几年之后，A 公司以该股权（非货币性资产）作为出资，投资到 B 公司，这时市场对该股权的估价已经上涨到 750 万元。在旧政策下，该资产重组行为应该视同销售：销售收入 750 万元，销售成本 500 万元，应纳税所得额 250 万元。所以 A 公司应一次性缴纳所得税额 250×25%=62.5 万元，这给投资方 A 公司造成了一定的缴纳现金流压力。如果根据自贸区新政，62.5 万元的企业所得税可分 5 年来缴纳，能够在一定程度上缓解缴税的现金流压力	某 IT 从业者人员是 A 公司的核心技术人员，一次拿到 A 公司奖励给他的 100 万元面值纸质股（限制性股票或者股票期权），在旧政策下，如果按照市场估值，这位 IT 从业者需按照 45% 的最高税率一次性缴纳 45 万元的个人所得税。根据自贸区新政，他可在 5 年内分期支付税款，每年 9 万，这相当于国家给他提供了一笔无息贷款
适用范围	该政策适用于企业所得税及个人所得税	A 必须是注册于自贸区内的企业；该政策仅适用于个人所得税
改革方向	（1）A 公司可否为区外公司，而 B 公司为自贸区内注册企业 （2）与该政策相关的资产重组业务包括股权收购和资产收购，估计该政策也会推广到其他对外投资行为，比如债务重组	其他激励方式相对而言受税收影响较小，可以考虑为专利转让也提供个人所得税优惠
政策溯源	自 2013 年执行	在中关村自主创新示范区内已于 2011 年试行

2. 五项促进贸易的政策

《总体方案》中确定的促进贸易的政策具体包括以下五项。

①融资租赁出口退税政策：将在试验区内注册的融资租赁企业或金融租赁公司在试验区内设立项目子公司，纳入融资租赁出口退税试点范围。

②进口环节的增值税优惠：对试验区内注册的国内租赁公司或租赁公

司设立项目子公司，经国家有关部门批准，从境外购买的空载在 25 吨以上的供航空公司使用的飞机，享受减按 5% 征收进口环节增值税政策。

③选择性征税政策：设立在试验区内的生产企业加工的货物，根据企业的申请，试行对内销货物，按照对应的关税政策征收。

④综合保税区税收优惠政策延伸：在现行的政策框架下，对试验区内的生产企业和生产性服务企业进口所需的机器设备等货物予以免税，但生活性的服务企业进口的货物，以及法律法规和相关规定明确不予免税的货物除外。

⑤启运港退税政策：即从启运港发往自贸区中转至境外的货物，只要经确认离开启运港，即被视为出口，可办理退税。

其中后四项促进贸易政策的具体内容详见表 7-2。

表 7-2　进口环节的增值税优惠、选择性征税政策、
综合保税区税收政策延伸、启运港退税政策

项目	通过案例诠释政策含义和纳税者得益	适用范围	改革方向	政策溯源
进口环节增值税优惠	国内租赁 A 公司以 3 亿元的到岸价格进口了一架波音 737 客机，要租赁给国内航空公司 B 使用。在进口环节，A 在旧政策下就需要缴纳 3 亿元 ×5%=1500 万元的关税，再加上进口环节增值税等于完税价格 3.15 亿元 × 增值税率 17%=0.53 亿元。根据自贸区新政，A 可以享受进口环节增值税优惠政策，少缴增值税 0.37 亿元	A 必须是注册于自贸区内的中资企业；该政策适用于进口环节增值税	（1）飞机种类仅限于空载重量大于 25 吨的飞机，且租赁方必须是国内航空企业，未来有望放开（2）优惠税率如能扩展到航空耗材，这项优惠政策才能长期地持续	在天津东疆保税港区内已于 2012 年试行，2014 年 1 月 1 日起海关特殊监管区域内的租赁企业也适用

148

（续表）

项目	通过案例诠释政策含义和纳税者得益	适用范围	改革方向	政策溯源
选择性征收关税	注册在自贸区内的A公司进口了保税的化妆品原料，并加工成名牌化妆品销往内地，由于化妆品成品价格比原料价格要高出许多，A将会选择按照进口原材料的价格计算关税，则完税价格就大为降低，这使得区内产品在转向内销时，更具吸引力 而另一家B公司同样进口了保税原材料，B的产品较为特殊，这类产品的原料的计税率较高，而成品的计税率反而可能较低，那么B将会选择以成品价格来计算关税，从而降低税费 另有一家C公司，它把从国内购买的原料和从国外进口的原料组合起来生产出最终产品，并销往内地，那么C的选择便有三种：以国内原料价格计税、以国外原料价格计税或者以最终产品的价格来计税。也就是说自贸区内企业往区外销售货物时，可以根据产品的实际情况，自主选择缴纳进口关税的基础价格，这相当于赋予了企业从低缴纳关税的权利	A、B和C必须是注册于自贸区内的企业；该政策适用于关税	扩大可选择的范围，比如在赋予企业选择计税标底的基础上还可以赋予企业选择从价还是从量两种税率的权利	在福建平潭综合试验区内已于2011年试行，2012年扩展到珠海横琴新区

（续表）

项目	通过案例诠释政策含义和纳税者得益	适用范围	改革方向	政策溯源
启运港退税试点	国内外贸A公司从南京市龙潭港启运了一批货物出口美国，由于种种原因，比如境外港口中转离港即可退税，或者需要境外港口的担保文件来分担风险，A选择通过国际化韩国釜山港中转至境外。按照以前的退税实际操作，如果A选择从南京市龙潭港报关发往美国，A只有在货物最终出境后才能办理退税的相关手续，一般在到达转口的2至3周内实现，于是A选择釜山作为中转港口，可以实现当天退税。根据自贸区新政，A的货物从已经确认离开南京市龙潭港即可被视同出口并办理退税，最快两天就能拿到退税。这缩短了企业出口退税时间，降低了资金占压成本，提高了企业资金周转和使用效率，能有效减少每年国内流失到国外港口的中转集装箱数量	A是经自贸区中转出口货物、经审批拥有启运港退税资格的国内贸易企业；该政策适用于出口退税	（1）增加可实现启运港退税的启运港口数量（2）允许更多的企业申请获得启运港退税资格，并简化申请程序（3）目前是货运船舶离开启运港后就可以开始退税申请，估计以后会提前到只要货物装车运往启运港，或者通过其他交通运输工具前往中转港时就可以开始退税申请	在原洋山保税港区已于2012年试行，2014年9月1日起增加港口
综合保税区税收优惠政策延伸	注册在海关保税港区内的A生产企业从境外进口一批机器设备，如无税收优惠，需缴纳关税及进口环节税金（如增值税、消费税）。根据自贸区新政，进口环节的上述税金可以免缴	适用于海关保税港区内的企业	扩大政策适用范围，如生活性的服务企业也能享受	海关保税港区已于2007年执行

3. 两项正在探索、研究的税收政策

在《总体方案》中，除了以上介绍到的七项已经确定的税收优惠政策，还有两项税制正在研究、探索中。

①境外股权投资和离岸业务发展的税收政策：在符合税制改革方向和国际惯例，以及不导致利润转移和税基侵蚀的前提下，积极研究完善适应境外股权投资和离岸业务发展的税收政策。

②海关按货物状态分类监管政策（模式）：在确保有效监管的前提下，探索建立货物状态分类监管模式。因为这项改革既涉及监管方法的改革，也涉及相关的税收政策。

处于研究、探索中的两项税制具体内容详见表7-3。

表 7-3　境外股权投资和离岸业务发展的税收政策以及海关按货物装填分类监管政策

政策简称	通过案例诠释政策含义和纳税者得益	适用范围	改革方向	政策溯源
境外股权投资和离岸业务发展的税收政策	注册在自贸区的A公司从事离岸投资业务，取得应纳企业所得税额100万元，如就其所得征收15%的企业所得税，可让A公司少缴企业所得税10万元	高新企业或技术先进型服务企业	率先启用	上海市政府形成报告，已经上报财政部和税务总局

（续表）

政策简称	通过案例诠释政策含义和纳税者得益	适用范围	改革方向	政策溯源
海关按货物状态分类监管	将货物设定成三类状态并采取不同的管理方法和税收政策，第一类"国外状态"，大型零售 A 公司将从海外供应商处采购的货品交至自贸区仓储，在这里根据需求整理、重新包装后发往除中国外的世界各地零售。这类货品就会按照保税货物状态来监管，免征或暂缓征收进口税费。第二类"口岸状态"，A 公司从海外启运的货物通过自贸区的口岸中转运至境外，尚未办理任何海关进口手续；或者 A 公司从国内采购了一批货物要出口至境外，已经办理了海关出口手续但尚未装运出口，这两种货物均可被划入此类，并按照口岸货物状态来监管，免征税费。第三类"国内状态"，A 公司在国内生产制造或购买的已缴纳所有税项的货物，或者从海外进口已完税货物，这两种货物的最终去向是送往中国内地的门店零售，这类货物就需要按照非保税货物状态来监管，需要收取所有规定的流转税费	A 必须是注册于自贸区内的企业；该政策适用于关税、进口增值税	未来有望进一步细分货物监管状态（比如美国对外贸易区将货物设定为四类区域货物状态：优惠的国外状态，对外贸易区受制状态，非优惠的国外状态和国内状态）；对于不同状态的货物，监管程度、措施和税收的差别应该更加差异化；货物状态申请和变更的手续简化；统一监管平台和信息化管理	发达国家和地区已经在其对外贸易区中实行了成熟的货物分类监管体系

4. 国家税务总局推广的自贸区创新税收服务措施

面对不断变化的国内外经济形势，根据自身特点和需求，创新出有利于自身发展的政策是发展之道。2014年7月，国家税务总局发布《关于支持中国（上海）自由贸易试验区创新税收服务的通知》，提出了在上海自贸区内的"办税一网通"十项税收创新服务措施，具体内容详见表7-4。

表 7-4 上海自贸区税收创新服务措施

税收创新	具体内容
网上自动赋码	由原先纳税人发起税务登记申请转变为税务机关根据工商、质监提供的企业信息，由系统自动赋予税务登记号码
网上自主办税	常用办税项目的网上应用全覆盖；推行与其他单位"一口受理、并联审批"
电子发票网上应用	电商企业电子发票网上应用，支持电子商务行业发展
网上区域通办	在办税大厅和延伸点的基础上，为企业提供所有税收业务事项的网上区域通办服务
网上直接认定	网上增值税一般纳税人直接认定。加强事中违纪纳税人纳入辅导期管理工作
非居民税收网上管理	实行全市统一的非居民网上税务登记，实现非居民合同网上备案、网上申报、网上扣款
网上按季申报	对享受提供国内货物运输服务、仓储服务和装卸搬运服务即征即退增值税政策的纳税人，按季网上申报并实行网上即征即退
网上备案	对行政审批清单内常用涉税事项实行网上"先备后核"
纳税信用网上评价	通过信用信息平台，采集、处理、评价纳税信用信息，提供纳税信用评价结果网上自我查询
创新网上服务	利用网络对纳税人需求进行分类采集；开展网上信息推送、网上信息查询等服务

2015 年 4 月 21 日，国家税务总局又下发《国家税务总局关于创新自由贸易试验区税收服务措施的通知》，进一步提出税收服务创新措施即"办税一网通 10 ＋ 10"，同时在上海、广东、天津、福建四个自贸区推行。

附：

国家税务总局关于创新自由贸易试验区税收服务措施的通知

天津、上海、福建、厦门、深圳、广东省（市）国家税务局、地方税务局：

为了认真落实党中央、国务院部署，深入贯彻广东、天津、福建自由贸易试验区（以下简称自贸区）总体方案和进一步深化上海自贸区改革开放方案，加快政府职能转变，推进税收现代化建设，国家税务总局决定，在将上海自贸区"办税一网通"10 项创新税收服务措施推广至广东、天津、福建自贸区的同时，再在广东、天津、福建、上海自贸区推出 10 项创新税收服务措施，统称为"办税一网通 10+10"。现将有关事项通知如下。

一、在广东、天津、福建自贸区复制推广上海自贸区 10 项措施

上海自贸区 10 项措施是指网上自动赋码、电子发票网上应用、网上自主办税、网上区域通办、网上直接认定、非居民税收网上管理、网上按季申报、网上审批备案、纳税信用网上评价和创新网上服务，详见《国家税务总局关于支持中国（上海）自由贸易试验区创新税收服务的通知》（税总函 [2014]298 号）和《国家税务总局关于印发〈中国（上海）自由贸易试验区创新税收服务措施逐步复制推广方案〉的通知》（税总函 [2014]545 号）。

二、在上海、广东、天津、福建自贸区推出新的 10 项措施

新 10 项措施包括国地办税一窗化、自助业务一厅化、培训辅导点单化、缴税方式多元化、出口退税无纸化、业务预约自主化、税银征信互动化、税收遵从合作化、预先约定明确化、风险提示国别化。具体内容是：

（一）**国地办税一窗化**。国税局、地税局办税服务部门利用已有场所，实行国税局、地税局业务"一窗联办"。纳税人在办理税务登记、纳税申报等涉税业务时只需向一个窗口提出申请，由国税局、地税局工作人员内部流转办结后一窗出件，实现"一窗联办"国税局、地税局两家业务。

（二）**自助业务一厅化**。国税局、地税局自助终端设备设置在同一自助办税厅，24 小时为纳税人提供自助办税服务，实现自贸区内国税局、地税局自助业务"一厅通办"。

（三）**培训辅导点单化**。国税局、地税局共建网上纳税人学堂，采用线上线下（O2O）、直播录播相融合模式，纳税人线上点"单"培训辅导内容，税务机关线下配"料"教学视频，实现全天候点单培训辅导。

（四）**缴税方式多元化**。税务机关与银行部门合作，为纳税人提供 POS 机刷卡缴税、互联网缴税、移动支付缴税等多元化缴税方式。

（五）**出口退税无纸化**。纳税人在自贸区内申报办理出口退税业务时不再提供纸质申报凭证和资料，税务机关根据海关等部门传输的电子数据和纳税人提供的税控数字证书签名电子数据，审核、办理出口退税业务，实现出口退税办理无纸化操作。

（六）**业务预约自主化**。纳税人可以通过互联网、手机 APP、微信等多种渠道，向税务机关预约办理日常涉税业务，在约定时间内到预约地点直接办理预约事项。

（七）**税银征信互动化**。税务机关与银行部门建立税银征信信息共享机制，税务机关对银行信用级别高的纳税人给予办税便利，推动银行部门对纳税信用 A 级纳税人给予融资便利，并逐步扩大与银行部门征信互动范围。

（八）**税收遵从合作化**。税务机关为签订税收遵从合作协议的纳税人提供更多的办税便利和更宽松的办税环境。税收遵从合作协议由内控机制健全且纳税信用为 A 级的大企业纳税人自愿发起并经税企双方协商一致后签订。

（九）**预先约定明确化**。税务机关为内控机制健全且纳税信用为 A 级的大企业纳税人提供税收预先约定服务。对于纳税人书面申请的关于未来可预期的特定事项适用税法问题，由自贸区税务机关受理评估并逐级报税务总局给予确定性答复。

（十）风险提示国别化。税务机关建立涉税风险信息取得和情报交换机制，健全国际税收管理与服务分国别（地区）对接机制，由自贸区税务机关根据区域功能定位制定分国别（地区）涉税风险提示并逐级报税务总局确认后发布，帮助纳税人减少在国际贸易往来、跨国兼并重组和资本运作中的涉税风险。

三、贯彻落实自贸区创新税收服务措施的几点要求

（一）各单位要成立自贸区创新税收服务领导小组，定期听取工作汇报，研究解决工作中遇到的问题，协同推进各项措施落实到位。

（二）各单位要细化工作方案，结合本地实际制定自贸区创新税收服务措施落地的时间表、路线图和任务书。条件具备的马上就办、真抓实干；条件暂不具备的，创造条件、分步实施，今年年底前到位。

（三）各单位要结合自贸区的地理位置、区域特点、功能定位，自主创新税收服务措施，并根据推行效果不断完善、不断提炼、不断总结，以形成具有本区域的特色服务。

（四）各单位要实时跟踪，定期报送实施情况。每季度终了后 5 日内将实施情况和意见建议通过可控 FTP（FTP://E:/centre（供各省上传使用）/纳税服务司/综合处）报送税务总局（纳税服务司）。

（二）上海自贸区金融制度创新

上海自贸区金融创到目前为止经历了三个阶段，并在不断进行制度创新，为广东、天津、福建甚至全国范围内金融制度改革提供经验。

1. 上海自贸区金融改革 3.0 版解析

2015 年 2 月 12 日，中国人民银行上海总部发布了《中国（上海）自由贸易试验区分账核算业务境外融资与跨境资金流动宏观审慎管理实施细则（试行）》（以下简称《实施细则》），在上海率先建立了资本账户可兑换的路径和风险管理方式，全面放开区内的本外币境外融资。这意味着上海自贸区开启了新一轮的金融改革。

目前，上海自贸区的金融改革已经经历了三个阶段、"三个版本"，如图 7-1 所示。

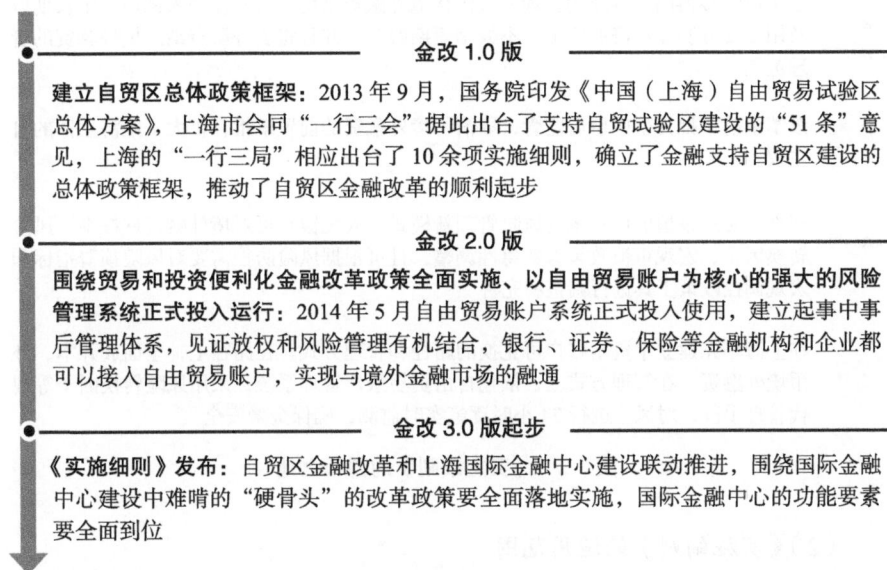

金改 1.0 版

建立自贸区总体政策框架： 2013 年 9 月，国务院印发《中国（上海）自由贸易试验区总体方案》，上海市会同"一行三会"据此出台了支持自贸试验区建设的"51 条"意见，上海的"一行三局"相应出台了 10 余项实施细则，确立了金融支持自贸区建设的总体政策框架，推动了自贸区金融改革的顺利起步

金改 2.0 版

围绕贸易和投资便利化金融改革政策全面实施、以自由贸易账户为核心的强大的风险管理系统正式投入运行： 2014 年 5 月自由贸易账户系统正式投入使用，建立起事中事后管理体系，见证放权和风险管理有机结合，银行、证券、保险等金融机构和企业都可以接入自由贸易账户，实现与境外金融市场的融通

金改 3.0 版起步

《实施细则》发布： 自贸区金融改革和上海国际金融中心建设联动推进，围绕国际金融中心建设中难啃的"硬骨头"的改革政策要全面落地实施，国际金融中心的功能要素要全面到位

图 7-1　上海自贸区金融改革历程

作为金改 3.0 版的起步，《实施细则》明确了自贸区企业和金融机构在境外融入资金的规模、用途以及相应的风险管理办法。其核心是企业和金融机构可以自主开展境外融资活动，自主计算境外融资的规模，自主权衡境外融资的结构，扩大了经济主体从境外融资的规模与渠道。

（1）《实施细则》的主要内容

《实施细则》建立了以资本约束机制为基础的本外币一体化、统一的境外融资规则，高度便利了企业和金融机构正常的金融活动。同时，依托自由贸易账户管理系统，通过风险转换因子等宏观审慎管理手段，实现了简政放权和风险管理的有机结合。

《实施细则》主要有五个创新之处，如图 7-2 所示。

1 扩大了境外融资的规模和渠道，企业和各类金融机构可以自主从境外融入资金，企业的融资规模从资本的一倍扩大到两倍

2 运用风险转换因子等新的管理方式优化境外融资结构，鼓励使用人民币、中长期以及用于支持实体经济的资金，不鼓励短期融资，并且将表外融资纳入境外融资的管理范围

3 改革事前审批为事中事后监管，取消了境外融资的前置审批，扩大了经济主体的自主权

4 建立了宏观审慎的境外融资风险管理新模式。人民银行可对境外融资杠杆率、风险转换因子、宏观审慎政策参数急性调整，且可根据风险防控需要对风险预警指标和宏观调控政策工具进行调整和完善

5 在上海率先建立了资本账户可兑换的路径和管理方式。在路径上，全面放开本、外币境外融资。在管理方式上，依托自由贸易账户管理系统，采用风险转换因子等现代管理手段，对风险进行 24 小时逐笔实时监测，确保金融安全

图 7-2　《实施细则》的创新之处

（2）《实施细则》的适用范围

《实施细则》适用范围：一是适用于整个自贸试验区，含扩区前和扩区后的范围；二是适用于注册在试验区内并开立了自由贸易账户的各类企业（不包括分支机构）、非银行金融机构；三是适用于已建立自由贸易账户管理系统的上海地区金融机构。

（3）各类融资主体境外融资规模计算方法

融资主体的境外融资规模为其各项境外融资余额与期限风险转换因子、币种风险转换因子、类别风险转换因子的乘积之和。境外融资的计算公式为：

分账核算境外融资 = ∑境外融资余额 × 期限风险转换因子 × 币种风险转换因子 ×
类别风险转换因子

其中，风险转换因子设定的具体方法详见表 7-5。

表 7-5　风险转换因子的设定方法

项目	设定原则	设定方法
期限风险转换因子	随融资期限的不同而不同	还款期限在 1 年以上（不含）的中长期融资的期限风险转换因子设定为 1，还款期限在 1 年以下（含）的短期融资的期限风险转换因子设定为 1.5
币种风险转换因子	随币种的不同而不同	境外融资以人民币计价的，币种风险转换因子设定为 1，以外币计价结算的，币种风险转换因子设定为 1.5
类别风险转换因子	随融资类别的不同而不同	表内融资的类别风险转换因子设定为 1，表外融资的类别风险转换因子设定为 0.2 和 0.5 二档

（4）分账核算境外融资计算规则

计入与不计入境外融资规模的业务种类详见表 7-6。

表 7-6　计入与不计入境外融资规模的业务种类

项目		具体种类
计入境外融资规模的种类	外币贸易融资	金融机构和企业均按 20% 计入境外融资，但考虑到其与跨境贸易的紧密关系，期限转换因子设定为 1
	或有负债或表外融资	金融机构因向自由贸易账户客户提供基于真实跨境交易和资产负债币种及期限风险对冲管理服务需要而形成的对外或有负债（包括融资性担保），按 20% 计入境外融资，因自身币种及期限风险对冲管理需要，参与国际金融市场交易而产生的或有负债，按 50% 计入境外融资
	其他	其余各类对外负债均按实际情况计入境外融资余额

（续表）

项目	具体种类	
不计入境外融资规模的种类	吸收的存款	金融机构基于自由贸易账户服务，从境外主体吸收的境外本外币存款不计入境外融资；自由贸易账户分账核算单元如将吸收的外币存款资金存放在境内机构（含上级法人机构）时，按现行外币外债管理规则计入该机构的外债余额
	贸易信贷、非融资性担保与人民币贸易融资	区内企业因开展真实跨境贸易产生的贸易信贷（包括应付和预收）和人民币贸易融资不计入其境外融资。金融机构因办理基于真实跨境贸易结算产生的各类人民币贸易融资，不计入境外融资。金融机构因支持实体经济开展国际贸易及投资活动而出具的非融资性担保不计入境外融资
	自用熊猫债	区内企业的境外母公司在中国境内发行人民币债券并用于集团内设立在区内全资子公司的，不计入境外融资
	集团内资金往来	区内企业主办的集团内跨境资金（仅限生产经营活动产生的现金流和实业投资活动产生的现金流）集中管理业务不计入境外融资
	转让与减免	境外融资转增资本或已获得债务减免等情况下，相应融资金额不再计入境外融资。境外融资形成的区内债权资产真实出表，并向境外转让后获得的境外资金不再计入境外融资，原计入的境外融资不变

境外融资上限的计算公式为：

$$境外融资 = 资本 \times 境外融资杠杆率 \times 宏观审慎调节参数$$

其中，资本包括实收资本（或股本）和资本公积两部分，资本的确定以最近一期境内注册会计师出具的验资或审计报告为准。宏观审慎调节参数初始值设定为 1。

境外融资杠杆率按融资主体类型设定，详见表 7-7。

表 7-7　境外融资杠杆率的设定方法

融资主体类型		境外融资杠杆率
区内法人企业		设定为资本的 2 倍
非银行 金融机构	建立自由贸易账户分账核算单元的区内非银行法人金融机构	设定为其资本的 3 倍
	非银行金融机构的上海市级自由贸易账户分账核算单元	设定为其境内法人机构资本的 8%
	未建自由贸易账户分账核算单元但在其他金融机构开立自由贸易账户的区内法人非银行金融机构	按其资本的 2 倍设定
	非银行法人金融机构在区内的直属分公司	按境内法人资本的 5% 设定
建立自由贸易账户分账核算单元的区内新设法人银行机构（如华瑞银行）		设定为其一级资本的 5 倍
银行上海市级自由贸易账户分账核算单元（如上海银行、中国银行上海市分行）		设定为其境内法人机构一级资本的 5%

（5）折算汇率计算方法

根据外币是否在中国外汇交易中心挂牌，外币境外融资以提款日的折算汇率的计算方法有所不同，具体折算方法如图 7-3 所示。

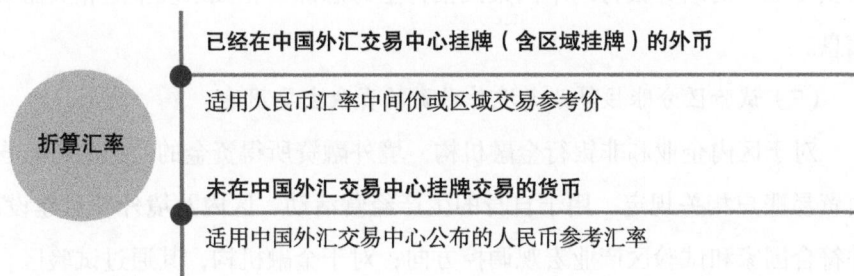

图 7-3　折算汇率的计算方法

折算汇率

已经在中国外汇交易中心挂牌（含区域挂牌）的外币
适用人民币汇率中间价或区域交易参考价

未在中国外汇交易中心挂牌交易的货币
适用中国外汇交易中心公布的人民币参考汇率

（6）办理试验区分账核算业务境外融资的方法

上海自贸区内的企业和非银行金融机构应当在境外融资合同签约后但不晚于提款前三个工作日，通过其结算银行向人民银行上海总部办理境外融资业务申报，并如实向银行提供以下材料：

- 境外融资合同正本及合同主要条款复印件，合同为外文的应另附合同主要条款的中文译本；
- 营业执照；
- 最近一期验资或审计报告；
- 董事会对境外融资事项的决议；分公司境外融资时需提交其境内法人机构的授权文件；
- 截至申报日境外人民币、外币外债和以本机构为被担保人的境外担保等情况说明；
- 针对前述材料应当提供的补充说明。

此外，区内主体在境外融资计算上限内发生外币境外融资或非资金划转类本外币计价的境外融资的，应按外债管理相关要求向中国人民银行上海总部办理外债登记或备案手续；发生人民币境外融资的，应通过开立自由贸易账户的结算银行向中国人民银行上海总部的相关系统报送相关融资信息。

（7）试验区分账核算业务境外融资的资金主要用途

对于区内企业和非银行金融机构，境外融资所得资金的使用应符合自由贸易账户相关规定，用于自身的生产经营活动、区内及境外项目建设，并符合国家和试验区产业宏观调控方向；对于金融机构，其通过试验区自由贸易账户办理的境外融资应用于分账核算业务自身的经营活动，用于区内和境外，服务实体经济发展，符合国家和试验区产业宏观调控方向；通过有限渗透的安排，境外融资所得资金也可用于境内区外，其具体使用规定参照人民银行出台的金融支持上海自贸试验区建设的三十条意见及相关细则。

2. 上海自贸区金改 40 条亮点解读

2015 年 10 月 30 日，中国人民银行会同商务部、银监会、证监会、保监会、国家外汇管理局和上海市人民政府，正式联合印发《进一步推进中国（上海）自由贸易试验区金融开放创新试点 加快上海国际金融中心建设方案》（以下简称《方案》）。该方案被称为"新阶段深化上海自贸试验区和上海国际金融中心建设的纲领性文件"，具有诸多亮点。

（1）允许人民币资本项目兑换

为了防止资本在短期内过度投机，进而冲击境内经济和金融平稳运行，我国人民币资本项目尚未实现完全可兑换。按照国际货币基金组织（IMF）的划分，资本项目包括 7 个大类 40 个子项，我国完全可兑换或部分可兑换的有 35 项，不可兑换的有 5 项。

《方案》中提出"率先实现人民币资本项目可兑换"，在自贸区具体操作过程中，实际上指的是通过自由贸易账户来实现本外币的自由兑换，一般是按照当日汇率进行换算。

（2）QDII2 试点再加速

《方案》提出"研究启动合格境内个人投资者境外投资试点"，也就是允许部分国内资本走出去。之前，国家规定每个人每年只能最多兑换 5 万美元作为出国旅游或消费的需要，而在自贸区的个人账户之内大大地扩大了可兑换额度，被选中的高净值的境内投资者可以进行一些海外投资。究竟哪些人拥有这个资格，有待相关细则出台进行规定。

放开境内个人投资者境外投资后，境内的投资也可以通过合法渠道投资海外市场，购买在海外上市的中概股或其他股票，或者购买境外保险公司的服务以及理财产品。

（3）进一步放开自贸区内企业投融资

自 2015 年 2 月 12 日之后，自贸区账户已经部分实现了资本项下的可兑换，比如企业账户可按照实际资本的 200% 在海外进行融资，外币可自由兑换成人民币，还款时人民币可兑换成外币。此次金改，自贸区将会逐步提高杠杆比例，扩大自贸区账户开户范围，鼓励更多的自贸区企业进行海外融资，进而提高人民币资本项下的可兑换程度。

附：

进一步推进中国（上海）自由贸易试验区金融开放创新试点
加快上海国际金融中心建设方案

为深入贯彻落实党中央、国务院决策部署，进一步推进中国（上海）自由贸易试验区（以下简称自贸试验区）金融开放创新试点，加快上海国际金融中心建设，制定本方案。

一、总体要求

贯彻落实党中央、国务院关于金融改革开放和自贸试验区建设的总体部署，紧紧围绕服务全国、面向世界的战略要求和上海国际金融中心建设的战略任务，坚持以服务实体经济、促进贸易和投资便利化为出发点，根据积极稳妥、把握节奏、宏观审慎、风险可控原则，加快推进资本项目可兑换、人民币跨境使用、金融服务业开放和建设面向国际的金融市场，不断完善金融监管，大力促进自贸试验区金融开放创新试点与上海国际金融中心建设的联动，探索新途径、积累新经验，及时总结评估、适时复制推广，更好地为全国深化金融改革和扩大金融开放服务。

二、率先实现人民币资本项目可兑换

按照统筹规划、服务实体、风险可控、分步推进原则，在自贸试验区内进行人民币资本项目可兑换的先行先试，逐步提高资本项下各项目可兑换程度。

（一）认真总结自由贸易账户经验。抓紧启动自由贸易账户本外币一体化各项业务，进一步拓展自由贸易账户功能。自由贸易账户内本外币资金按宏观审慎的可兑换原则管理。

（二）规范自由贸易账户开立和使用条件，严格落实银行账户实名制。支持经济主体可通过自由贸易账户开展涉外贸易投资活动，鼓励和支持银行、证券、保险类金融机构利用自由贸易账户等开展金融创新业务，允许证券、期货交易所和结算机构围绕自由贸易账户体系，充分利用自由贸易账户间的电子信息流和资金流，研究改革创新举措。

（三）研究启动合格境内个人投资者境外投资试点，适时出台相关实施细则，允许符合条件的个人开展境外实业投资、不动产投资和金融类投资。

（四）抓紧制定有关办法，允许或扩大符合条件的机构和个人在境内外证券期货市场投资，尽快明确在境内证券期货市场投资的跨境资金流动管理方式，研究探索通过自由贸易账户等支持资本市场开放，适时启动试点。

（五）建立健全区内宏观审慎管理框架下的境外融资和资本流动管理体系，综合考虑资产负债币种、期限等匹配情况以及外债管理和货币政策调控需要，合理调控境外融资规模和投向，优化境外融资结构，防范境外融资风险。

（六）创新外汇管理体制，探索在自贸试验区内开展限额内可兑换试点。围绕自贸试验区和上海国际金融中心建设目标，进一步创新外汇管理体制。放宽跨境资本流动限制，健全外汇资金均衡管理体制。统筹研究进一步扩大个人可兑换限额。根据主体监管原则，在自贸试验区内实现非金融企业限额内可兑换。逐步扩大本外币兑换限额，率先实现可兑换。

三、进一步扩大人民币跨境使用

扩大人民币境外使用范围，推进贸易、实业投资与金融投资三者并重，推动资本和人民币"走出去"。

（七）完善相关制度规则，支持自贸试验区内企业的境外母公司或子公司在境内发行人民币债券，募集资金根据需要在境内外使用。

（八）在建立健全合格投资者适当性制度的基础上，根据市场需要启动自贸试验区个体工商户向其在境外经营主体提供跨境人民币资金支持。

（九）拓宽境外人民币投资回流渠道。创新面向国际的人民币金融产品，扩大境外人民币境内投资金融产品的范围，促进人民币资金跨境双向流动。

四、不断扩大金融服务业对内对外开放

探索市场准入负面清单制度，开展相关改革试点工作。对接国际高标准经贸规则，探索金融服务业对外资实行准入前国民待遇加负面清单管理模式，推动金融服务业对符合条件的民营资本和外资机构扩大开放。

（十）支持民营资本进入金融业，支持符合条件的民营资本依法设立民营银行、金融租赁公司、财务公司、汽车金融公司和消费金融公司等金融机构。

（十一）支持各类符合条件的银行业金融机构通过新设法人机构、分支机构、专营机构、专业子公司等方式进入自贸试验区经营。

（十二）支持具有离岸业务资格的商业银行在自贸试验区内扩大相关离岸业务。在对现行试点进行风险评估的基础上，适时扩大试点银行和业务范围。

（十三）支持在自贸试验区内按照国家规定设立面向机构投资者的非标资产交易平台。

（十四）允许自贸试验区内证券期货经营机构开展证券期货业务交叉持牌试点。

（十五）允许公募基金管理公司在自贸试验区设立专门从事指数基金管理业务的专业子公司。支持保险资金等长期资金在符合规定的前提下委托证券期货经营机构在自贸试验区内开展跨境投资。

（十六）支持证券期货经营机构在自贸试验区率先开展跨境经纪和跨境资产管理业务，开展证券期货经营机构参与境外证券期货和衍生品交易试点。允许基金管理公司子公司开展跨境资产管理、境外投资顾问等业务。支持上海证券期货经营机构进入银行间外汇市场，开展人民币对外汇即期业务和衍生品交易。

（十七）支持在自贸试验区设立专业从事境外股权投资的项目公司，支持符合条件的投资者设立境外股权投资基金。

（十八）允许外资金融机构在自贸试验区内设立合资证券公司，外资持股比例不超过 **49%**，内资股东不要求为证券公司，扩大合资证券公司业务范围。允许符合条件的外资机构在自贸试验区内设立合资证券投资咨询公司。

（十九）支持在自贸试验区设立保险资产管理公司及子公司、保险资金运用中心。支持保险资产管理机构设立夹层基金、并购基金、不动产基金、养老产业基金、健康产业基金等私募基金。支持保险资产管理公司发起、保险公司投资资产证券化产品。依托金融要素市场研究巨灾债券试点。

（二十）完善再保险产业链。支持在自贸试验区设立中外资再保险机构，设立自保公司、相互制保险公司等新型保险组织，以及设立为保险业发展提供配套服务的保险经纪、保险代理、风险评估、损失理算、法律咨询等专业性保险服务机构。支持区内保险机构大力开展跨境人民币再保险和全球保单分入业务。鼓励各类保险机构为我国海外企业提供风险保障，在自贸试验区创新特殊风险分散机制，开展能源、航空航天等特殊风险保险业务，推动国际资本为国内巨灾保险、特殊风险保险提供再保险支持。

（二十一）在现行法律框架下，支持设立外资健康保险机构。探索建立航运保险产品注册制度。研究推出航运保险指数。

（二十二）在风险可控前提下支持互联网金融在自贸试验区创新发展。

（二十三）支持科技金融发展，探索投贷联动试点，促进创业创新。在风险可控和依法合规前提下，允许浦发硅谷银行等以科技金融服务为特点的银行与创业投资企业、股权投资企业战略合作，探索投贷联动，地方政府给予必要扶持。

（二十四）在防范风险前提下，研究探索开展金融业综合经营，探索设立金融控股公司。

（二十五）在自贸试验区内金融开放领域试点开展涉及外资的国家安全审查。支持与我国签署自由贸易协定的国家或地区金融机构率先在自贸试验区内设立合资金融机构，逐步提高持股比例。在内地与港澳、大陆与台湾有关经贸合作协议框架下，提高港澳台地区服务提供者在自贸试验区内参股金融机构的持股比例。

（二十六）集聚和发展银行、证券、保险等行业的各类功能性金融机构。支持大型金融机构在上海设立业务总部。支持境外中央银行和国际金融组织在沪设立代表处或分支机构，吸引符合条件的国际知名银行、证券、保险公司等金融机构在沪设立分支机构、功能型机构以及成立合资机构。支持中国保险信息技术管理有限责任公司在上海设立创新型子公司。

（二十七）支持在自贸试验区按国家有关规定设立法人金融机构，实施"走出去"战略，加快海外网点布局，拓展海外市场。

五、加快建设面向国际的金融市场

依托自贸试验区金融制度创新和对外开放优势，充分发挥人民银行上海总部统筹协调功能，推进面向国际的金融市场平台建设，拓宽境外投资者参与境内金融市场的渠道，提升金融市场配置境内外资源的功能。

（二十八）支持中国外汇交易中心建设国际金融资产交易平台，增强平台服务功能。

（二十九）加快上海黄金交易所国际业务板块后续建设，便利投资者交易。

（三十）支持上海证券交易所在自贸试验区设立国际金融资产交易平台，有序引入境外长期资金逐步参与境内股票、债券、基金等市场，探索引入境外机构投资者参与境内新股发行询价配售。支持上海证券交易所在总结沪港通经验的基础上，适应境内外投资者需求，完善交易规则和交易机制。

（三十一）支持上海期货交易所加快国际能源交易中心建设，尽快上市原油期货。积极推进天然气、船用燃料油、成品油等期货产品研究工作。允许符合条件的境外机构在自贸试验区试点设立独资或者合资的期货市场服务机构，接受境外交易者委托参与境内特定品种期货交易。

（三十二）支持设立上海保险交易所，推动形成再保险交易、定价中心。

（三十三）支持上海清算所向区内和境外投资者提供航运金融和大宗商品场外衍生品的清算等服务。

（三十四）支持股权托管交易机构依法为自贸试验区内的科技型中小企业等提供综合金融服务，吸引境外投资者参与。

六、不断加强金融监管，切实防范风险

建立适应自贸试验区发展和上海国际金融中心建设联动的金融监管机制，加强金融风险防范，营造良好的金融发展环境。

（三十五）完善金融监管体制。探索建立符合国际规则、适应中国国情的金融监管框架。精简行政审批项目，简化事前准入事项，加强事中事后分析评估和事后备案管理。加强金融信用信息基础设施建设，推动信用信息共建共享，构建与国际接轨的统计、监测体系。加大对金融失信行为和市场违规行为惩戒力度。

（三十六）支持人民银行和外汇局加强自贸试验区金融监管服务能力建设，探索本外币一体化监管体系。创新外汇账户管理体系。整合外汇账户种类，优化监管方式，提升监管效率。

（三十七）加强自贸试验区金融监管协调，探索功能监管。进一步发挥自贸试验区金融协调机制作用，加强跨部门、跨行业、跨市场金融业务监管协调和信息共享。研究探索中央和地方金融监管协调新机制。支持国家金融管理部门研究探索将部分贴近市场、便利产品创新的监管职能下放至在沪金融监管机构和金融市场组织机构。

（三十八）加强金融风险防范。完善跨境资金流动的监测分析机制，加强反洗钱、反恐怖融资和反逃税工作机制。针对金融机构跨行业、跨市场、跨境发展的特点，掌握金融开放主动权，建立和完善系统性风险预警、防范和化解体系，守住不发生系统性、区域性金融风险底线。

（三十九）积极完善金融发展环境。上海市人民政府会同有关部门研究制定进一步完善金融信用制度建设等方案。

（四十）试点措施与行政法规、国务院文件、国务院批准的部门规章等规定不一致的，依照程序提请国务院作出调整实施决定。

3.外汇管理改革试点实施细则

2015 年 12 月 17 日，国家外汇管理局上海分局正式发布《进一步推进中国（上海）自由贸易试验区外汇管理改革试点实施细则》（以下简称《实

施细则》），这也成为落实上海自贸区"金改40条"出台的首项实施细则。

（1）《实施细则》的创新之处

《实施细则》在外汇管理方面推出了一系列创新举措，具体如图7-4所示。

1 允许区内企业（不含金融机构）外债资金实行意愿结汇，赋予企业外债资金结汇的自主权和选择权

2 进一步简化经常项目外汇收支手续，允许区内货物贸易外汇管理分类等级为A类的企业外汇收入无需开立待核查账户

3 支持发展总部经济和结算中心，放宽跨国公司外汇资金集中运营管理准入条件，进一步简化资金池管理

4 支持银行发展人民币与外汇衍生产品服务，允许区内银行为境外机构办理人民币与外汇衍生产品交易

图7-4 《实施细则》的创新之处

（2）企业和银行可享受的便利条件

《实施细则》以服务实体经济、促进贸易投资便利化为出发点，体现了外汇管理理念和方式的转变，主要体现在以下四个方面。

一是加快推荐资本项目可兑换。率先赋予试验区内企业外汇资本金和外债资金结汇的自主权。便利融资租赁外汇管理，支持上海融资租赁业快速发展。鼓励企业充分利用境内外两种资源、两个市场，便利跨境投融资。

二是采用负面清单管理模式，持续推进简政放权，进一步减少外汇管理行政审批，简化业务办理流程，切实提升贸易和投资便利化程度。推进外汇管理监管方式从行为转向重点主体，从事前审批转向事后监测分析。

三是为跨国公司资金集中运营管理创造更好的政策环境，有利于提升跨国公司资金运作效率，促进总部经济集聚。

四是进一步拓展区内银行外汇交易业务的服务范围，率先允许区内银行为境外机构按照相关规定办理人民币与外汇衍生产品交易，有利于企业规避汇率风险。

（3）跨国公司总部外汇资金集中运营管理政策

《实施细则》进一步放宽了跨国公司外汇资金集中运营管理的准入条件，进一步简政放权，减少外汇管理行政审批，简化业务办理流程，主要体现在六个方面，如图 7-5 所示。

1 降低门槛要求
对于区内企业备案开展跨国公司外汇资金集中运营管理试点业务，相关备案条件中上年度本外币国际收支规模可由超过 1 亿美元调整为超过 5000 万美元，门槛较区外显著降低

2 试点外债比例自律管理
跨国公司外汇成员企业借用外债实行比例自律，可借入外债额度标准为企业净资产的 1 倍且资产负债率≤75%。外债结汇资金可依法用于偿还人民币贷款、股权投资等。该政策突破了现有中资企业无法借外债的限制，并拓宽了外债结汇资金用途

3 优化国际主账户功能
境内银行通过国际外汇资金账户吸收的存款，可在不超过前 6 个月日均存款余额的 50%（含）额度境内运用；在纳入银行结售汇头寸管理的前提下，允许账户资金的 10% 结售汇。该政策有助于帮助离岸资金上岸，支持境内设立资金运营中心

4 简化账户开立要求
允许跨国公司成员经常项目外汇收入无需进入出口收入待核查账户

5 简化外汇收支手续
允许银行按照展业三原则，审核相关电子单证真实性后办理经常项目外汇收支；允许经常项目和资本项目对外支付购汇与付汇在不同银行办理

6 完善涉外收付款申报手续
简化集中收付汇和轧差结算收支申报程序，建立与资金池自动扫款模式相适应的涉外收付款申报方式

图 7-5 跨国公司总部外汇资金集中运营管理政策

二、广东自贸区相关创新政策解读

广东自贸区在定位上要立足于内地与港澳经济深度融合，以制度创新为核心、以深化粤港澳合作为重点，依托港澳、服务内地、面向世界，建设成为粤港澳深度合作的示范区。

（一）广东自贸区税收创新服务政策

为支持广东自贸试验区发展，2015年4月广东省国税局出台了"自贸税易通"12项创新税收服务措施，为广州南沙新区片区、珠海横琴新区片区纳税人提供接轨国际、便捷高效的税收管理服务，打造广东自贸试验区税收服务管理创新高地。

这12项措施可概括为"三易、三快、三优、三联"，如图7-6所示。

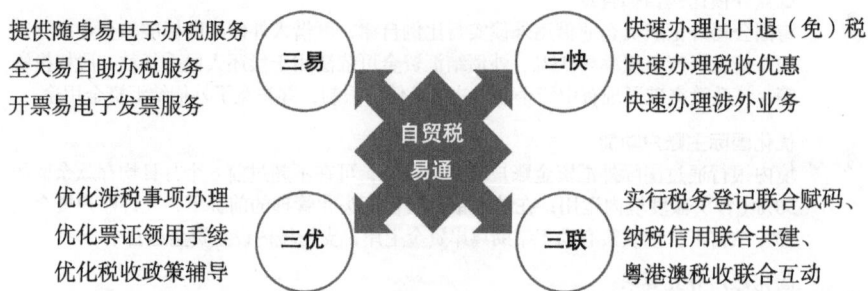

提供随身易电子办税服务 全天易自助办税服务 开票易电子发票服务 **三易**	**三快** 快速办理出口退（免）税 快速办理税收优惠 快速办理涉外业务
优化涉税事项办理 优化票证领用手续 优化税收政策辅导 **三优**	**三联** 实行税务登记联合赋码、纳税信用联合共建、粤港澳税收联合互动

图 7-6 自贸税易通 12 项措施

此12项税收服务新举措涉及税务登记、发票领购、涉税审批、出口退税等多个领域，简化了办税手续和审批流程，由审批制向备案制转变，提高了办税的便捷性和效率，投资环境更加宽松。

比如，区外地区出口退（免）税需要20个工作日才能完成审批，而在广东自贸区内，自贸税易通规定，对于出口企业申报退（免）税的，符合规定的申报，主管国税机关自受理之日起 15 个工作日完成审批，对自贸区一类出口企业正式申报的退（免）税，国税机关自受理之日起 2 个工作日内完成审批并开具《税收收入退还书》。

又如，对于核准类的税收优惠事项来说，自贸税易通中规定，自贸区内纳税人按照现有政策规定通过网上办理申请后，国税机关在 5 个工作日内完成审批，而在其他地区则需要 7 个工作日；对于备案类税收优惠事项，自贸区内的纳税人按照现行政策规定在网上备案后可先行享受，国税机关按规定开展后续管理，而在其他地区备案类税收优惠事项必须要到前台办理。

再如，自贸区推出的"随身易"电子办税服务，打造全流程的"电子税务局"，90% 以上的常用涉税业务均可通过网上办理，纳税人只要登录"电子税务局"即可足不出户办理登记、认定、发票、申报、优惠、证明等一系列业务。而电子发票和无纸化办税，既节省了资源，又方便了发票的传递，加快了业务的办理速度。

（二）广东自贸区金融创新服务

金融政策创新是各项改革中的重中之重，应从资本项目开放、货币可自由兑换与减政放权三个方面入手，为将广东自贸区打造成具有国际影响力的人民币离岸中心奠定坚实的基础。

1. 广东自贸区"金改 30 条"

2015 年 12 月 9 日，中国银民银行发布《关于金融支持中国（广东）自由贸易试验区建设的指导意见》，提出了广东自贸区金融改革的 30 条新举措，即业内所称的广东自贸区"金改 30 条"。"金改 30 条"在吸收上海自贸区人民币跨境使用、资本项目可兑换、外汇管理改革等可复制的金融创新经验的同时，根据广东的自身特色，在深化与港澳金融业合作、提升跨境金融服务水平、促进金融与科技、产业融合等方面提出了新的创新举措。

广东自贸区"金改30条"具体表现出三个"着重"。

（1）着重深化与港澳金融合作

毗邻港澳是广东自贸区最大的特色，因此广东自贸区的基本定位是与港澳对接。"金改30条"围绕深化粤港澳金融合作提出了一系列举措，具体如图7-7所示。

深化自贸区与港澳地区金融同业业务合作

推动自贸区与港澳地区金融市场对接

支持与港澳地区开展个人跨境人民币业务创新

深化与港澳金融合作

支持粤港澳在自贸试验区合作设立人民币海外投贷基金

支持非银行金融机构与港澳地区开展跨境人民币业务

扩大自贸试验区支付服务领域、征信服务业对港澳地区开放

图 7-7　深化与港澳金融合作举措

（2）着重完善创新驱动的金融服务

加快实施创新驱动发展战略，打造产业高地是广东自贸区建设的一个重要方向。"金改30条"以创新发展理念为导向，从广东自贸区科技创新、产业升级的实际出发，围绕创新金融服务提出了一系列措施，如支持金融机构加强和改进对创业平台与项目的金融服务、开展供应链金融服务创新、与互联网金融新业态加强合作等。这一系列举措有利于促进广东自贸区加快推进金融与科技、产业深度融合，对广东自贸区实现金融创新与创新驱动发展战略的联动起到积极作用。

（3）着重加强信用体系建设

银行信贷、股票发行以及债券都是重要的资金融通渠道，信用环境的好坏会对这些融通渠道的畅通与否造成直接影响。拓展跨境金融服务，促进企业跨境生产、经营和投融资便利化是自贸区金融改革创新的重点，更加需要与国际接轨、为国际认可的信用体系的支持。

"金改30条"将推动自贸区信用体系建设作为一项基本工程，明确要支持自贸区内社会信用体系建设，完善企业信息共享、信用评价和融资推荐机制，探索在跨境融资中引入信用评级机制。

附：

中国人民银行关于金融支持中国（广东）
自由贸易试验区建设的指导意见

中国人民银行广州分行，深圳市中心支行；国家开发银行，各政策性银行、国有商业银行、股份制商业银行，中国邮政储蓄银行：

为贯彻落实党中央、国务院关于建设中国（广东）自由贸易试验区（以下简称自贸试验区）的战略部署，支持自贸试验区建设，构建与自贸试验区跨境贸易和投资便利化相适应的金融服务体系，根据《国务院关于印发中国（广东）自由贸易试验区总体方案的通知》（国发〔2015〕18号），提出以下意见。

一、总体原则

（一）坚持金融服务实体经济。围绕新常态下经济转型升级的金融需求，以促进跨境贸易和投融资便利化为主线，突出特点，积极提升金融服务实体经济的质量和水平，全面推进金融体制机制创新，优化金融资源配置。

（二）坚持全面深化改革。在总结和借鉴上海自贸试验区成功经验的基础上，充分发挥"试验田"作用，在人民币资本项目可兑换、人民币跨境使用、外汇管理等重要领域和关键环节先行试验，建立国际化、市场化、法治化的金融服务体系，及时总结评估，为全面深化金融改革探索新路径、积累新经验。

（三）坚持粤港澳一体化发展。发挥区位优势，以粤港澳金融合作为重点，扩大金融服务业对港澳等地区开放，积极营造良好的金融服务环境，以开放创新带动粤港澳地区发展。

（四）坚持守住金融风险底线。建立区域金融监管协调机制，完善金融风险防控体系，在风险可控的前提下稳妥、有序地推进自贸试验区各项金融改革创新，成熟一项、推进一项。

二、扩大人民币跨境使用

（五）开展跨境人民币双向融资。支持自贸试验区内金融机构和企业在宏观审慎管理框架下，从境外借入人民币资金并按规定使用。探索完善宏观审慎管理框架下的人民币境外贷款管理方式，鼓励自贸试验区内银行业金融机构增加对企业境外项目的人民币信贷投放。允许自贸试验区内个体工商户根据业务需要向其在境外经营主体提供跨境资金支持。

（六）支持融资租赁机构开展跨境人民币业务创新。允许自贸试验区内融资租赁机构开展跨境双向人民币资金池业务、人民币租赁资产跨境转让业务。

（七）深化跨国企业集团跨境人民币资金集中运营管理改革。支持自贸试验区内符合条件的企业根据自身经营和管理需要，开展集团内跨境双向人民币资金池业务，便利区内跨国企业开展跨境人民币资金集中运营业务。

（八）推动跨境交易以人民币计价和结算。在充分利用全国统一金融基础设施平台的基础上，支持自贸试验区内要素市场设立跨境电子交易和资金结算平台，向自贸试验区和境外投资者提供以人民币计价和结算的金融要素交易服务。鼓励金融机构为境外投资者参与区内要素市场交易提供人民币账户开立、资金结算等服务。

（九）拓展跨境电子商务人民币结算业务。推动自贸试验区内银行机构与符合条件的互联网支付机构合作，办理经常项下及部分经批准的资本项下跨境电子商务人民币结算业务。允许自贸试验区内符合条件的互联网企业根据需要开展经常项下跨境人民币集中收付业务。

（十）研究区内个人以人民币开展直接投资、证券投资、集合投资等境外投资，办理与移民、捐赠、遗赠和遗产相关的资产转移业务。

三、深化外汇管理改革

（十一）促进贸易投资便利化。在真实合法交易的基础上进一步简化流程，自贸试验区内货物贸易外汇管理分类等级为 A 类的企业，货物贸易收入无需开立待核查账户，允许选择不同银行办理经常项目提前购汇和付汇。简化直接投资外汇登记手续，直接投资外汇登记下放银行办理。放宽区内机构对外放款管理，进一步提高对外放款比例。允许区内符合条件的融资租赁收取外币租金。

（十二）实行限额内资本项目可兑换。在自贸试验区内注册的、负面清单外的境内机构，按照每个机构每自然年度跨境收入和跨境支出均不超过规定限额（暂定等值 1000 万美元，视宏观经济和国际收支状况调节），自主开展跨境投融资活动。限额内实行自由结售汇。符合条件的区内机构应在自贸试验区所在地外汇分局辖内银行机构开立资本项目——投融资账户，办理限额内可兑换相关业务。

（十三）推动外债宏观审慎管理。逐步统一境内机构外债政策。自贸试验区内机构借用外债采取比例自律管理，允许区内机构在净资产的一定倍数（暂定 1 倍，视宏观经济和国际收支状况调节）内借用外债，企业外债资金实行意愿结汇。

（十四）支持发展总部经济和结算中心。放宽跨国公司外汇资金集中运营管理的准入条件。进一步简化资金池管理，允许银行审核真实、合法的电子单证，为企业办理集中收付汇、轧差结算业务。

（十五）支持银行发展人民币与外汇衍生产品服务。注册在自贸试验区内的银行机构，对于境外机构按照规定能够开展即期结售汇交易的业务，可以办理人民币与外汇衍生产品交易，并纳入银行结售汇综合头寸管理。

四、深化以粤港澳为重点的区域金融合作

（十六）允许非银行金融机构与港澳地区开展跨境人民币业务。支持自贸试验区内企业集团财务公司、金融租赁公司、消费金融公司、汽车金融公司、金融资产管理公司、证券公司、基金管理公司、期货公司、保险公司等机构按

规定在开展跨境融资、跨境担保、跨境资产转让等业务时使用人民币进行计价结算。

（十七）支持与港澳地区开展个人跨境人民币业务创新。允许金融机构按照真实交易原则，凭收付指令为自贸试验区内个人办理经常项下跨境人民币结算业务。支持区内个人从港澳地区借入人民币资金，用于在区内购买不动产等支出。支持港澳地区个人在区内购买人民币理财产品。

（十八）深化自贸试验区与港澳地区金融同业业务合作。在宏观审慎管理框架下，支持自贸试验区金融机构与港澳地区金融同业开展跨境人民币借款业务，应用于与国家宏观调控方向相符的领域，暂不得用于投资有价证券（包括理财等资产管理类产品）、衍生产品。支持自贸试验区金融机构与港澳地区金融同业合作开展人民币项下跨境担保业务。

（十九）推动自贸试验区与港澳地区金融市场对接。支持区内外资企业的境外母公司或子公司按规定在境内银行间市场发行人民币债券。支持区内金融机构和企业在香港资本市场发行人民币股票和债券，募集资金可调回区内使用，支持自贸试验区开发建设和企业生产经营。支持港澳地区机构投资者在自贸试验区内开展合格境内有限合伙人（QDLP）业务，募集区内人民币资金投资香港资本市场。支持港澳地区机构投资者在自贸试验区内开展合格境外有限合伙人（QFLP）业务，参与境内私募股权投资基金和创业投资基金的投资。

（二十）支持粤港澳在自贸试验区合作设立人民币海外投贷基金。支持粤港澳三地机构在区内合作设立人民币海外投贷基金，募集内地、港澳地区及海外机构和个人的人民币资金，为我国企业"走出去"开展投资、并购提供投融资服务。

（二十一）扩大自贸试验区支付服务领域、征信服务业对港澳地区开放。支持自贸试验区内注册设立的港澳资非金融企业，依法申请支付业务许可。支持港澳地区服务提供者按规定在自贸试验区内设立征信机构和分支机构。探索建立自贸试验区与港澳地区征信产品互认机制。改进征信机构业务管理方式，便利港澳地区服务提供者在自贸试验区经营征信业务。

五、提升金融服务水平

（二十二）探索建立与自贸试验区相适应的账户管理体系，为符合条件的自贸试验区内主体，办理跨境经常项下结算业务、政策允许的资本项下结算业务、经批准的自贸试验区资本项目可兑换先行先试业务，促进跨境贸易、投融资结算便利化。

（二十三）完善创新驱动的金融服务。综合运用货币政策工具，引导金融机构加大对自贸试验区新型创业服务平台、创新型小微企业、创业群体的金融支持力度，加强和改进对港澳台同胞、海外华侨、归侨、归国留学生在自贸试验区创业项目的金融服务。支持金融机构开展供应链金融业务创新，促进自贸试验区创新型产业集群核心企业和产业链上下游企业做优做强。引导金融机构在依法合规、风险可控的前提下，与股权众筹平台、网络借贷信息平台、互联网支付机构开展合作。

（二十四）创建金融集成电路（IC）卡"一卡通"示范区。完善自贸试验区金融集成电路卡应用环境，加大销售终端（POS）、自动柜员机（ATM）等机具的非接触受理改造力度。大力拓展金融集成电路卡和移动金融在自贸试验区生活服务、公共交通、社会保障等公共服务领域的应用，通过提升现代金融服务水平改善民生。推动自贸试验区公共服务领域的支付服务向港澳地区开放，促进金融集成电路卡和移动金融在自贸试验区和港澳地区的互通使用。

（二十五）推动自贸试验区社会信用体系建设。推进自贸试验区企业信用信息体系建设，完善企业信息共享、信用评价和融资推荐机制。加快发展各类征信机构，推动征信产品在金融、经济和社会管理等领域的应用。探索在跨境融资中引入信用评级机制。

六、风险监测与管理

（二十六）加强组织协调。中国人民银行广州分行会同深圳市中心支行，加强与地方人民政府和其他金融监管部门驻粤机构的沟通，完善区域金融监管协调机制，加强金融信息共享，提升风险联合防范和处置能力，建立和完善系统性风险预警、防范和化解体系，守住不发生系统性、区域性金融风险底线。

加强对自贸试验区内金融机构信息安全管理，明确管理部门和管理职责。

（二十七）加强跨境资金流动风险防控。区内机构办理跨境创新业务，应具有真实合法交易基础，不得使用虚假合同等凭证或虚构交易办理业务。金融机构应遵循"展业三原则"，建立健全内控制度，完善业务真实性、合规性审查机制，及时报告可疑交易。全面监测分析跨境资金流动，防止跨境资金大进大出，健全和落实单证留存制度，探索主体监管，实施分类管理，采取有效措施防范风险。

（二十八）加强反洗钱、反恐融资管理。办理自贸试验区业务的金融机构和特定非金融机构，应按照法律法规要求切实履行反洗钱、反恐融资、反逃税等义务，全面监测分析跨境、跨区资金流动，按规定及时报送大额和可疑交易报告。完善粤港澳反洗钱、反恐融资监管合作和信息共享机制。

（二十九）加强金融消费权益保护。自贸试验区内金融机构要完善客户权益保护机制，负起保护消费者的主体责任。建立健全区内金融消费权益保护工作体系。加强与金融监管、行业组织和司法部门相互协作，探索构建和解、专业调解、仲裁和诉讼在内的多元化金融纠纷解决机制。加强自贸试验区金融创新产品相关知识普及，重视风险教育，提高消费者的风险防范意识和自我保护能力。

（三十）中国人民银行广州分行会同深圳市中心支行，加强与有关金融监管部门派出机构的沟通，按照宏观审慎、风险可控、稳步推进的原则，依据本意见制定实施细则和操作规程，报中国人民银行总行备案。

2. 人民币跨境使用政策

2016 年 4 月 14 日，中国人民银行发布了《关于支持中国（广东）自由贸易试验区扩大人民币跨境使用的通知》（以下简称《通知》），实现了 5 项扩大人民币跨境使用业务的落地（如图 7-8 所示），是对《中国人民银行关于金融支持中国（广东）自由贸易试验区建设的指导意见》相关内容的细化。

1 扩大个人跨境人民币业务范围，区内个人办理跨境人民币业务范围从货物贸易和服务贸易扩大到所有经常项目和直接投资业务

2 优化跨境双向人民币资金池管理，区内跨境双向人民币资金池境内外成员企业营业收入的门槛比区外降低一半，资金池跨境资金流动上限提高1倍

3 便利区内企业调回境外发行人民币债券资金，允许发债募集资金按实际需要回流境内使用

4 区内企业境外母公司在境内发行人民币债券募集资金用于集团内设立在自贸区内全资子公司和集团内成员企业借款的，不纳入现行外债管理

5 鼓励区内银行向境外发放人民币贷款

图 7-8　扩大人民币跨境使用的 5 项举措

在上述五项跨境人民币创新业务中，除了区内银行向境外发放人民币贷款业务外，其他四项创新业务均可在广东辖区内具备跨境人民币结算业务资格的结算银行办理。

（1）广东自贸区跨境双向人民币资金池业务与全国版的区别

广东自贸区跨境双向人民币资金池业务有三个特点：一是资金池主办企业必须在区内注册成立并实施经营或投资；二是参加资金归集的境内成员企业上年度营业收入合计金额不低于5亿元人民币，境外成员企业上年度营业收入合计金额不低于1亿元人民币，且境内成员企业经营时间要在1年以上；三是区内跨境双向人民币资金池业务实行双向向上管理，跨境人民币资金净流出（入）上限的计算公式如下：

跨境人民币资金净流出（入）额上限 ＝ 资金池应计所有者权益 × 宏观审慎政策系数

其中，宏观审慎政策系数暂定为1。

此外，自贸试验区跨国企业集团跨境双向人民币资金池业务其他未明确事项，按照《中国人民银行关于进一步便利跨国企业集团开展跨境双向人民币资金池业务的通知》执行。

区内主办企业可以选择 1~3 家结算银行开展跨国企业集团跨境双向人民币资金池业务。主办企业在 2 家（含）以上结算银行办理资金池业务的，需在业务协议中明确每家结算银行的跨境资金净流入（出）额上限。

（2）全国版跨境双向人民币资金池与区内跨境双向人民币资金池的联系

在《通知》发布之前跨国企业集团已经设立的全国版跨境双向人民币资金池可以变更为区内跨境双向人民币资金池。跨国企业集团需要指定一家在区内注册的成员企业作为主办企业，并与结算银行修订跨境双向人民币资金池业务协议，按照原来办理跨境双向人民币资金池业务的备案流程，向人民银行广州分行申请变更本案。变更备案须提交以下资料：

- 银行变更备案申请；
- 主办企业变更备案申请；
- 境内外成员企业情况表；
- 跨境双向人民币资金池业务协议（修订版）；
- 原《跨境双向人民币资金池业务备案通知书》等。

此外，跨国企业集团已经设立了全国版跨境双向人民币资金池的，也可以再按照《通知》规定另设一个区内跨境双向人民币资金池，但同一境内成员企业只能加入其中一个资金池。

（3）区内企业的境外母公司在境内发行人民币债券筹集资金的使用

区内企业的境外母公司在境内通过合法渠道发行人民币债券后，可按规定开立人民币 NRA 专用账户存放发债筹集的资金，境内发债募集资金用于集团设立在区内的全资子公司和集团内成员企业（不限于区内注册的成员企业）借款的，不纳入现行外债管理。

（4）区内个人经常项下和直接投资项下跨境人民币业务的类型

区内个人经常项下业务包括货物贸易、服务贸易、收益和经常转移等。区内个人直接投资是指以区内个人名义开展的跨境实业投资，即区内个人使用人民币资金在境外通过新设、并购、参股等方式设立或取得企业或项目全部或部分所有权、控制权或经营管理权等权益的行为。

三、天津自贸区相关创新政策解读

作为北方首个自贸区，天津自贸区承载着引领北方经济改革发展的重大任务，其发展战略定位就是"努力成为京津冀协同发展高水平对外开放平台"，以"努力打造京津冀协同发展对外开放新引擎"为指导思想，充分彰显出天津自贸区的自我特色。

（一）天津自贸区税收服务创新举措

天津自贸区自成立以来就吸引了众多海外企业入驻。为了更好地发挥国税部门在天津自贸区建设中的积极作用，天津市国税局在认真贯彻落实税务总局"办税一网通 10 + 10"税务服务的基础上，紧密结合天津自贸区发展方向和功能定位，突出天津特色，推出了天津自贸区税收创新服务"快 e 通"，为纳税人提供更加便捷的税务服务。

"快 e 通"的具体内容如图 7-9 所示。

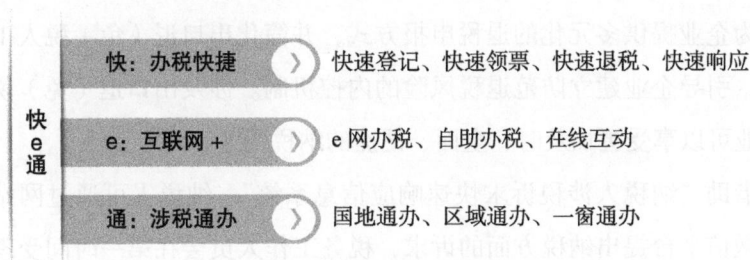

图 7-9　快 e 通的具体内容

1. 办税快捷

快速登记是办税快捷中的第一项举措，即企业在办理登记注册时，只需要在一个部门进行申报并提交材料，即可一次办结营业执照、组织结构代码证、税务登记证，领取"三证合一"的营业执照。同时，实行限时办结，按照天津市企业设立联合审批的流程，实现"一天一证一章"办理。

快速领票包括四个部分，如图 7-10 所示。

1 缩短初次领票的审核办理时间
企业登记注册经税务核准后，增值税一般纳税人认定、票种核定和发票领购等涉税事项两日内办结

2 增加发票领用量
纳税信用为 A 级的纳税人，纳税信用为 B 级的生产型纳税人，存续时间在 5 年以上的商贸、服务业纳税人（包括个体工商户），有固定经营场所、会计核算健全、投资规模较大的新办企业，实行按季度用量领用发票

3 发票快递送达
依托网上办税服务厅，逐步开通自贸区企业网上发票验旧、核销和申领业务，并通过快递公司将发票送达纳税人

4 推行电子发票
符合条件的电子商务类企业可使用电子发票，并可在网上办理领用，不需要再到税务机关领票

图 7-10　快速领票的内容

快速退税包括开展出口退税提醒服务，逐步推出出口退（免）税无纸化申报，网上办理相关证明、审核审批、退库等业务。充分运用信息化技术，为企业提供多元化的退税申报方式，并简化出口退（免）税人工审核程序，引导企业建立防范退税风险的内控机制。涉及出口退（免）税业务的企业可以享受更加及时、全面、便捷的纳税服务。

借助"纳税人涉税诉求快速响应信息系统"，纳税人可通过网站、热线、微信平台提出纳税方面的诉求，税务工作人员会在第一时间受理，并做到"每诉必答、每答必快"。

2. 互联网 +

天津市国税局网上办税服务厅开通多项涉税事项的网上办税，纳税人可以在网上办理网上认证、网上抄报税、网上申报、电子缴税、网上查询等涉税业务。

3. 涉税通办

为了节约纳税人办税等待时间，自贸区办税服务厅推行全智能窗口，实现前台所有业务"一窗通办"，将税务登记、申报征收、综合受理、保税认证、发票验旧、发票领用等多项窗口职能统一整合到"综合服务"窗口，让纳税人在一个窗口就能办理各类涉税事项。

此外，为了避免纳税人在地税和国税服务厅之间奔波，国地税两局开通了"国地通办"服务。天津市国税局将联合地税局实施国地税统一的服务标准，逐步探索设立自贸区内统一的国地税办税场所，国地税共管户在办税服务厅办理涉税业务时，只需要向国地税中的一个部门提出申请，由国税局、地税局工作人员内部流转办理业务，让纳税人切实体会到"进一家门、办两家事"的便利。

（二）天津自贸区金融改革创新

天津自贸区金融改革突出在投资、融资、贸易的便利化以及机构和业务的开放领域，核心是推进投融资便利化、利率市场化和人民币跨境使用，做大做强融资租赁业，服务实体经济发展。

1. 天津自贸区"金改 30 条"

2015 年 12 月 11 日，中国人民银行正式发布《关于金融支持中国（天津）自由贸易试验区建设的指导意见》（以下简称《指导意见》）即天津自贸区"金改 30 条"，其基本囊括了上海自贸区两批金改政策除国际金融中心相关政策外的全部内容。在此基础上，还特别增加了京津冀、融资租赁等方面凸显天津特色和优势的支持政策。

根据人民银行天津分行相关负责人解读，天津自贸区"金改 30 条"在金融支持政策有四个突破，在扩大人民币跨境使用、深化外汇管理改革、促进租赁业发展、支持京津冀协同发展上均实现了新突破。

（1）扩大人民币跨境使用

《指导意见》在扩大人民币跨境使用上的新突破主要表现在三个方面，如图 7-11 所示。

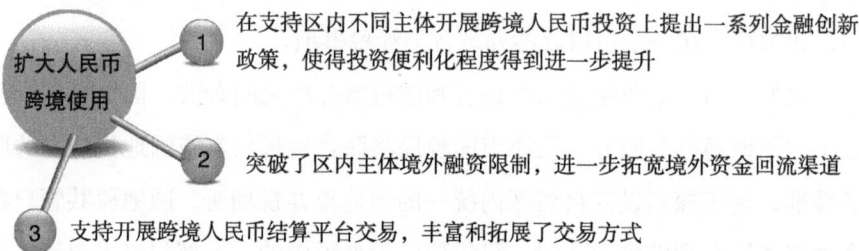

图 7-11　扩大人民币跨境使用的具体表现

（2）深化外汇管理改革

在深化外汇管理改革方面，主要有 5 个方面的突破，如图 7-12 所示。

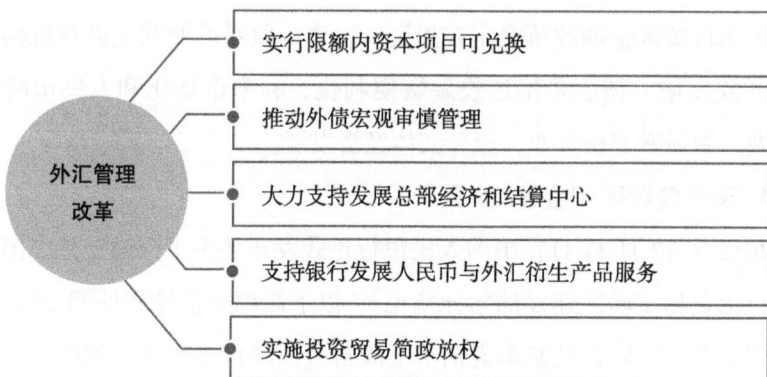

图 7-12　深化外汇管理改革的突破

具体来说，将在自贸区内实行限额内资本项目可兑换，即在区内注册的、负面清单外的境内机构，可在一定限额（暂定等值 1000 万美元，视宏观经济和国际收支状况调节）内自主开展跨境投融资活动，限额内实行自由结售汇。该项政策将大幅提升区内机构跨境投融资便利程度，推动实体经济发展，并为实现更高程度的资本项目可兑换积累可复制、可推广的经验。

区内机构借用外债实行比例自律管理也是一大政策利好，旨在逐步统一境内机构外债政策，为中、外资企业利用外债资金提供公平、公正的政策环境。按照政策规定，区内机构可在其净资产的一定倍数（暂定 1 倍，视宏观经济和国际收支状况调节）内借用外债，企业外债资金实行意愿结汇。

此外，围绕简政放权出台多项措施，主要有区内货物贸易外汇管理分类等级为 A 类的企业在办理货物贸易外汇收入时，可不再开立待核查账户；提高区内企业境外外汇放款比例；放宽跨国公司外汇资金集中运营管理准入条件；支持区内银行机构发展人民币与外汇衍生产品服务等。这些政策措施放宽了政策限制，将极大简化业务办理手续，提升贸易融资便利性。

（3）促进租赁业发展

促进租赁业发展是最能凸显天津特色和优势的金融支持政策。在《指导意见》的第四部分作了突出强调，提出了 5 条 12 项切实可行的金融支持政策和措施，具体体现在三点，如图 7-13 所示。

1 有效拓宽投融资渠道

允许区内符合条件的租赁公司在限额内自主开展跨境投融资业务，开展人民币租赁资产跨境转让、跨境双向人民币资金池等业务，按照宏观审慎原则从经纬借用本外币资金，利用国家外汇储备开展飞机、新型船舶等租赁业务

2 更加灵活资金运营

允许区内金融租赁开展境外外币放款业务，符合条件的区内金融租赁公司开展跨国公司外汇资金集中运用业务

3 不断提升业务便利化

允许符合条件的区内租赁公司实施外债意愿结汇、在境外开立人民币账户用于跨境人民币租赁业务，区内符合条件的融资租赁可收取外币租金

图 7-13　促进租赁业发展的突破性措施

这些措施具体明确，具有很强的针对性和可操作性，符合天津租赁行业的实际发展需要，为促进天津租赁业的发展提供了有力的政策支持。

（4）支持京津冀协同发展

在支持京津冀协同发展方面，《指导意见》重点提出了 3 条 5 项政策，具体如图 7-14 所示。

1 支持京津冀地区金融机构在自贸试验区开展跨区域金融协同创新与合作，优化金融资源配置

2 积极争取在自贸试验区内设立京津冀协同发展基金、京津冀产业结构调整基金。允许境外投资者以人民币资金投资自贸试验区内用于京津冀协同发展的基金

3 支持京津冀地区金融机构为自贸试验区内主体提供支付结算、异地存储、信用担保等业务同城化综合金融服务，降低跨行政区金融交易成本

图 7-14　支持京津冀协同发展的政策

这些政策既突出强调了金融支持政策在天津自贸区的本地化，表现出很强的适应性；同时也注重发挥好天津自贸区对京津两地的辐射带动作用，有利于增强三地金融支持政策的联动性、协调性和互补性。

附：

中国人民银行关于金融支持中国（天津）
自由贸易实验区建设的指导意见

中国人民银行天津分行；国家开发银行，各政策性银行、国有商业银行、股份制商业银行，中国邮政储蓄银行：

为贯彻落实党中央、国务院关于建设中国（天津）自由贸易试验区（以下简称自贸试验区）的战略部署，促进自贸试验区实体经济发展，加大对跨境贸易和投融资的金融支持，根据《国务院关于印发中国（天津）自由贸易试验区总体方案的通知》（国发〔2015〕19号），提出以下意见。

一、总体原则

（一）服务实体经济发展。坚持金融服务实体经济发展、服务产业转型升级，立足天津区位特征和经济特色，围绕金融支持租赁业发展特点，拓展金融服务功能，带动全国租赁业稳健发展。

（二）深化体制机制改革。在总结和借鉴上海自贸试验区成功经验的基础上，坚持简政放权的改革方向，逐步实现准入前国民待遇加负面清单管理模式，加强事中事后分析评估和事后备案管理，推动市场要素双向流动。

（三）有效防范金融风险。建立健全系统性风险预警、防范和化解体系，守住风险底线，切实做好各项应急预案，及时化解和处置风险隐患。

（四）稳步有序推进实施。坚持成熟一项、推进一项，突出重点、先易后难，及时总结评估，积极推进金融改革创新开放。

二、扩大人民币跨境使用

（五）支持自贸试验区内金融机构和企业按宏观审慎原则从境外借用人民币资金，用于符合国家宏观调控方向的领域，不得用于投资有价证券、理财产品、衍生产品，不得用于委托贷款。自贸试验区内的银行业金融机构可按规定向境外同业跨境拆出短期人民币资金。

（六）支持自贸试验区内企业和金融机构按规定在境外发行人民币债券，

募集资金可调回区内使用。自贸试验区内企业的境外母公司可按规定在境内发行人民币债券。

（七）支持自贸试验区在充分利用全国统一金融基础设施平台的基础上，完善现有的以人民币计价的金融资产、股权、产权、航运等要素交易平台，面向自贸试验区和境外投资者提供人民币计价的交割和结算服务。

（八）支持自贸试验区内符合条件的企业按规定开展人民币境外证券投资和境外衍生品投资业务。支持自贸试验区内银行机构按照银行间市场等相关政策规定和我国金融市场对外开放的整体部署为境外机构办理人民币衍生品业务。支持自贸试验区内设立的股权投资基金按规定开展人民币对外投资业务。

（九）自贸试验区内符合条件的跨国企业集团开展跨境双向人民币资金池业务，可不受经营时间、年度营业收入和净流入额上限的限制。

（十）研究在自贸试验区内就业并符合条件的境内个人按规定开展各类人民币境外投资。在自贸试验区内就业并符合条件的境外个人可按规定开展各类境内投资。

三、深化外汇管理改革

（十一）促进贸易投资便利化。在真实合法交易基础上，进一步简化流程，自贸试验区内货物贸易外汇管理分类等级为 A 类的企业，货物贸易收入无需开立待核查账户，允许选择不同银行办理经常项目提前购汇和付汇。简化直接投资外汇登记手续，直接投资外汇登记下放银行办理，外商投资企业外汇资本金实行意愿结汇。放宽自贸试验区内机构对外放款管理，进一步提高对外放款比例。

（十二）实行限额内资本项目可兑换。在自贸试验区内注册的、负面清单外的境内机构，按照每个机构每自然年度跨境收入和跨境支出均不超过规定限额（暂定等值 1000 万美元，视宏观经济和国际收支状况调节），自主开展跨境投融资活动。限额内实行自由结售汇。符合条件的自贸试验区内机构应在天津地区银行机构开立资本项目——投融资账户，办理限额内可兑换相关业务。

（十三）推动外债宏观审慎管理，逐步统一境内机构外债政策。自贸试验区内机构借用外债采取比例自律管理，允许区内机构在净资产的一定倍数（暂定 1 倍，视宏观经济和国际收支状况调节）内借用外债，企业外债资金实行意愿结汇。

（十四）支持发展总部经济和结算中心。放宽跨国公司外汇资金集中运营管理准入条件。进一步简化资金池管理，允许银行审核真实、合法的电子单证，为企业办理集中收付汇、轧差结算业务。

（十五）支持银行发展人民币与外汇衍生产品服务。注册在自贸试验区内的银行机构，对于境外机构按照规定能够开展即期结售汇交易的业务，可以办理人民币与外汇衍生产品交易，并纳入银行结售汇综合头寸管理。

四、促进租赁业发展

（十六）本指导意见第五条部分条款、第六条、第九条、第十一条、第十二条、第十三条适用于自贸试验区内各类租赁公司，第十四条适用于自贸试验区内金融租赁公司。

（十七）支持自贸试验区内租赁公司利用国家外汇储备，开展飞机、新型船舶、海洋工程结构物和大型成套进口设备等租赁业务。

（十八）允许自贸试验区内符合条件的融资租赁收取外币租金。

（十九）支持租赁公司依托自贸试验区要素交易平台开展以人民币计价结算的跨境租赁资产交易。

（二十）允许自贸试验区内租赁公司在境外开立人民币账户用于跨境人民币租赁业务，允许租赁公司在一定限额内同名账户的人民币资金自由划转。

五、支持京津冀协同发展

（二十一）支持京津冀地区金融机构在自贸试验区开展跨区域金融协同创新与合作，优化金融资源配置。

（二十二）积极争取在自贸试验区内设立京津冀协同发展基金、京津冀产业结构调整基金。允许境外投资者以人民币资金投资自贸试验区内用于京津冀协同发展的基金。

（二十三）支持京津冀地区金融机构为自贸试验区内主体提供支付结算、

异地存储、信用担保等业务同城化综合金融服务，降低跨行政区金融交易成本。

六、完善金融服务功能

（二十四）探索建立与自贸试验区相适应的账户管理体系，为符合条件的自贸试验区主体，办理跨境经常项下结算业务、政策允许的资本项下结算业务、经批准的自贸试验区资本项目可兑换先行先试业务，促进跨境贸易、投融资结算便利化。

（二十五）创建金融集成电路（IC）卡"一卡通"示范区。完善自贸试验区金融集成电路卡应用环境，加大销售终端（POS）、自动柜员机（ATM）等机具的非接触受理改造力度。大力拓展金融集成电路卡和移动金融在自贸试验区生活服务、公共交通、社会保障等公共服务领域的应用，通过提升现代金融服务水平改善民生。

七、加强监测与管理

（二十六）自贸试验区内主体办理金融业务，应具有真实合法交易基础，不得使用虚假合同等凭证或虚构交易办理业务。金融机构应遵循"展业三原则"，建立健全内控制度，完善业务真实性、合规性审查机制。加强对自贸试验区内金融机构信息安全管理，明确管理部门和管理职责。

（二十七）办理自贸试验区业务的金融机构和特定非金融机构，应按照法律法规要求切实履行反洗钱、反恐融资、反逃税等义务，全面监测分析跨境、跨区资金流动，按规定及时报送大额和可疑交易报告。

（二十八）中国人民银行天津分行和国家外汇管理局天津市分局要加强跨境资金流动风险监测，做好非现场核查和现场检查，防止跨境资金大进大出。健全和落实单证留存制度，探索主体监管，实施分类管理，采取有效措施防范风险。建立和完善系统性风险预警、防范和化解体系，守住不发生系统性、区域性金融风险底线。加强与相关金融监管部门的沟通协调，建立信息共享机制。

（二十九）加强自贸试验区金融消费权益保护。自贸试验区内金融机构要完善客户权益保护机制，负起保护消费者的主体责任。建立健全区内金融消费权益保护工作体系。加强与金融监管、行业组织和司法部门相互协作，探索构建和解、专业调解、仲裁和诉讼在内的多元化金融纠纷解决机制。加强自贸试验区金融创新产品相关知识普及，重视风险教育，提高消费者的风险防范意识和自我保护能力。

（三十）中国人民银行天津分行和国家外汇管理局天津市分局，加强与有关金融监管部门派出机构的沟通，按照宏观审慎、风险可控、稳步推进的原则，依据本意见制定实施细则和操作规程，报中国人民银行总行备案。

2. "金改 30 条" 首个实施细则

2015 年 12 月 18 日，国家外汇管理局天津分局发布了《推进中国（天津）自由贸易试验区外汇管理改革试点实施细则》（以下简称《实施细则》），这也是天津自贸区 "金改 30 条" 落地后出台的首个实施细则。

《实施细则》中既提出了深化外汇管理改革的创新措施，又明确了加强风险防控的具体措施，重点内容包括五个方面，如图 7-15 所示。

1　区内企业（不含金融机构）外债资金实行意愿结汇。允许区内符合条件的融资租赁收取外币租金

2　进一步简化经常项目外汇收支手续。在真实、合法交易基础上，区内货物贸易外汇管理分类登记为 A 类的企业外汇收入无需开立审查账户

3　支持发展总部经济和结算中心，放宽跨国公司外汇资金集中运营管理准入条件。进一步简化资金池管理，允许银行审核真实、合法的电子单证办理经常项目集中收付汇、轧差净额结算业务

4　支持银行发展人民币与外汇衍生产品服务。对于境外机构按规定可开展即期结售汇交易的业务，注册在区内的银行可以为其办理人民币与外汇衍生产品交易。相关头寸纳入银行结售汇综合头寸管理

5　加强跨境资金流动风险防控。不得使用虚假合同等凭证或构造交易办理业务。银行应当建立健全内控制度，完善真实性和合法性审查机制，严格履行数据及异常可以信息报送义务。外汇局加强非现场监测与现场核查检查，完善预警指标，探索主题监管，实施分类管理，依法处罚违规行为，必要时调整试点政策，采取临时性管制措施

图 7-15　《推进中国（天津）自由贸易试验区外汇管理改革试点实施细则》重点内容

四、福建自贸区相关创新政策解读

福建自贸区以"为深化两岸经济合作探索新模式，为加强与 21 世纪海上丝绸之路沿线国家和地区的交流合作拓展新途径"为指导思想，以"立足两岸、服务全国、面向世界"为战略定位，其发展建设的价值意义就是凭借面对台湾的地理优势，以"两岸"全方位发展作为"主打牌"，服务于海上丝绸之路的发展。

（一）福建自贸区税收创新举措

为了给企业创造更好的营商环境，福建自贸区自挂牌以来大胆创新，不断优化税收环境，提出了八项税收服务新举措。

1."一掌通"3A 移动税务平台

"一掌通 3A"移动税务平台是一项先进的移动数字证书技术，包括纳税人端和税务干部端两大功能区，可以让纳税人在任何时间、任何地点办理任何税务事项。

通过该平台，纳税人可以办理重新税务登记、代开发票、房产承受方申报申请（契税）、外出经营管理、认定管理、证明管理、部分停业申请、外来经营报验等 27 项涉税事项。其中，办理重新税务登记、认定管理、证明管理等 19 项涉税事项实现了网上全程即办。目前，3A 移动税务平台已经推广至福建全省范围内，大大方便了各项税收业务的办理。

2."一站式"联动服务平台

自贸区企业的日常涉税业务很多都是跨部门的业务，为了最大程度便利纳税人，福建地税在自贸区推行"一站式"联动服务平台，对涉及自贸区企业的日常涉税业务推行"一口受理"和"并联审批"，加强跨部门间的无缝衔接和提速办理，避免企业多部门间往返奔波。申请人只要填写一份申请表，将企业营业执照、组织机构代码证和税务登记证由政府行政服务中心综合窗口统一受理，工商、质检、国税、地税等部门通过综合业务平台联动审批，综合窗口统一发照，实行"一照三号"。

3. "一条龙"网上办税

纳税人通过网上办税系统，逐步实现日常办税项目的网上申请、受理、办理和文书送达的"一条龙"全流程网上服务，为纳税人提供电子化办税服务，让纳税人享受便捷高效、足不出户的办税体验。

4. "一体化"涉税咨询辅导

自贸区办税厅内设置有针对纳税人的咨询辅导和培训场所，为纳税人提供专业的"一对一、面对面"的咨询服务。同时设立专家咨询岗，为企业提供专业化的涉税咨询服务。

5. "一线联"扶持"两重"税户

福建地税结合自贸区特点，分析企业生产经营情况和发展前景，综合考虑地域、企业类型、经营项目等因素，挂钩联系一批对地方税源贡献大的在建重点税源项目和"一对一"重点帮扶企业。

6. 日常涉税服务通办化

福州和平潭自贸区片区实行日常涉税事项通办。比如福州片区内纳税人在福州辖区内可以跨县（市）区办理涉税事项。通办事项包括税务登记、税务认定、发票办理、申报纳税和证明办理。

7. 税务登记证照电子化

即自贸区纳税人新办税务登记，各主管地税局取消发放纸质税务登记证，采取电子化管理方式流转税务登记信息。纳税人在向地税机关申请办理相关涉税事项时，均不必出示和提交税务登记证纸质资料，还可凭电子证照（二维码）在各银行业金融机构办理银行结算账户开立、变更等事项，为全国首创。

8. 纳税信用管理信息化

在"福建地税综合业务管理系统"数据库的基础上，开发纳税信用评价系统，通过"信用福建"凭条主动推送纳税信用信息，并广泛采集相关部门产生的纳税人外部参考信息，建立纳税信评价与其他部门信用评价的联动机制。根据自贸区内企业纳税信用管理情况和企业诚信水平，制定并定期公告税收管理"白名单"。企业纳税信用良好有机会领取 A 级纳税人服务卡，可享受特色服务，如"绿色通道"办税、无抵押低息贷款等。

（二）福建自贸区金融改革新举措

2015 年 12 月 9 日中国人民银行发布《关于支持中国（福建）自由贸易试验区建设的指导意见》（以下简称《指导意见》），提出了支持福建自贸区建设的 30 条政策措施，为加快福建自贸区金融体制机制改革创新提供了强大引擎，为深化两岸金融合作，建设 21 世纪海上丝绸之路核心区提供了有力的金融支持。

1. 人民币跨境使用

《指导意见》在人民币跨境使用方面提出了一系列创新举措，主要包括以下几点。

（1）直接投资项下跨境人民币结算采用负面清单管理

银行业金融机构可按规定凭区内企业提交的收付款指令，为其直接办理跨境投资人民币结算业务，并按负面清单管理模式为区内企业提供直接投资项下人民币结算服务。这意味着自贸区直接投资项下的跨境人民币使用结算流程将进一步简化，极大促进跨境投资便利化。

（2）进一步拓宽融资主体和融资渠道

首先，在融资主体方面，允许区内金融机构与企业从境外融资，人民银行对境外融资上限实施宏观审慎管理。其次，在融资渠道方面，除了从境外借款外，区内金融机构与企业还可以在境外发行人民币债券，并可根据实际需要调回自贸试验区使用。这些政策的落地实施将有利于区内金融机构与企业调整负债结构，降低融资成本，改善生产经营状况。

（3）创新基金公司、租赁公司、人民币资金池等业务管理新模式

在自贸区设立的跨境人民币投资基金，可以开展跨境人民币双向投资业务；在自贸区设立的租赁公司可以开展跨境租赁资产交易和跨境资产转让，金融租赁公司可在境内发行、交易金融债券以及非金融租赁公司在银行间市场发行非金融企业债务融资工具；区内的跨国公司可根据自身经营需要备案开展集团内跨境双向人民币资金池业务，在经营时间、营业收入与净流入限额等准入条件方面进一步放宽限制。

2. 外汇管理改革创新

《指导意见》中针对外汇管理的改革，主要有以下六点。

（1）限额内资本项目可兑换

符合条件的区内机构可以按照自然年度跨境收入和跨境支出均不超过规定限额的原则，通过投融资账户，在限额内自主开展跨境投融资活动，且限额内实行自由结售汇。目前，这个限额暂定等值 1000 万美元，将来会根据宏观经济和国际收支状况进行调节。

这项政策为区内企业灵活自主地运用资金开展跨境投融资活动提供了极大的便利，有利于企业在有效防范风险的同时不断拓宽境外投融资渠道。

（2）统一内外资企业外债政策

符合条件的区内机构借用外债采取外债比例自律管理，其借用外债暂定为机构净资产的 1 倍，外债资金实行意愿结汇。

这项政策明确了区内外资企业统一的外债政策，有利于区内企业根据自身实力借用外债，区内企业可以比较境内外两种市场两种价格，择优选

择资金来源，降低融资成本。此外，区内企业外债资金实行自愿结汇，有利于企业防范汇率风险，提高经营能力。

（3）开放人民币境外证券和境外衍生品投资

符合条件的区内企业可以开展人民币境外证券和衍生品等投资业务，允许在区内注册的银行为境外机构办理符合条件的人民币与外汇衍生产品交易，并纳入银行结售汇综合头寸管理。

这项政策在跨境衍生品投资上具有重大突破。在当前人民币汇率双向波动幅度加大的背景下，不仅有利于满足市场主体特别是境外机构规避汇率风险和套期保值的需求，还有助于提升银行服务实体经济的能力。

（4）贸易投资外汇管理进一步便利化

对于货物贸易外汇管理分类等级为 A 类的区内企业，货物贸易收入无需开立待核查账户，允许企业选择不同的银行办理经常项目提前购汇和付汇。简化了直接投资外汇登记手续，将其下放银行办理，外商投资企业外汇资本金实行意愿结汇。

（5）允许区内符合条件的融资租赁收取外币租金

区内融资租赁公司在向境内承租人办理融资租赁业务时，符合条件的融资租赁可以外币形式收取租金。该政策符合租赁行业发展实际，可有效解决融资租赁公司收入和支出的货币币种错配问题，增加区内融资租赁公司收取租金时的币种选择，有利于企业规避汇率风险。

（6）允许个人开展跨境投资

在个人业务方面，允许区内居住或就业并符合条件的境内个人可按规定开展跨境贸易、其他经常项下人民币结算业务，研究开展包括证券投资在内的各类人民币境外投资。在区内居住或就业并符合条件的境外个人可按规定开展跨境贸易、其他经常项下人民币结算业务以及包括证券投资在内的各类境内投资。

作为下一步外汇和跨境人民币改革创新的方向，个人对外投资将在区内先行先试，区内就业居住的境内个人可以拥有更加丰富的跨境投资产品。

3. 金融服务关注民生

《指导意见》提出的金融举措突出了通过提升金融服务水平改善民生的创新点，主要表现在以下几个方面。

（1）开放互联网支付业务

支持符合条件的企业依法申请互联网支付业务许可开展业务，允许区内注册设立的台资非金融企业，依法申请支付业务许可。

这项政策将充分发挥福建的对台优势，引入台资非金融支付服务组织提供支付服务，有利于推动对台电子商务深度合作。

允许省内银行业金融机构与区内持有《支付业务许可证》且许可业务范围包括互联网支付的支付机构合作，并按照有关管理政策为跨境电子商务（货物贸易或服务贸易）提供跨境本外币支付结算服务。

（2）创建IC卡"一卡通"示范区

创建金融集成电路（IC）卡"一卡通"示范区。这意味着今后将大力拓展IC卡和移动金融在自贸区生活服务、公共交通、社会保障等公共服务领域的应用，提升现代金融服务水平。

除了以上介绍的各项金融创新举措，在深化两岸金融合作方面，《指导意见》首次提出允许开立新台币账户，允许符合条件的银行为境外企业和个人开立新台币账户，允许金融机构与台湾地区银行之间开立新台币同业往来账户办理多种形式结算业务，提出试点区域性银行间市场交易等。

这项政策开启了境内开设新台币账户的先河，凸显了对台先行先试的特色，进一步开放了两岸结算通道，有利于促进两岸企业跨境贸易和投融资便利化。

附：

中国人民银行关于金融支持中国（福建）自由贸易试验区建设的指导意见

中国人民银行福州中心支行，厦门市中心支行；国家开发银行，各政策性银行、国有商业银行、股份制商业银行，中国邮政储蓄银行：

为贯彻落实党中央、国务院关于建设中国（福建）自由贸易试验区（以下简称自贸试验区）的战略部署，促进自贸试验区跨境贸易和投融资便利化，支持自贸试验区实体经济发展，根据《国务院关于印发中国（福建）自由贸易试验区总体方案的通知》（国发〔2015〕20号），提出以下意见。

一、总体原则

（一）坚持金融服务实体经济。以深化两岸金融合作为主线，突出特点，促进贸易投资便利化，推动经济转型升级，为两岸经贸合作和21世纪海上丝绸之路核心区建设提供金融支持。

（二）坚持改革创新，先行先试。在总结和借鉴上海自贸试验区成功经验的基础上，积极探索准入前国民待遇加负面清单管理模式，简政放权，着力推进人民币跨境使用、人民币资本项目可兑换和外汇管理等领域改革创新，推动市场要素双向流动。

（三）坚持风险可控。稳妥有序组织金融开放创新工作，先易后难、稳步推进，成熟一项、推进一项，及时总结评估，完善金融风险防控体系。

二、扩大人民币跨境使用

（四）银行业金融机构可按规定凭自贸试验区内企业提交的收付款指令，为其直接办理跨境投资人民币结算业务。银行业金融机构按负面清单管理模式为区内企业提供直接投资项下人民币结算服务。

（五）在宏观审慎管理框架下，自贸试验区银行业金融机构可与台湾地区金融同业按一定比例跨境拆入人民币短期借款，向台湾地区金融同业跨境拆出短期人民币资金。

（六）支持自贸试验区内非银行金融机构和企业在外债宏观审慎管理框架下从境外借用人民币资金，资金运用应符合国家宏观调控和产业政策规定，用于自贸试验区建设，不得用于投资有价证券、理财产品、衍生产品，不得用于委托贷款。

（七）支持自贸试验区内金融机构和企业按规定在境外发行人民币债券，所筹资金可根据需要调回区内使用。自贸试验区内企业的境外母公司可按规定在境内发行人民币债券。

（八）支持在自贸试验区内设立跨境人民币投资基金，按注册地管理，开展跨境人民币双向投资业务。

（九）支持自贸试验区内开展人民币计价结算的跨境租赁资产交易。支持区内租赁公司开展跨境资产转让。支持符合条件的自贸试验区金融租赁公司在境内发行、交易金融债券；支持符合条件的自贸试验区非金融租赁公司在银行间市场发行非金融企业债务融资工具。

（十）自贸试验区内符合条件的跨国公司可根据自身经营需要备案开展集团内跨境双向人民币资金池业务，为其境内外关联企业提供经常项下人民币集中收付业务。

（十一）支持自贸试验区内符合条件的企业按规定开展人民币境外证券和境外衍生品等投资业务。允许区内银行业金融机构按照银行间市场等相关政策规定和我国金融市场对外开放的整体部署为境外机构办理人民币衍生品业务。允许区内个体工商户根据业务需要向境外关联经营主体贷出人民币资金。

（十二）支持自贸试验区个人开展经常项下、投资项下跨境人民币结算业务。在区内居住或就业并符合条件的境内个人可按规定开展跨境贸易、其他经常项下人民币结算业务，研究开展包括证券投资在内的各类人民币境外投资。在区内居住或就业并符合条件的境外个人可按规定开展跨境贸易、其他经常项下人民币结算业务以及包括证券投资在内的各类境内投资。

三、深化外汇管理改革

（十三）促进贸易投资便利化。在真实合法交易的基础上，进一步简化流程，自贸试验区内货物贸易外汇管理分类等级为 A 类的企业，货物贸易收入无需开立待核查账户，允许选择不同银行办理经常项目提前购汇和付汇。简化直接投资外汇登记手续，直接投资外汇登记下放银行办理，外商投资企业外汇资本金实行意愿结汇。放宽区内机构对外放款管理，进一步提高对外放款比例。允许区内符合条件的融资租赁收取外币租金。

（十四）实行限额内资本项目可兑换。在自贸试验区内注册的、负面清单外的境内机构，按照每个机构每自然年度跨境收入和跨境支出均不超过规定限额（暂定等值 1000 万美元，视宏观经济和国际收支状况调节），自主开展跨境投融资活动。限额内实行自由结售汇。符合条件的区内机构应在自贸试验区所在地外汇分局辖内银行开立资本项目——投融资账户，办理限额内可兑换相关业务。

（十五）推动外债宏观审慎管理。逐步统一境内机构外债政策。自贸试验区内机构借用外债采取比例自律管理，允许区内机构在净资产的一定倍数（暂定 1 倍，视宏观经济和国际收支状况调节）内借用外债，企业外债资金实行意愿结汇。

（十六）支持发展总部经济和结算中心。放宽跨国公司外汇资金集中运营管理准入条件。进一步简化资金池管理，允许银行审核真实、合法的电子单证，为企业办理集中收付汇、轧差结算业务。

（十七）支持银行发展人民币与外汇衍生产品服务。注册在自贸试验区内的银行机构，对于境外机构按照规定能够开展即期结售汇交易的业务，可以办理人民币与外汇衍生产品交易，并纳入银行结售汇综合头寸管理。

四、拓展金融服务

（十八）探索建立与自贸试验区相适应的账户管理体系，为符合条件的自贸试验区内主体，办理跨境经常项下结算业务、政策允许的资本项下结算业务、经批准的自贸试验区资本项目可兑换先行先试业务，促进跨境贸易、投融资结算便利化。

（十九）支持符合条件的企业依法申请互联网支付业务许可开展业务。允许自贸试验区内注册设立的台资非金融企业，依法申请支付业务许可。福建省内银行业金融机构可与自贸试验区内持有《支付业务许可证》且许可业务范围包括互联网支付的支付机构合作，按照有关管理政策为跨境电子商务（货物贸易或服务贸易）提供跨境本外币支付结算服务。

（二十）创建金融集成电路（IC）卡"一卡通"示范区。完善自贸试验区金融集成电路卡应用环境，加大销售终端（POS）、自动柜员机（ATM）等机具的非接触受理改造力度。大力拓展金融集成电路卡和移动金融在自贸试验区生活服务、公共交通、社会保障等公共服务领域的应用，通过提升现代金融服务水平改善民生。

五、深化两岸金融合作

（二十一）支持自贸试验区在海峡两岸金融合作中发挥先行先试作用。支持自贸试验区在两岸货币合作方面探索创新。允许符合条件的银行机构为境外企业和个人开立新台币账户，允许金融机构与台湾地区银行之间开立新台币同业往来账户办理多种形式结算业务，试点新台币区域性银行间市场交易。支持厦门片区完善两岸货币现钞调运机制。

（二十二）支持建立自贸试验区金融改革创新与厦门两岸区域性金融服务中心建设的联动机制，深化两岸金融合作。

（二十三）支持自贸试验区在两岸金融同业民间交流合作基础上，完善两岸金融同业定期会晤机制，促进两岸金融合作与发展。完善两岸反洗钱、反恐融资监管合作和信息共享机制。

六、完善金融监管

（二十四）办理自贸试验区业务的金融机构应遵循"展业三原则"，建立健全内控制度并报金融监管部门备案，完善业务的真实性、合规性审查机制。

（二十五）办理自贸试验区业务的金融机构开展创新业务，应具有真实合法交易基础，不得使用虚假合同等凭证或虚构交易办理业务。

（二十六）办理自贸试验区业务的金融机构和支付机构应按照法律法规要求切实履行反洗钱、反恐融资、反逃税等义务，全面监测跨境、跨区资金流动，按规定及时报送大额和可疑交易报告。

（二十七）办理自贸试验区业务的金融机构，应按规定办理国际收支统计等相关业务申报，配合金融监管部门，全面监测分析跨境资金流动，健全和落实单证留存制度。

（二十八）中国人民银行和国家外汇管理局授权派出机构，按照宏观审慎管理要求，探索在自贸试验区内建立和完善跨境资金流动风险监测预警指标体系，防止跨境资金大进大出，加强监管，制定相关应急预案，必要时采取临时性管制措施。探索主体监管，实施分类管理，建立和完善系统性风险预警、防范和化解体系，守住不发生系统性、区域性金融风险底线。加强与金融监管部门的沟通协调，建立信息共享机制。加强对自贸试验区内金融机构信息安全管理，明确管理部门和管理职责。

（二十九）加强金融消费权益保护。自贸试验区内金融机构要完善客户权益保护机制，负起保护消费者的主体责任。建立健全区内金融消费权益保护工作体系。加强与金融监管、行业组织和司法部门相互协作，探索构建和解、专业调解、仲裁和诉讼在内的多元化金融纠纷解决机制。加强自贸试验区金融创新产品相关知识普及，重视风险教育，提高消费者的风险防范意识和自我保护能力。

（三十）中国人民银行和国家外汇管理局授权派出机构，加强与有关金融监管部门派出机构的沟通，按照宏观审慎、风险可控、稳步推进的原则，依据本意见制定实施细则和操作规程，报中国人民银行总行备案。

第八章

自贸区与我们的生活有什么关系

许多人认为，自贸区这么高大上，距离普通人很遥远，与普通人的生活无关。事实并非如此，自贸区已经悄无声息地影响到普通人生活的方方面面了。它不仅能给投资者带来新的机遇，还能改变我们的生活，使得我们的生活品质与国际接轨。本章将从七个方面来解读自贸区与我们生活的密切联系。

一、购物："海淘"大升级优惠多多

自贸区落地之后，"海淘"国际品牌商品不仅发货速度快还不限购了。美国电商巨头亚马逊已经在上海自贸区设立国际贸易总部，实现美国货物直邮中国。这意味着"海淘族"可以直接在美国或欧洲等境外亚马逊网站上购物，商品一律同款同价，并用人民币结算。

亚马逊拟在自贸区建设物流仓储平台，部分商品提前进口至上海保税仓储，消费者下单后直接从自贸区配送，大大缩减成本和配送时间。

对于深圳市民来说，他们再也不用排队去香港购物了，直接去前海看一看，再用手机下个单就能买到澳洲奶粉、日韩化妆品等。

关于消费者最关心的海淘商品的价格问题，以上海自贸区为例，进口商品价格比市场便宜10%至30%。目前，腾邦保税店已经在前海开业，可供应母婴用品、化妆品等日常用品和一部分生鲜食品，其中奶粉和尿不湿的价格比香港还便宜10%至20%。

想买进口汽车的消费者也可以享受福利。在汽车市场，上海商务部发布了《关于在中国（上海）自由贸易试验区开展平行进口汽车试点的通知》，注册在自贸试验区内的汽车经销商，经商务部进口许可，从事进口国外汽车的经营活动。

价格低、售后正规使得平行进口车得到了国家的认可，"非中规进口汽车"交易也得到了认可，也使其在售后服务上得到规范。在过去，企业只强调整车的采购，现在一些大企业纷纷在为备件的售后服务做准备。国内企业跟跨国公司进行对接，呈现给平行贸易的不仅是整车，更多的体现在备件的售后上。自贸区的设立会把进口汽车服务的品质和价格做出一个更好的呈现。

平行进口车绕过了总经销商、大区经销商、4S店等销售环节，省去了不少中间环节。这样一来，从自贸区购买同款进口汽车，将比传统 4S 店便宜 15% 至 30% 不等，最多等于 4S 店价的七折！

另外，如果你是个游戏迷，那么恭喜你，通过正规渠道拥有"行货版"的微软 XBOX ONE、索尼 PS4 等游戏机再也不是梦。按照规定，自贸区允许外资企业从事游戏游艺设备的生产和销售，这两款游戏机也已成功在中国上市。这意味着，国内巨大的游戏娱乐市场正逐步开放，更多的海外游戏产品可以通过正规渠道进入国内千家万户。

二、旅游：出境旅游说走就走

以前，出境旅游有诸多不方便，不仅要多方面关注旅行团的动态，还要担心旅行团的正规与否。现在，消费者无需再为出境旅游发愁。

我国目前对于旅行社经营中国人出境游有明确的限制，外商独资旅行社不允许从事中国人出境旅行业务，外资旅行社没有出境游经营资格。自贸区设立后，根据上海自贸区总体方案，允许在试验区内注册的符合条件的中外合资旅行社，从事除台湾地区以外的出境旅游业务。借助自贸区政策，外资旅行社可以组团出境游，还可以利用自贸区的金融政策，将自贸区公司作为总部运营。

1. 各自贸区旅游业各具特色

经过几年的实践摸索，各个自贸区旅游业都走出了自己的特色之路，当地百姓和游客也享受到了各不相同的福利。以天津自贸区为例，充分挖掘政策打好了"吃住行游购娱"中的"购"这张牌，推动商旅融合发展，打造出自贸区购物游。由于进口商品因为省去中间交易环节、享受保税仓储、运输便捷等政策优惠，消费者可以在自贸区里买到比国内商场更便宜的国际大牌。

福建成为自贸区之后，推动特色医疗、娱乐演艺、职业教育、旅游装备等相关领域的开放，加快培育旅游装备制造、国际会展、医疗旅游、电子商务、教育旅游等旅游新兴业态等相关政策落地，并将着力加强自贸区旅游业开放的事中事后监管，建立社会信用管理体系，以及旅游市场的综合服务与监管体系，为自贸区旅游扩大开放提供了良好的制度保障。

2. 西安出境旅游签证更方便

上述提到的各项措施也有望在其他自贸区包括陕西被复制或借鉴。自贸区落地之后，越来越多的人还能享受到一场说走就走的出境旅行。外资旅行社入驻自贸区，可享受自贸区的税收优惠，加上外资旅行社可以更便捷地获得出境游方面的资质，具有网络、管理、品牌、资金等方面的优势，推出的产品价格会更有优势，消费者可选择的旅游线路也更多。

举例来说，西安海关数据显示，2015 年西安出入境人员总人数突破150 万，比前一年增长 52 万；其中内地旅客出境的约 105 万，这一数据在今年还有较大增幅。

最早，陕西人想要出境旅游，需要前往目的地国的使领馆签证处申请办理。有少数国家和地区对中国护照持有人也是免签证的，但多数都要申请。中国国内人员要想出境旅游至少要有一本自己的护照，填写相关申请表格，递交要求提交的证明材料申请办理签证。发达国家一般要求申请者在递交材料后根据使领馆的预约时间去与签证官面谈。

2016 年 6 月 10 日起，英国西安签证中心开始受理签证申请，陕西省居民可在省内完成英国签证。其实，从 2013 年韩国在西安设立领事馆开始，目前在西安设立签证机构的国家已经达到 13 个，其中泰国、韩国、柬埔寨设立了领事馆，芬兰、奥地利、比利时、克罗地亚、西班牙、瑞典、希腊、法国、德国和英国设立了签证中心。今年年底前，还将有马来西亚、南非、荷兰、意大利等国在西安设立签证办事机构，陕西省居民在西安可以直接办理签证申请的国家将达到 17 个。

三、娱乐：明星说见就见

自贸区允许设立外商独资的娱乐场所，比如酒吧、咖啡厅等，允许设立外商独资演出经纪机构，这意味着市民在家门口就能体验到更多原汁原味的国外休闲娱乐项目。

以上海自贸区为例，在美国倪德伦环球娱乐公司入驻自贸区后，我国台湾导演的经纪公司、韩国知名演出公司等外资演艺公司也纷至沓来，大大地丰富了自贸区的文娱市场。

以两岸经贸合作为核心的福建、与我国香港和东南亚有着地理之便的广东，自贸区政策落地，来自台港澳甚至东南亚的一些文化企业和明星名人自然会常来常驻。今后在深圳，闲来无事花很少的钱就能听一场高水准的演唱会。而在陕西，自贸区落地后，陕西人看外国大牌明星的演唱会，再也不用专门去"北上广"了，在家门口就可以轻松追星。

对于西安来说，西安周边的娱乐文化区域相对较少，城北有乐华城，其他周边的除了遗址文化之外的休闲娱乐场所，虽然也有袁家村、马嵬驿，但总的说来，乡村气息比较浓厚，没有一个场所上升到了国际层面。另一方面，目前这些场所都是在本地区域内进行竞争，竞争的范围很窄，外商独资娱乐场所入驻自贸区后，也会参与到本地的竞争中，这对提升本土休闲娱乐场所的水平是个很好的机遇。上海获批自贸区后，迪士尼落户上海，陕西获批自贸区后，类似于迪士尼的国际化的娱乐场所也可能进入西安，西安市民休闲娱乐的选择也会更多、更丰富。

此前，很多国有剧团来西安演出，基本都是惠民的免费演出，或者是将票价定得很低，甚至连演出的成本都保不住，时间长了，市民也习惯了观看免费演出，这其实不利于行业的繁荣。陕西获批自贸区后，纯外资的演出公司来了，他们没有免费这个概念，但高质量的演出会吸引市民去观看，从而形成良性循环，促进演出行业的繁荣。

此前，本地的演出公司如果组织外国明星来演出，会与海外演出公司签订一系列的合同，如果出现了法律纠纷，会非常麻烦。境外演出公司入驻自贸区后，本地演出公司在维权方面会更加方便，这对于本土演出商的合法权益保护会更有利，本土演出商在引进境外优秀剧目演出的时候，顾虑会更少，积极性也会更高。

多年前，想在家门口看到境外明星的演出是一件很麻烦的事情，因为文化演出公司引进的手续比较复杂：先是报批省文化厅，然后需要文化部审核；后来经过改革，报到文化厅就可以了。同时，本地的文化演出公司还需要和港澳台公司在大陆的代理接洽，一个简单的手续常常需要周折很久。而成立自贸区后，本地的文化演出公司可以直接与自贸区里的境外演出公司进行对接，大大节省了沟通的成本和效率，以后市民观看境外高水准演出的机会将会越来越多。另外，自贸区娱乐市场的建立，除了"引进来"，也给"走出去"提供了机会。

四、医疗：不出国门便可享受高端医疗服务且门槛放宽

随着自贸区的成立，外资医院的设立将进一步放宽，外资进入医疗服务领域的门槛大幅降低。自贸区内允许设立外商独资医疗机构，这意味着老百姓未来不出国门，在自贸区内就能享受外资医院的高端国际医疗服

务，包括综合医院、专科医院和门诊服务。此外，由于自贸区的税费优惠，医院引进设备的成本将大大降低。国内老百姓不用花更多的钱，就能得到更好的服务。

在广东自贸区南沙片区，外籍、港澳台医师在南沙执业得到了鼓励：其执业注册审批可在 10 个工作日内完成。目前南沙片区已经与中山大学肿瘤防治中心、美国德州医学中心合作建设开展安德森癌症中心项目等。深圳方面也表示，支持境外医疗服务提供者在前海合作区设立合资或独资医院。在福建自贸区平潭片区，则已入驻 4 家台资医院等待开业。

此外，根据自贸区总体方案，将"试点设立外资专业健康医疗保险机构"，这意味着一些外资的疾病保险、医疗保险、失能收入损失保险、护理保险和意外伤害保险有望进入自贸区内。

五、创业：创业门槛低，优惠多

按照目前上海自贸区的经验来看，在区内创业主要可享受三方面的优惠政策，如图 8-1 所示。

图 8-1　上海自贸区内创业可享受的优惠政策

这样既降低了注册门槛又有后续的优惠扶持政策，许多大学生、新兴的互联网企业将自贸区视为创业的热土。

目前前海深港青年梦工场引进国内外十多个创业服务平台机构，集"苗圃、孵化器、加速器"于一体。除便捷的工商税务注册登记外，还提供法律、财会、人力资源等咨询服务。金融扶持更可谓全方位，境内外银行、天使投资人、私募基金、融资担保公司、证券公司、证券交易所等机构都将集聚在梦工场，为创业者提供"一站式"服务。

如今，作为广东自贸区的重要组成部分，广州南沙新区片区正在迎来创新、创业的热潮。香港科技大学霍英东研究院的"红鸟创业苗圃"就在自贸区落户，香港科大的创业大赛也首次在南沙设置赛场。

除了创业，随着新设企业的大量增加，也给区外的求职者带来了更多就业机会。广东自贸区的挂牌成立，就为港货北上和香港青年到内地创业提供了良好的机会。

六、就业：有望拿到"国际工资"

按自贸区服务业扩大开放的措施，"允许设立中外合资人才中介机构"，"允许港澳服务提供者设立独资人才中介机构"，这些人才中介机构在境外拥有大量资源，它们入驻自贸区意味着无论是企业主向海外招聘，还是外资企业在内地招聘，都将更为便利。

由于自贸区致力于营造国际化、法治化、市场化的营商环境，必然会对高层次的人才产生不小的需求，特别是在金融、物流和IT等领域，许多大学毕业生以及专业人才将有机会不出国门，就拿到远超同行业水平的"国际工资"。

随着自贸区里外资企业的增加，就职外企的机会也越来越多。目前自贸区正逐步取消户籍限制，使得自贸区内公民待遇一致，给就业人才提供了更便利的服务。自贸区的建设关键在于人才，为了广泛吸引国内外人才，在户籍制度进行一系列的改革，目的在于使这些人才在医疗、教育、住房等方面享受与本地居民同样的公民待遇。

另外，就业人员可以在自贸区接受国际先进的职业培训。按自贸区在社会服务领域的开放措施，允许在自贸区内举办中外合作经营性教育培训机构和经营性职业技能培训机构。这类职业技能培训主要是针对就业人员在就业前的培训和其他技能培训活动，并不包括社会上办的各类培训班、速成班和讲座等。

七、投资：个人可投资港股、美股

沪港通"开闸"实现了境内居民配置境外资产的梦想，成为当前资本市场炙手可热的话题。不过，目前境内居民经由"沪港通"只能投资港股，且有50万元的资金门槛。而自贸区提供了另一种可能：按相关规定，自贸区内个人可开设自由贸易账户，境外个人也可以在区内开设自由贸易账户。只要等相关配套细则出台，个人就可以通过自由贸易账户投资港股、美股等境外资本市场。随着更多国外银行进入自贸区与本地银行竞争，居民还可以有更多的理财选择。

上海自贸区现有的自由贸易账户作为一个"可复制可推广"的尝试，极有可能会复制到前海来。若是该政策能在更广的地区得到推广，中国人将拥有更多的国际投资理财机会。

股票市场的"深港通"也在国家有关部门的统筹谋划当中，条件成熟后就会有利好的消息传出，这意味着今后不久深圳市民在家就可以炒港股。

不仅如此，自贸区探索的个人跨境投资业务还有两个特点，如图 8-2 所示。

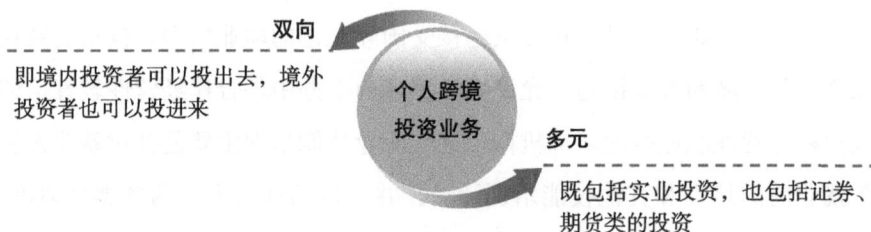

双向
即境内投资者可以投出去，境外投资者也可以投进来

个人跨境投资业务

多元
既包括实业投资，也包括证券、期货类的投资

图 8-2　自贸区内个人跨境投资业务的特点

在天津自贸区内，外资融资租赁公司加速聚集。业内专家普遍认为，融资租赁或成天津自贸区的投资新蓝海。

看来，随着自贸区政策渐趋明朗，老百姓将能够获得更多与国际接轨的理财产品、更多的海外投资机会、更好的投资理财服务。与此同时，随着更多国外银行进入自贸区与本地银行竞争，百姓还可以有更多的理财选择。

第九章

自贸区面临的挑战与应对

　　我国作为贸易大国，自由贸易区（FTA）建设已经取得了相当大的成就，初步形成了以周边国家和地区为基础的自贸区网路。自由贸易在全球范围内不断加深，为了更好地适应国内外经济贸易发展形势，从2013年开始，中央先后批准设立了上海、天津、广东、福建四个自贸试验区（FTZ），且上海自贸区经历两年多的发展形成了一定的可复制、可推广的经验。但是无论是我国自由贸易区（FTA）的建设还是自贸试验区（FTZ）的建设，在取得一定成就的同时，也面临着问题和挑战，这就需要我们在发展的同时积极寻求有效的解决途径。

一、自由贸易区（FTA）面临的挑战

伴随着经济全球化的不断推进，国际国内形势不断发生变化，国际间自由贸易区（FTA）的建设在为我国经济发展带来机遇的同时，也带来了一系列挑战。中国自由贸易区（FTA）的建设既要面临世界经济一体化带来的挑战，以及贸易谈判中如何进行战略布局，还要面临国内经济体制深刻改革和转型的压力。

（一）贸易合作伙伴成员国

东盟成员国因历史原因担心中国的强大会在经济、军事上给他们造成威胁。面对着中国经济的日益强大、吸收外资的增多以及大量价廉物美的中国商品涌入本地市场，东盟成员国内部以及周边许多国家感到了竞争压力。

因历史遗留问题，东盟成员内部缺乏地区整合的大局观念，加上东盟成员国内部政局不稳，许多东盟国家都党派林立、纷争不断，有的国家军人政府当政，有的国家内阁变换频繁，有些国家的反政府武装及恐怖分子活动猖獗。政局的不稳定直接影响到外来投资者，阻碍了经贸活动的正常进行，对区域内经济的发展以及未来自贸区的整体发展产生了不利影响。

（二）原则制定面临现实压力

长期以来，中国在自贸区谈判中坚持遵循与世贸组织相一致的原则，已签订的自贸协定在规则层面均依据世贸组织相关协定的标准。例如，在服务贸易领域采用正面列表的方式，在贸易救济领域不超出当前世贸组织的相关规定等。当前，在 RCEP 和中日韩自贸区等谈判中，一些国家提出了新的规则，例如，要求服务贸易采用负面清单列表方式，要求给予投资准入前国民待遇，要求采用更高的知识产权保护标准，要求提高透明度等。中国要接受这些规则和标准还面临许多现实压力。一方面，许多法律法规需要调整，许多行政成本也会因此增加；另一方面这些调整可能带来的经济安全风险有待全面评估，这也导致一些协定谈判因为这些规则层面的因素而陷入困境。

（三）国内各产业利益协调存在诸多困难

目前，中国自贸协定谈判与实施均由商务部牵头，就具体问题与各相关部委和行业进行协调。随着中日韩自贸区和"区域全面经济伙伴关系"（RCEP）谈判的启动，中国面临的自贸区谈判成员正由单一国家转向多个国家，谈判成员多，中国产业攻防利益各不相同，单纯依靠商务部来协调难度很大。同时，在新的谈判中，许多谈判对象国提出了更高的货物和服务自由化要求以及新的规则要求，这进一步增加了当前自贸区谈判的协调难度。

（四）产业开放面临压力

当前，在中韩、中日韩自贸区以及"区域全面经济伙伴关系"（RCEP）谈判中，一些谈判成员提出了高水平的货物贸易自由化要求，一些开放要求甚至涉及中国从未开放的粮棉油糖等领域。货物与服务贸易自由化的进一步推进将对中国一部分相对弱势的产业造成一定冲击。农业将面临来自澳大利亚、新西兰等农业强国的竞争压力，高端制造业将面临来自日本、韩国的竞争，石化产品可能面临来自海合会国家的竞争，服务业则可能面临来自日本、韩国、新加坡乃至印度的竞争。

在国外产业冲击之下，国内竞争力较弱的产业部门有可能出现经营困难，甚至破产等问题，这使得产业界与相关行业主管部门对自贸区建设积极性不高。

（五）尚未建立完善的产业损害应对体系

自贸区建设使中国的关税水平大幅下降，产品进口量明显增加，对中国一部分行业和企业造成一定不利影响，一些企业不得不停产或转产。虽然中国《对外贸易法》规定，因进口产品数量大量增加，对生产同类产品或者与其直接竞争的产品的国内产业造成严重损害或者严重损害威胁的，国家可以采取必要的保障措施，消除或减轻这种损害或者损害的威胁，并可以对该产业提供必要的支持。

但是，中国自贸区产业损害应对体系尚不完善，对重点产业发展的跟踪、监测、预警水平还有待进一步提高，对企业转型升级的支持力度仍然不够。此外，中国尚未建立贸易调整援助制度，对受开放冲击的企业、工人和农民的援助方式较少，援助力度不足，影响了产业界对自贸区建设的积极性。

（六）尚未建立完善的风险防控体系

自贸区建设在促进我国改革开放的同时，也将带来一些风险。例如，实施外资准入前国民待遇和负面清单的风险、金融风险、信息安全风险、产业安全风险以及意识形态风险等。目前，针对外资准入的放宽，我国已将国家安全审查纳入外商投资项目管理体系，但尚未建立系统、完善的风险防控体系，在提高自贸区开放水平时还存在很多顾虑。

二、积极应对中国自由贸易区（FTA）建设中面临的挑战

国际形势的不断变化，对中国自由贸易区（FTA）的建设提出了更高的要求，需要不断推进自贸区战略的实施，以改革促发展，积极应对自由

贸易区建设过程中面临的各项挑战。

（一）推进外汇和金融管理模式创新

我国在自贸区必须借鉴国外的成熟经验，加快对外汇、金融领域的改革创新。在外汇领域，确保资本项目和经常项目外汇管理制度相对一致，并对经常项目实施外汇收支完全不核销政策，放宽企业购汇和偿还外汇贷款的限制，让区内外企业享有同等的经常项目购汇权和融资权。同时，外汇局应引进高效的外汇收支、管理、监测系统，简化和取消外汇审批事项，着重建设金融领域的外汇管理、监测预警平台。此外，应鼓励区内企业实施"走出去"战略。

为其开通用汇便利通道，并实施允许国外银行和基金公司的介入，为区内货币、资本市场注入新鲜血液。在金融领域，依据《巴塞尔协议》等国际准则，制定全国的金融改革方案，增加期货买卖、财政融资、金融期权和保险、银行咨询以及审计、法律支持等新兴服务。另外，允许在自贸区设立离岸金融中心，区内企业可推出一系列外汇金融衍生品，提升区内资本市场的活力，加快金融国际化的进程，促进外资的合理有序流动。同时，适当放宽外资金融机构进入自贸区的限制，以发挥外资的累积和空间集聚效应。

（二）完善国家自贸区战略的顶层设计

加强国家自贸区战略顶层设计主要涉及三个方面的内容。

第一，要明确未来十年或更长时间内，世界贸易的主要通道，尤其是途经国内的国际贸易通道。譬如，世界集装箱分跨洲际的主干线，以及主干线连接国家的主要支干线等。尤其是中国要考虑除了传统的国际贸易通道外，还需考虑目前正在推进的丝绸之路经济带和海上丝绸之路这些未来重要的世界贸易通道。

第二，要明确未来十年或更长时期内，流经国内的主要国际贸易通道。重点要将连接长江经济带至新疆至中亚地区通往欧洲的陆上丝绸之路经济带，中国与俄罗斯东、西线天然气管道，中国至巴基斯坦瓜达尔港的经济带，中国与缅甸、印度的主要贸易通道，海上丝绸之路等纳入其中。

第三，要分段标出国内主要国际贸易通道地理位置和地况地貌。

（三）围绕我国主要国际贸易通道推进自贸区建设

要围绕着我国主要国际贸易通道进行自贸区建设，尤其是丝绸之路经济带和海上丝绸之路的建设。要以途经我国的国际贸易通道为基础，实施国家自贸区战略，建设我国开放型经济体系。

当前我国开放型经济体系建设的重点在内陆沿江和内陆沿边的开放，自贸区自然成为内陆沿江和内陆沿边开放的重要措施。目前，主要强调丝绸之路经济带和海上丝绸之路国内段的交通基础设施建设。要下决心在国际主要贸易通道上建成具有一定流量的铁路交通运输干线；在国际贸易交通干线沿线规划兴建枢纽型城市；要以这些城市为依托建设自贸区，并带动综合物流和货物中转所需要配套的产业发展。自贸区战略是国家丝绸之路经济带、海上丝绸之路和长江经济带国家战略的重要组成部分，自贸区也是随着国家战略需要有选择地进行建设的。

（四）建立高效的管理运行机制

由于各国国情存在差异，政府在实际运作中采取的管理模式不一样。国外大多数自贸区均采用单一的管理模式，通过成立国家专门组织，由中央政府直接管辖，具有绝对的话语权和权威性。

目前，我国自贸区由国务院审批，地方政府经营，难以克服政出多门、政企不分以及中央、地方多头管理的现象。借鉴国外经验，我国可以选择单一的管理模式，同时设立自贸区委员会来进行监管，弥补单一管理的不足。在具体实施上，参考爱尔兰乡农自贸区"政府主导、服务企业"的经营理念，可由政府或其隶属的组织、企业对自贸区的运营进行统筹规划，简化企业入区审批步骤，定期对区内基本设施进行维护，放松对区内企业的监督。政府发挥其经济职能，凭借税收、融资等手段进行资本集聚，消除私人投资资本链断裂的后顾之忧，以完善区内基础设施建设，营造良好的投资环境。同时，需借鉴国外自贸区政企分离的管理模式，建立与负面清单相应的监管方式，提高企业经营的灵活度。

（五）创新国内体制机制，健全自贸区保障体系

加强自贸区谈判相关部委的内部体制机制配套改革，进一步转变职能，简政放权。强化相关部委、行业协调机制，完善信息沟通渠道，改进决策方法，提高决策效率。

建立安全与监管机制，组建跨部委的常设性国家安全审查机构，对涉及包括外商直接与间接投资等在内的相关事项进行安全审查。引入联合研究机构，全面评估自贸区的实施对中国经济和相关产业发展、产品价格、就业、利润、生产等产生的影响。

三、我国自贸试验区（FTZ）建设面临的挑战

作为我国设立的第一个自贸试验区，上海自贸试验区已经运行三年多，第二批广东、天津、福建自贸试验区也已经运行两年多。总体来看，自贸试验区在坚持以开放促改革，以改革促发展的指导下，取得了阶段

性的成果。但是参考美国、新加坡、智利等国较成功的自贸试验区建设来看，相应的法律制度支持以及贸易、资本、人员流动、服务和投融资便利化是自贸试验区发展的高级形态。从这个角度来看，我国自贸试验区的建设与国际上成熟的自贸区还存在一定的差距。下面以已经取得一定阶段性成果的上海自贸区为例，分析其在发展中面临的各项挑战。

（一）立法体制结构不适应

目前中国的法制结构还不能够完全适应上海自贸区的试验需求。从立法体制来看，自贸区的立法路径应该是自下往上的，从120平方千米推广到全国，是从局部到全局的路径；而中国的立法结构恰恰相反，从中央到地方，是从全局到局部的路径，因此自贸区立法路径的需求与目前我国的立法特点是有矛盾的，或者说是不能够完全适应的。

这样一个改革路径跟法制结构的冲突，不仅是自贸区建设中存在的问题，也是我国任何其他地区的金融改革时都不能回避的问题。在这种情况下，当我们面对这样一种由下自上的改革路径和自上向下的法制框架，怎么处理两者的矛盾呢？这个问题延伸到自贸区国际金融中心建设上，世界金融中心如我国香港、新加坡、美国纽约，本身均拥有相对独立的一个立法权，都有一个单独的法律。

（二）司法体制存在困惑

除了立法体制的问题，在司法体制上我们也面临着一定困惑。无论从理论研究上还是经验实证上，一个独立有效的司法体系对于一国的金融市场发展，甚至对国际金融中心的形成起着非常重要的作用，这样一个作用不仅仅在于司法是一个事后解决争端、化解矛盾的功能。司法制度分为成文法制度和普通法制度两类。在成文法国家，法官是一个法律适用者；而在普通法国家，法官不仅是一个法律适用者，而且直接提供法律规则。

在"法与经济学"领域，普通法比成文法更具效率的观点，在金融市场领域是特别明显的。金融市场瞬息万变，层出不穷的创新，对法律规则的要求非常高。普通法国家可以通过法官造法，可以创出新的法规，让司法者成为金融市场游戏规则中非常重要的一个角色，这是普通法国家非常大的优势。毕竟在成文法体制下，立法者没有机会完全预见金融市场的变化，这是成文法的一个缺陷。

中国是比较典型的成文法国家。要发展金融市场，要推行金融开放政策，如果把法律体制改成普通法，这个成本非常大，是不可行的。因此，需要借鉴普通法的优势，在改造司法体制过程中，让法官有更多的灵活性，在处理个案的时候，让法官有比较大的激励去主动创造规则。

然而对于目前的我国法院体系结构来说，不同法院之间的层级，如果往行政化、垂直化方向变革，恰恰让相对基层的法院在能动性方面变得越来越弱。在司法体系内，司法改革的方向如果强化上下级观念的话，显然会使基层法院没有积极性为金融市场提供更多的规则。对基层法院来说，接触的是金融市场上层出不穷的新争议；从激励机制上来说，恰恰是基层法院更加接近于金融市场，级别较低的法院有更大的激励或者更大的愿望，去为金融市场提供好的一个规则，提供更多能够适应金融市场开放、变革的法律规则。

如果在未来更多是导向一种行政化的司法体制，也许在其他领域，能够收获一些制度上的益处，但是对金融市场来说，可能恰恰相反。总之，目前我国高度集权的立法模式和司法模式，不能为金融市场的变革带来高效灵活的制度的有效供给。

（三）金融改革创新面临五大挑战

金融体制改革对于自贸试验区的发展有着重要影响，上海自贸试验区在在推进金融创新的过程中，既有机遇，同时也充满挑战，值得通盘考虑。

1. 大规模短期资本流入和流出冲击金融

从国际环境来看，世界各国处于后金融危机时代，发达国家正在实行量化宽松政策，因此新兴市场经济体面临着大规模短期资本流入的风险，一旦我国开放资本账户，可能会遭受短期资本流入的直接冲击。但随着美国结束量化宽松政策实施加息政策，我国又将会面临大规模短期资本流出的境况，进而对我国金融和实体经济造成冲击。

2. 处于经济转型时期，金融市场存在不足

从国内情况来看，我国正处于经济转型的关键时期，亟待解决就业、收入、建设社会保障体系等问题，此外，我国企业在国际市场中缺少定价权，且盈利能力和抗风险能力有待提高。从金融市场来看，也存在发展不足之处，如图 9-1 所示。

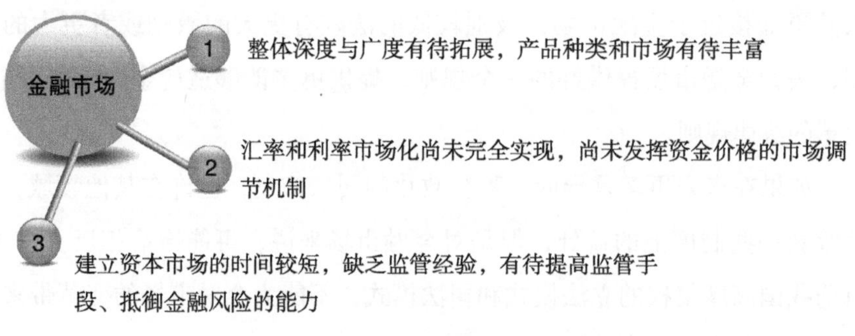

金融市场

1 整体深度与广度有待拓展，产品种类和市场有待丰富

2 汇率和利率市场化尚未完全实现，尚未发挥资金价格的市场调节机制

3 建立资本市场的时间较短，缺乏监管经验，有待提高监管手段、抵御金融风险的能力

图 9-1　我国金融市场发展不足之处

3. 金融市场因素存在安全隐患

将开展金融创新当市场因素来看，在上海自贸试验区内开展汇率和利率市场化，区外和境内就会产生汇差和利息差。由于金融创新力量长期被金融管制所压制，一旦得到释放就会驱动市场寻找政策空隙以获得更多的创新收益，比如伴随着跨境人民币流程简化举措的实施，会吸引越来越多的境内人民币资金通过各种渠道准入区内自由贸易账户，再通过资金划转至境外，以实现自由换汇。因此，为了维护我国金融安全，在金融改革创新过程中就要积极应对国际投机资本对人民币和我国金融体系带来的冲击。

4. 金融创新受到地域限制

洋山保税港区、外高桥保税区和浦东机场综合保税区三个片区均远离上海市区，因此相对比较闭塞。比如外高桥保税区，区内以出口加工型企业为主，缺乏资本流动，而真正自由的金融自由化需要有大量金融资本流动，而上海自贸试验区尚未实现。上海自贸试验区金融改革需要更高层次的统筹规划，金融改革创新受到了地域的限制。

5. 金融创新面临汇率风险

上海自贸试验区金融改革面临的最大风险就是汇率风险。东南亚一些国家在经济发展到一定程度后都进行过汇率市场化的尝试，但是由于缺乏经验、能力以及经济实力的支持，对出现的一些问题不能做到有效及时的处理，积累了众多的债务和泡沫，并在短时间内崩溃，汇率市场化最终失败。因此，开展汇率市场化面临着巨大的风险，即便发达国家也是如此。

此外，如果在上海自贸试验区内实现货币自由兑换会在一定程度上削弱港币的地位，因此上海自贸试验区金融改革创新还需要处理好与香港离岸金融中心之间的综合权衡问题。目前，内地通过香港市场和港币参与全球货币市场，让人民币免于直接面对外币的冲击，一旦自由兑换进入内地，人民币将会直接面对海外资本恶意做空的冲击。

四、积极应对我国自贸试验区（FTZ）建设中面临的挑战

我国自贸试验区的建设应该综合考虑开放条件下国家发展战略、自贸试验区建设目标以及国际经贸关系等多方面的因素，同时，自贸区建设应该在坚持制度创新的基础上，营造法治化、市场化、国际化的营商环境。

（一）完善负面清单管理模式

目前，调整自贸区改革的制度规范体系初步确立，但是依然不够完善，自贸区的制度创新和改革深化需要完善的法治保障。

1. 建立更具开放度和透明度的投资监管体制

通过对 FTA（自由贸易协定）下的投资规则及"负面清单"的研究可以发现，准入前国民待遇意味着放开投资准入权，这对外资监管而言是一个极大挑战，但更大的挑战则在于对外资监管的高水平透明度的要求，即不仅需要按照规定格式提供所有不符措施的详细信息，而且实施这些措施的同时必须保持高标准的透明度。

使用"负面清单"意味着未来投资监管体制的全面开放，即使是对目前国内尚不存在的产业。这对任何国家而言都是极大的风险。但从其他国家的实践经验来看，这一问题也不难解决。马来西亚就在投资协议中明确规定，对其国内尚未出现的产业制定不符措施的权利进行了保留。自贸区以"负面清单"模式给予外资"准入前国民待遇"，并采取"一线放开、二线管住、区内自由"的海关监管模式，基本实现了在制度上自贸区与外部世界的完全开放和一体化，自贸区将面临着外部经济冲击的严峻考验。因此，建议自贸区建立由全新高效的政府监管为主与行业协会等自律组织补充的多元市场监管网络，以适应新的开放环境的需要。

2. 充分考虑国内产业特点并与现有法律法规衔接

由于"负面清单"需要对国内产业进行复杂的评估，如果某一产业因评估不当而没有列入清单中，则会导致该产业发展因外资冲击而受阻。考虑到目前我国有些产业国际竞争力不强，在金融、航运、信息传输、软件和信息技术服务等行业，扩大开放预计会带来一定冲击。因此，列入清单的行业要充分考虑目前我国的产业结构特点，对竞争力较弱的产业进行适当保护。这方面日本的经验值得借鉴，日本通过对国内产业进行归类，对竞争力不强需要大力保护的产业部门适度保护，而关系到国计民生的产业部门则不开放。同时，清单的内容还需考虑与现有法律法规的衔接。国家相应地暂时调整"外资三法"中有关"审批"的内容，为审批改为备案提供了法制保障。

（二）加强金融市场监管

金融市场的稳定对上海自贸区的健康发展有着至关重要的影响，甚至也会对国家经济产生重要影响，因此做好金融市场监管非常重要。

1. 创新金融监管模式和监管组织架构

金融结构的改变决定着监管体系的改变。从我国现阶段经济和金融发展状况来看，混业经营程度不断加深，宏观金融结构的复杂化程度不断提高，为"分业经营、分业监管"的监管机制带来了更大的压力，统一监管逐渐成为共识。但是，短期内实现制度的整体转换将会花费较高的成本，因此，先在上海自贸试验区内进行金融监管改革试验是一种合理的选择。先打破原有监管体制再重新建立新的监管体制，主动适应国际上通行的金融混业模式，有利于增强自贸区的金融吸引力，提高国内金融机构的创新活力，同时为全国范围内探索混业监管机制提供经验。

在金融监管组织架构创新上，可以借鉴国际上成功自贸区的经验，比如设立自贸区统一性的监管组织，该组织主要负责监管全国自贸区内金融市场、在岸及离岸金融活动与机构行为，承担自贸区内立法和执法工作，并积极与其他国家交流监管信息，开展合作。

2. 优化自由贸易账户监管机制

央行的《中国（上海）自由贸易试验区分账核算管理业务核算业务实施细则（试行）》落地后，上海自贸区自由贸易账户业务正式开启，自贸区内的企业可以通过该账户在区内进行投资兑换、经常与投资项下的跨境资金结算，已经打开境外人民币离岸市场低成本融资汇兑的路径，但是还需探索区内与区外境内两者的资金"后向联系"。

设立上海自贸试验区的目的是建立一个引领中国金融体系向更高层次开放的示范区，这就需要在现有自由贸易账户的基础上进一步创新投融资汇兑，探索区内与区外境内资金流动总量的监管模式。

第十章

自贸区投资办事常见问题释疑

自贸区推出的一系列创新优惠政策，自然吸引了众多企业纷纷入驻。但是有些企业也对在自贸区展开投资办事存在一些细节上的疑问，本章收集了在四大自贸区进行投资办事时的常见问题并进行了解答，为广大投资者展现更加清晰、明了的自贸区。

一、上海自贸区投资办事常见问题解答

（一）关于外商投资管理

1. 自贸试验区实行备案管理的范围是什么

借鉴国际通行规则，对外商投资试行准入前国民待遇，对负面清单以外的领域，按照内外资一致的原则，将外商投资项目由核准制改为备案制（国务院规定对国内投资项目保留核准的除外）；将外商投资企业合同章程审批改为备案管理。同时在自贸试验区改革境外投资管理方式，对境外投资开办企业实行以备案制为主的管理方式，对境外投资一般项目实行备案制，提高境外投资便利化程度。

2. 自贸试验区内外商投资管理实行备案制与现有审批制有什么不同

外商投资管理备案制是在中国（上海）自由贸易试验区实行的以"外商投资准入特别管理措施（负面清单）"为基础的外商投资管理新模式。即借鉴国际通行规则，对外商投资试行准入前国民待遇，对负面清单以外的领域，将外商投资企业合同章程审批、外商投资项目核准改为备案管理（国务院规定对国内投资项目保留核准的除外），将境外投资的一般项目和投资开办企业由核准和审批改为备案制管理。

备案制与审批制的区别主要在于：在审批制管理模式下，在外资准入阶段，商务主管部门首先对其投资主体资格、投资领域行业、投资方式、投资金额、拟设立公司的合同章程等的真实性、合法性进行审查、认可，是一种事前管理的模式。在试验区备案制管理模式下，对负面清单以外的领域，在外资准入阶段，商务主管部门只对其投资主体资格、投资领域行业等基本信息进行备案，投资管理由事先审批转为注重事中、事后监管，外资企业设立由工商一口受理，管委会、工商、质监、税务并联办事，大大缩短办事时限，由原来的 29 个工作日缩短到 4 个工作日。

3. 自贸试验区企业是否可以到区外再投资或开展业务

除《中国（上海）自由贸易试验区总体方案》中规定必须在自贸试验区内经营、提供服务的领域外，自贸试验区内的企业可以根据相关法律法规到区外再投资或开展业务。

4. 自贸试验区管委会受理哪些外商投资项目备案

按照《中国（上海）自由贸易试验区外商投资项目备案管理办法》要求，试验区内负面清单之外的领域，对中外合资、中外合作、外商独资、外商购并境内企业、外商投资企业增资等各类外商投资项目实行外商投资项目备案制。试验区管委会负责本市权限内的试验区外商投资项目备案管理，并加强事中、事后监管。

5. 自贸试验区外商投资申请表填报时应该注意哪些事项

（1）境外投资者信息。投资者名称：外国公司、企业或其他经济组织的法定名称或个人姓名。国别/地区：国别指拥有主权的国家，地区指附属于某一国家的特别行政区域。地址：外国公司、企业、其他经济组织的法定地址或个人的住所。主体资格证明号码/护照号码：如外国投资者为公司、企业或其他经济组织，提供在当地注册登记部门注册登记号取得的证明号码；如外国投资者为自然人，提供该自然人护照号码，台湾籍自然人提供台胞证号码，香港、澳门自然人提供居民证号码。

（2）实际控制人信息。实际控制人：指虽不是公司的股东，但通过投资关系、协议或者其他安排，能够实际支配公司行为的自然人、法人或其他组织。国别/投资项目被当地政府处罚：指投资企业因税务、海关、外汇管理、垄断、商业贿赂等行为受到投资地政府相关部门处罚。

（3）本次投资企业情况。投资企业名称：应与企业预先核名通知书一致。投资总额：指外商投资企业所需资金总额，注册资本指投资者到工商机关认缴的全部出资额。非现金出资方式：指投资者以建筑物、厂房、机器设备或者其他物料、工业产权、专有技术、场地使用权等作价出资。主要行业：参照国民经济行业分类中列明的行业。

（二）关于境外投资管理

1. 什么是境外投资

境外投资是指投资主体通过新建、购并、参股、增资等方式在境外获得既有的所有权、控制权、经营管理权及其他权益的行为；境外投资项目指投资主体通过投入货币、有价证券、实物、知识产权或技术、股权、债权等资产和权益或提供担保，获得境外所有权、经营管理权及其他相关权益的活动。

2. 哪里可以查阅国家对境外投资的相关政策规定

企业可以登录国家发展改革委、国家商务部、国家外汇管理局等的网站，查阅国家关于境外投资的相关政策法规和注意事项。

3. 对投资设立的境外企业冠名有什么具体要求

投资设立的境外企业冠名应当符合境内外法律法规和政策规定。未按国家有关规定获得批准的企业，其境外企业名称不得冠以"中国""中华""国家"等字样。

（三）关于工商登记

1. 在自贸试验区注册一家外资公司的流程是什么

第一步，名称核准。外商投资企业申请设立的，申请人可在上海工商局门户网站或自贸试验区综合服务大厅办理名称预先核准。

第二步，负面清单比对。申请人可以访问中国上海门户网站或自贸试验区门户网站的"试验区投资办事直通车"专栏，进入"负面清单"栏目进行比对，确定所需要填报和提交的备案或审批材料类型。

第三步，互联网"一表申报"。申请人进入"外商投资企业设立"标签页的"网上申请"栏目进行申请信息填写。申请人填写完成后，网站根据申请人填写的信息自动生成各部门所需提交的表格并可下载打印。

第四步，"一口受理"窗口提交材料。申请人携带"一表申报"系统打印的表格及材料至自贸试验区一口受理窗口现场提交。一口受理窗口统一收取材料并在当日转送各职能部门。

第五步，各部门审核（备案）。在收到一口受理材料后，自贸区管委会、工商、质监和税务部门利用政务外网的公网平台进行同步审核或备案。

第六步，统一发证窗口领证。各职能部门审核（备案）完成后，将各类证照或结果文书送达一口受理窗口，申请人可在一口受理窗口一次领取。

2. 在区外注册的公司迁入自贸试验区需办理哪些手续

原在上海其他区县及外省市注册的企业迁入自贸试验区，需先至原登记机关办理迁移手续，再按照自贸试验区内的政策办理迁入登记。原在浦东新区未划入自贸试验区范围内注册的企业迁入自贸试验区，需按照自贸试验区内的政策登记，缴回原营业执照，核发新版营业执照。

3. 外商投资企业有哪些类型

外资公司和（非公司）外商投资企业：（1）外商投资的公司：包括中外合资、中外合作及外资等形式；（2）（非公司）外商投资企业：主要指中外合作非法人企业。

其他类型包括：（1）外商投资的公司分公司；（2）外商投资合伙企业；（3）外商投资合伙企业分支机构等类型；（4）外国（地区）企业在中

国境内从事生产经营活动：如承包或接受委托经营管理外商投资企业、外国银行在中国设立分行等。

4. 什么是"先照后证"

指除法律、行政法规、国务院决定规定的企业登记前置许可事项外，在自贸试验区内试行"先照后证"登记制度。试验区内企业向工商部门申请登记、取得营业执照后即可从事一般生产经营活动；经营项目涉及企业登记前置许可事项的，在取得许可证或者批准文件后，向工商部门申领营业执照；申请从事其他许可经营项目的，应当在领取营业执照及许可证或者批准文件后，方可从事经营活动。

5. 自贸试验区公司的注册资本登记制度有什么不同

除法律、行政法规对公司注册资本实缴另有规定的外，其他公司试行注册资本认缴登记制。试行认缴登记制后，工商部门登记公司全体股东、发起人认缴的注册资本或认购的股本总额（即公司注册资本），不登记公司实收资本。公司股东（发起人）应当对其认缴出资额、出资方式、出资期限等自主约定，并记载于公司章程。有限责任公司的股东以其认缴的出资额为限对公司承担责任；股份有限公司的股东以其认购的股份为限对公司承担责任。公司应当将股东认缴出资额或者发起人认购股份、出资方式、出资期限、缴纳情况通过市场主体信用信息公示系统向社会公示。公司股东（发起人）对缴纳出资情况的真实性、合法性负责。

6. 自贸试验区公司注册资本的登记条件与区外相同吗

不同。试验区内将放宽注册资本登记条件。除法律、行政法规、国务院决定对特定行业注册资本最低限额另有规定的外，取消有限责任公司最低注册资本 3 万元、一人有限责任公司最低注册资本 10 万元、股份有限公司最低注册资本 500 万元的规定；不再限制公司设立时全体股东（发起人）的首次出资额及比例；不再限制公司全体股东（发起人）的货币出资金额占注册资本的比例；不再规定公司股东（发起人）缴足出资的期限。

7. 自贸试验区注册的企业还需要年检吗

不需要。工商部门在自贸试验区取消了企业年度检验，但试行"年度报告公示制"。即企业应当按年度在规定的期限内，通过市场主体信用信息公示系统向工商部门报送年度报告并向社会公示，任何单位和个人均可查询。当年设立登记的企业，自下一年起报送年度报告。企业对年度报告的真实性、合法性负责。工商部门将建立经营异常名录制度，通过市场主体信用信息公示系统记载未按规定期限公示年度报告的企业。

8. 自贸试验区营业执照样式与区外有什么不同

自贸试验区营业执照在版式、记载事项、颜色等方面与区外企业相区分。除《农民专业合作社法人营业执照》《个体工商户营业执照》以外，将其他各类企业营业执照统一成一种样式。

9. 现在 1 元钱就可以在自贸试验区注册公司吗

这种说法有欠妥当。工商部门在中国（上海）自由贸易试验区的确有一些政策突破，其中之一是将公司注册资本实缴登记制改为认缴登记制。但不是所有公司都可以实行注册资本认缴登记制，也不是对所有公司都取消最低注册资本限制的。

首先，法律、行政法规对公司注册资本实缴有明确规定的（如银行、保险公司等），公司仍然实行注册资本实缴登记制；其次，即使实行注册资本认缴登记，法律、行政法规、国务院决定对特定行业注册资本有最低限额规定的，公司注册登记时也会有最低注册资本的要求。更重要的是，注册资本是反映公司规模和市场竞争力的重要事项之一，部分行业在核发行业许可时对公司注册资本会有特别要求。因此，投资者应当根据公司实际情况慎重确定公司的注册资本。

10. 什么是《法律文件送达授权委托书》？填写时应注意些什么

《法律文件送达授权委托书》指的是外国投资者委托境内拟设立公司或其他境内有关单位（个人）代为接受法律文书的委托文件。由外国投资者（授权人）与境内法律文件送达接受人（被授权人）签署，并载明被授权人地址、联系方式。被授权人可以是拟设立的公司（公司设立后委托生效）、外国投资者设立的分支机构或者其他境内单位或个人。公司增加新的境外投资者的，也应当提交此文件。变更被授权人，或被授权人地址等事项发生变更的应当签署新的《法律文件送达协议》并及时向公司登记机关备案。

11. 哪些事项变更可以通过受理平台办理

在上海自贸试验区备案的外商投资企业，可通过受理平台〔中国（上海）自由贸易试验区门户网站的"投资办事直通车"专栏〕，办理以下变更备案手续：注册资本变更（增资、减资）；股权或合作权益转让；股权质押；合并、分立；经营期限变更；提前终止；出资方式、出资期限变更；中外合作企业外国合作者先行收回投资。

二、广东自贸区投资办事常见问题解答

1. 在广东自贸试验区内如何申请设立企业

目前包括自贸试验区在内的全省各地市均在推进商事登记制度改革，除法律、行政法规、国务院决定对特定行业注册资本最低限额另有规定外，已全面实施注册资本认缴制。申请人可以访问中国（广东）自由贸易试验区门户网站的"办事服务"专栏，根据自身需求选择所在的片区，按要求准备相关资料。

2. 如何在自贸试验区内注册一家外资公司

第一步，名称预先核准。南沙片区登录广州红盾信息网、前海蛇口片区登录深圳市市场和质量监督管理委员会网站、横琴片区登录横琴新区工商局或前往各片区政务服务大厅办理名称预先核准（注：前海蛇口片区需在核准后办理地址挂靠服务）。

第二步，负面清单比对，登录各片区网上办事大厅一口受理系统填报。

第三步，外资备案网上审核通过，不属于备案的转为审批；需修改的重新上报，返回第二步。

第四步，打印外资投资备案相关资料。

第五步，"一口受理"窗口提交材料。申请人按照要求准备相关资料，并将纸质材料递交至片区政务服务大厅一口受理窗口，一口受理窗口统一收取材料并在当日转送各职能部门。

第六步，各部门审核。

第七步，统一发证窗口领证。各职能部门审核完成后，将各类证照或结果文书送达一口受理窗口，申请人可在一口受理窗口一次领取。

3. 如何在自贸试验区内注册一家内资公司

第一步，名称预先核准。南沙片区登录广州红盾信息网、前海蛇口片区登录深圳市市场和质量监督管理委员会网站、横琴片区登录横琴新区工商局或前往各片区政务服务大厅办理名称预先核准（注：前海蛇口片区需在核准后办理地址挂靠服务）。

第二步，"一口受理"窗口提交材料。申请人按照要求准备相关资料，并将纸质材料递交至片区政务服务办事大厅一口受理窗口，一口受理窗口统一收取材料并在当日转送各职能部门。

第三步，各部门审核。

第四步，统一发证窗口领证。各职能部门审核完成后，将各类证照或结果文书送达一口受理窗口，申请人可在一口受理窗口一次领取。

4. 自贸试验区内企业服务范围有什么限制

自贸试验区内企业原则上不受地域限制，可到自贸试验区外再投资或开展业务，如有专项规定要求办理相关手续，仍应按照专项规定办理。

5. 什么是"一照一码"

"一照一码"是指自贸区内新设立企业核发加载统一社会信用代码的《营业执照》，不再单独核发《组织机构代码证》和《税务登记证》。

6. 自贸试验区成立后，原来的旧版营业执照还可以使用吗

在过渡期内可以继续使用。自 2015 年 4 月 21 日起工商部门在自由贸易试验区内启用"一照三号"版本的营业执照，并自 2015 年 6 月 29 日起启用"一照一码"版本的营业执照。根据规定，在过渡期内（2017 年底前），未换发的证照（包括各地探索试点的"一照三号"营业执照、"一照一号"营业执照，下同）可继续使用；过渡期结束后，一律使用加载统一代码的营业执照办理相关业务，未换发的营业证照不再有效。

7. 自贸试验区内的外商投资企业设立与区外的不同之处在哪里

（1）营业执照样式不同，自贸区内企业为"一照一码"版本的《营业执照》。

（2）外商投资准入试行负面清单备案制。对外商投资准入特别管理措施列表（负面清单）之外的领域，试验区内外商投资企业向商务部门或其授权单位备案，并向登记机关申请设立登记。

（3）在自由贸易试验区内，对负面清单以外的领域按照内外资一致的原则，将外商投资企业由审批制改为备案制，将外商投资企业合同章程审批改为备案管理。不符合备案制要求的外商投资企业和区外一样仍然实行合同章程审批。

三、天津自贸区投资办事常见问题解答

1. 自贸试验区中心商务区外的企业如何才能享受自贸区政策

片区外的企业享受自贸区政策主要可以通过两种方式来实现：一是迁址，即将企业的注册地址迁至中心商务片区内；二是在中心商务片区内设立子公司。

2. 在区外注册的公司，注册资本已经部分到位，如果现在想迁至自贸试验区内可以吗

可以。工商部门在自贸区内实行一系列新政策，如注册资本认缴制、年度报告公示制、试行使用新的营业执照等。企业如果迁至自贸试验区内需要按照区内的政策进行登记，缴回原营业执照，核发新版营业执照。

3. 自贸试验区内已经取消登记公司实收资本，只登记公司注册资本，是否意味着公司注册资本可以是任意数额，越大越好

这种理解是错误的。

工商部门在自贸试验区内试行注册资本认缴登记制并不代表公司股东（发起人）无需实际缴付出资。公司股东（发起人）应当对其认缴出资额、出资方式、出资期限等进行自主约定，并将其记载在公司章程之上，股东仍需按照约定缴付出资。同时，公司还应该通过市场主体信用信息公示系统向社会公示股东认缴出资额或发起人认购股份、出资方式、出资期限、认缴情况等，公司股东（发起人）对缴纳出资情况的真实性、合法性负责。

有限公司的股东以其认缴的出资额为限对公司承担责任，股份公司的股东以其认购的股份为限对公司承担责任。因此，投资者应该根据自己的认缴能力和实际情况确定公司的注册资本。

4. 自贸试验区外商投资企业设立的操作流程是怎样的

外商投资企业设立的基本流程如图 10-1 所示。

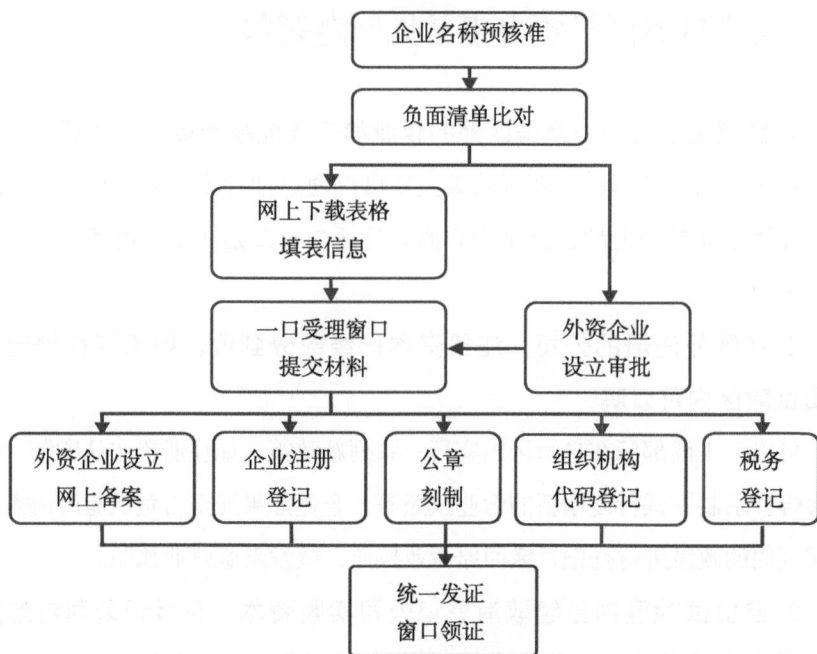

图 10-1　外商投资企业的设立流程

5. 如何在天津自贸试验区内设立一家内资公司

第一步，名称核准。内资企业申请设立的，申请人可在天津自贸区门户网站或天津自贸区中心商务片区综合服务大厅办理名称预先核准。

第二步，"一口受理"窗口提交材料。申请人可以访问天津自贸区门户网站的"试验区投资办事直通车"专栏，按照要求准备相关资料，并将纸质材料递交至中心商务片区综合服务大厅一口受理窗口，一口受理窗口统一收取材料并在当日转送各职能部门。

第三步，各部门审核。在收到一口受理材料后，工商、质监和税务部门利用政务外网的公网平台进行同步审核或备案。

第四步，统一发证窗口领证。各职能部门审核完成后，将各类证照或结果文书送达一口受理窗口，申请人可在一口受理窗口一次领取。

四、福建自贸区投资办事常见问题解答

（一）福州片区投资办事常见问题

1.如何办理出口货物退（免）税申报，需要提交哪些材料

外贸企业自营或委托出口的货物，除另有规定者外，可在货物报关出口并在财务上做销售核算后，凭有关凭证在规定的期限内向主管税务机关办理出口货物增值税、消费税免退税申报。

需要提交的材料详见表 10-1。

表 10-1　福州片区办理出口货物退（免）税申报材料清单

表格	外贸企业出口退税进货明细申报表
	外贸企业出口退税出口明细申报表
	外贸企业出口退税汇总申报表
	海关出口商品代码、名称、退税率调整对应表
	出口货物收汇申报表
	出口货物不能收汇申报表
资料	出口货物退（免）税正式申报电子数据
	出口货物报关单（出口退税专用）
	出口货物报关单（出口免税专用）
	增值税专用发票（抵扣联）、出口退税进货分批申报单、海关进口增值税专用缴款书
	委托出口的货物，还应提供受托方主管税务机关签发的代理出口货物证明，以及代理出口协议副本
	属应税消费品的，还应提供消费税专用缴款书或分割单、海关进口消费税专用缴款书
	银行结汇水单等出口收汇凭证原件和复印件
	出口货物不能收汇的有关证明材料
	属于延期申报的业务，需提供经税务部门批准的出口退（免）税延期申报材料。如《出口退（免）税延期申报申请表》

2. 如何办理外商投资企业设立审批，需提交哪些材料

申请办理外商投资企业设立审批的大致流程如下：

第一步，申请人向所在县（市、区）申报，经初审后转报省厅审批；

第二步，申请人提交材料，5个工作日内完成初审，如果材料齐全，内容合规的，正式受理；如果材料不齐的，提出补正要求，并通知申请人；

第三步，经办人受理后，10个工作日内办结。

申报材料包括：

- 外商投资企业设立申请表；
- 企业名称预先核准通知书；
- 投资方授权代表签署的外商投资企业合同、章程（独资企业只需报送章程）；
- 经公证和认证的境外投资者主体资格证明或身份证明及中文翻译件；
- 境外投资者银行资信证明及中文翻译件；
- 境内投资者营业执照（复印件）及银行资信证明；
- 外方投资者授权代表的授权证明及投资各方授权代表的身份证明；
- 投资各方出具的董事会成员（或执行董事）、监事会成员（或监事）委派书，身份证明；
- 公司注册地证明或租赁协议，出租方产权证明；
- 属国家法律法规规定的特殊类型或行业，须提交前置许可文件。

3. 外商投资企业变更登记需提交哪些材料

外商投资企业名称、住所、法定代表人、投资总额、注册资本、营业期限、经营范围、股东、投资者名称、企业类型变更的需提交的材料包括：《外商投资企业变更登记申请书》、指定代表或者共同委托代理人的证明、依法作出的决议或决定、审批机关的批准文件（批复和批准证书副本

1）、法定代表人签署的章程修正案或修改后的章程、其他有关文件、营业执照复印件。

根据变更事项另需提交材料：第一，名称变更：《名称变更核准通知书》；第二，住所变更：住所（经营场所）合法使用证明；第三，法定代表人变更：原法定代表人的免职文件和新任法定代表人的任职文件及身份证明复印件；第四，投资总额、注册资本变更：依法设立的验资机构出具的验资证明；刊登减资公告的报纸报样及债务清偿报告或债务担保证明；第五，经营范围变更：前置审批文件或证件；第六，股东变更：股权转让协议、依法经其他投资方同意转让的声明、股权受让方的主体资格证明、外商投资企业法律文件送达授权委托书。

（二）厦门片区投资办事常见问题

1."一照三号"指的是什么

福建自贸试验区厦门片区在 2015 年 2 月 15 日起实施企业设立"一照三号"审批改革，"一照三号"是指在核发载有企业注册号、组织机构代码证号和税务登记证号三个号码的营业执照，申请人持有该证即可替代现有的三证对外开展经营活动。

2.厦门片区企业设立的大致流程是什么

厦门片区企业设立"一口受理"的流程如图 10-2 所示。

```
┌──────────────────┐
│   企业名称核准    │
└────────┬─────────┘
         ↓
┌──────────────────┐
│  负面清单比对（外资）│
└────────┬─────────┘
         ↓
┌──────────────────┐
│   企业填报        │
└────────┬─────────┘
    ┌────┴────┐
    ↓         ↓
┌────────┐ ┌──────────────┐
│ 工商预审│ │商务部备案（外资）│
└───┬────┘ └──────────────┘
    ↓
┌────────┐ ┌────────┐ ┌────────┐
│ 商事登记│ │ 税务登记│ │ 质监登记│
└───┬────┘ └───┬────┘ └───┬────┘
    ↓          ↓
┌────────┐ ┌────────┐
│ 公安制章│ │ 核准打照│
└───┬────┘ └───┬────┘
    ↓          ↓
    └──→┌────────┐
        │ 企业领照│
        └────────┘
```

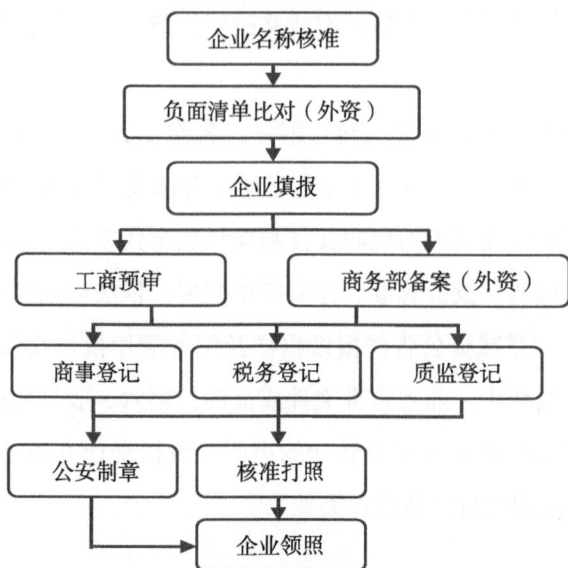

图 10-2　企业设立的基本流程

（三）平潭片区投资办事常见问题

1. 什么是商事主体登记，商事主体营业执照与传统营业执照有何区别

商事主体登记是指通过网上的一表填报、现场的一书申请、一次提交和一口受理，申请人最终拿到包含有工商注册号、组织机构代码号和税务登记号"三号合一"的商事主体营业执照。

与只包含有工商注册号的传统营业执照相比，"三号合一"的商事主体营业执照包含了更多企业信息，不仅大大缩短了办理时限，也为企业办理业务提供了便捷。

2. 商事主体登记适用范围

商事主体登记适用于在平潭综合实验区和福建自贸试验区平潭片区注册登记的有限责任公司。

3. 目前商事登记可办理登记哪些企业类型

目前商事登记可办理在平潭综合实验区和福建自贸试验区平潭片区注册登记的有限责任公司，具体内资类型：有限责任公司（自然人独资、法人独资、国有独资、自然人投资或控股、国有控股），以及其他有限责任公司；外资类型：外商合资、外商独资、中外合资。

4. 外商投资企业的投资者主体资格证明需要提交哪些材料

中方投资者应提交由本单位加盖公章的营业执照（事业单位法人登记证书、社会团体法人登记证、民办非企业单位证书复印件）作为主体资格证明；外国投资者的主体资格证明或身份证明应经其本国主管机关公证后送我国驻该国使（领）馆认证。如其本国与我国没有外交关系，则应当经与我国有外交关系的第三国驻该国使（领）馆认证，再由我国驻该第三国使（领）馆认证。某些国家的海外属地出具的文书，应先在该属地办妥公证，再经该国外交机构认证，最后由我国驻该国使（领）馆认证。香港、澳门和台湾地区投资者的主体资格证明或身份证明应当按照专项要求提供。

5. 平潭片区内商事主体登记的基本流程是怎样的

在平潭片区内进行商事主体登记的基本流程如图 10-3 所示。

企业名称选用

内资   外资（负面清单比对）

一表填报、网络初审

一书申请、一口受理

工商	商务	质监	公安	国税	地税	刻章
内部流转、联审联办						

企业领照

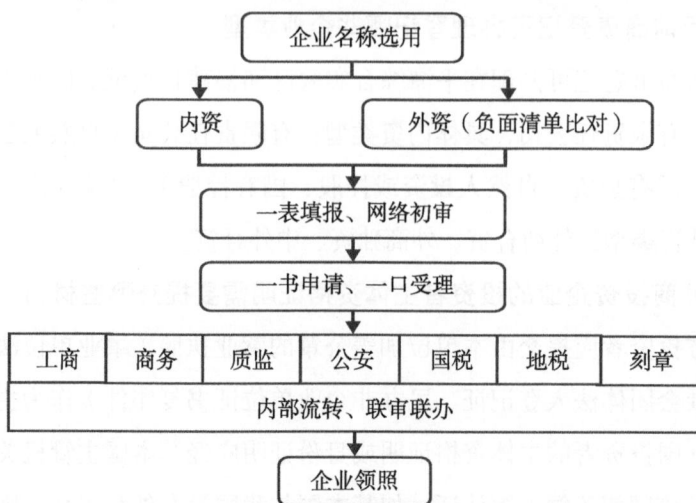

图 10-3　平潭片区商事主体登记的基本流程

附　录

中国（上海）自由贸易试验区条例

（2014年7月25日上海市第十四届人民代表大会常务委员会第十四次会议通过）

第一章　总则

第一条　为推进和保障中国（上海）自由贸易试验区建设，充分发挥其推进改革和提高开放型经济水平"试验田"的作用，根据《全国人民代表大会常务委员会关于授权国务院在中国（上海）自由贸易试验区暂时调整有关法律规定的行政审批的决定》、国务院批准的《中国（上海）自由贸易试验区总体方案》（以下简称《总体方案》）、《国务院关于在中国（上海）自由贸易试验区内暂时调整有关行政法规和国务院文件规定的行政审批或者准入特别管理措施的决定》和其他有关法律、行政法规，制定本条例。

第二条　本条例适用于经国务院批准设立的中国（上海）自由贸易试验区（以下简称"自贸试验区"）。

第三条　推进自贸试验区建设应当围绕国家战略要求和上海国际金融中心、国际贸易中心、国际航运中心、国际经济中心建设，按照先行先试、风险可控、分步推进、逐步完善的原则，将扩大开放与体制改革相结合，将培育功能与政策创新相结合，加快转变政府职能，建立与国际投资、贸易通行规则相衔接的基本制度体系和监管模式，培育国际化、市场化、法治化的营商环境，建设具有国际水准的投资贸易便利、监管高效便捷、法治环境规范的自由贸易试验区。

第四条　本市推进自贸试验区建设应当聚焦制度创新的重点领域和关键环节，充分运用现行法律制度和政策资源，改革妨碍制度创新的体制、机制，不断激发制度创新的主动性、积极性，营造自主改革、积极进取的良好氛围。

第五条 充分激发市场主体活力，法律、法规、规章未禁止的事项，鼓励公民、法人和其他组织在自贸试验区积极开展改革创新活动。

第二章 管理体制

第六条 按照深化行政体制改革的要求，坚持简政放权、放管结合，积极推行告知承诺制等制度，在自贸试验区建立事权划分科学、管理高效统一、运行公开透明的行政管理体制。

第七条 市人民政府在国务院领导和国家有关部门指导、支持下，根据《总体方案》明确的目标定位和先行先试任务，组织实施改革试点工作，依法制定与自贸试验区建设、管理有关的规章和政策措施。

本市建立自贸试验区建设协调机制，推进改革试点工作，组织有关部门制定、落实阶段性目标和各项措施。

第八条 中国（上海）自由贸易试验区管理委员会（以下简称"管委会"）为市人民政府派出机构，具体落实自贸试验区改革试点任务，统筹管理和协调自贸试验区有关行政事务，依照本条例履行下列职责：

（一）负责组织实施自贸试验区发展规划和政策措施，制定有关行政管理制度。

（二）负责自贸试验区内投资、贸易、金融服务、规划国土、建设、交通、绿化市容、环境保护、人力资源、知识产权、统计、房屋、民防、水务、市政等有关行政管理工作。

（三）领导工商、质监、税务、公安等部门在区内的行政管理工作；协调金融、海关、检验检疫、海事、边检等部门在区内的行政管理工作。

（四）组织实施自贸试验区信用管理和监管信息共享工作，依法履行国家安全审查、反垄断审查有关职责。

（五）统筹指导区内产业布局和开发建设活动，协调推进重大投资项目建设。

（六）发布公共信息，为企业和相关机构提供指导、咨询和服务。

（七）履行市人民政府赋予的其他职责。

市人民政府在自贸试验区建立综合审批、相对集中行政处罚的体制和机制，由管委会集中行使本市有关行政审批权和行政处罚权。管委会实施行政审批和行政处罚的具体事项，由市人民政府确定并公布。

第九条 海关、检验检疫、海事、边检、工商、质监、税务、公安等部门设立自贸试验区工作机构（以下统称"驻区机构"），依法履行有关行政管理职责。

市人民政府其他有关部门和浦东新区人民政府（以下统称"有关部门"）按照各自职责，支持管委会的各项工作，承担自贸试验区其他行政事务。

第十条 管委会应当与驻区机构、有关部门建立合作协调和联动执法工作机制，提高执法效率和管理水平。

第十一条 管委会、驻区机构应当公布依法行使的行政审批权、行政处罚权和相关行政权力的清单及运行流程。发生调整的，应当及时更新。

第三章 投资开放

第十二条 自贸试验区在金融服务、航运服务、商贸服务、专业服务、文化服务、社会服务和一般制造业等领域扩大开放，暂停、取消或者放宽投资者资质要求、外资股比限制、经营范围限制等准入特别管理措施。

第十三条 自贸试验区内国家规定对外商投资实施的准入特别管理措施，由市人民政府发布负面清单予以列明，并根据发展实际适时调整。

自贸试验区实行外商投资准入前国民待遇加负面清单管理模式。负面清单之外的领域，按照内外资一致的原则，外商投资项目实行备案制，国务院规定对国内投资项目保留核准的除外；外商投资企业设立和变更实行备案管理。负面清单之内的领域，外商投资项目实行核准制，国务院规定对外商投资项目实行备案的除外；外商投资企业设立和变更实行审批管理。

外商投资项目和外商投资企业的备案办法，由市人民政府制定。

第十四条 自贸试验区推进企业注册登记制度便利化，依法实行注册资本认缴登记制。

工商行政管理部门组织建立外商投资项目核准（备案）、企业设立和变更审批（备案）等行政事务的企业准入单一窗口工作机制，统一接收申请材料，统一送达有关文书。投资者在自贸试验区设立外商投资企业，可以自主约定经营期限，法律、行政法规另有规定的除外。

在自贸试验区内登记设立的企业（以下简称"区内企业"）可以到区外再投资或者开展业务，有专项规定要求办理相关手续的，按照规定办理。

第十五条 区内企业取得营业执照后，即可从事一般生产经营活动；从事需要审批的生产经营活动的，可以在取得营业执照后，向有关部门申请办理。

从事法律、行政法规或者国务院决定规定需要前置审批的生产经营活动的，应当在申请办理营业执照前，依法办理批准手续。

第十六条 自贸试验区内投资者可以开展多种形式的境外投资。境外投资一般项目实行备案管理，境外投资开办企业实行以备案制为主的管理，由管委会统一接收申请材料，并统一送达有关文书。

境外投资项目和境外投资开办企业的备案办法，由市人民政府制定。

第十七条 区内企业解散、被宣告破产的，应当依法清算并办理注销登记等手续。

依法实行注册资本认缴制的区内企业，股东以认缴的出资额或者认购的股份为限对企业债务承担责任。

第四章 贸易便利

第十八条 自贸试验区与境外之间的管理为"一线"管理，自贸试验区与境内区外之间的管理为"二线"管理，按照"一线放开、二线安全高效管住、区内流转自由"的原则，在自贸试验区建立与国际贸易等业务发展需求相适应的监管模式。

第十九条 按照通关便利、安全高效的要求，在自贸试验区开展海关监管制度创新，促进新型贸易业态发展。

海关在自贸试验区建立货物状态分类监管制度，实行电子围网管理，推行通关无纸化、低风险快速放行。

境外进入区内的货物，可以凭进口舱单先行入区，分步办理进境申报手续。口岸出口货物实行先报关、后进港。

对区内和境内区外之间进出的货物，实行进出境备案清单比对、企业账册管理、电子信息联网等监管制度。

区内保税存储货物不设存储期限。简化区内货物流转流程，允许分送集报、自行运输；实现区内与其他海关特殊监管区域之间货物的高效便捷流转。

第二十条 按照进境检疫、适当放宽进出口检验，方便进出、严密防范质量安全风险的原则，在自贸试验区开展检验检疫监管制度创新。

检验检疫部门在自贸试验区运用信息化手段，建立出入境质量安全和疫病疫情风险管理机制，实施无纸化申报、签证、放行，实现风险信息的收集、分析、通报和运用，提供出入境货物检验检疫信息查询服务。

境外进入区内的货物属于检疫范围的，应当接受入境检疫；除重点敏感货物外，其他货物免于检验。

区内货物出区依企业申请，实行预检验制度，一次集中检验，分批核销放行。进出自贸试验区的保税展示商品免于检验。

区内企业之间仓储物流货物，免于检验检疫。

在自贸试验区建立有利于第三方检验鉴定机构发展和规范的管理制度，检验检疫部门按照国际通行规则，采信第三方检测结果。

第二十一条 自贸试验区建立国际贸易单一窗口，形成区内跨部门的贸易、运输、加工、仓储等业务的综合管理服务平台，实现部门之间信息互换、监管互认、执法互助。

企业可以通过单一窗口一次性递交各管理部门要求的标准化电子信息，处理结果通过单一窗口反馈。

第二十二条　自贸试验区实行内外贸一体化发展，鼓励区内企业统筹开展国际贸易和国内贸易，培育贸易新型业态和功能，形成以技术、品牌、质量、服务为核心的竞争优势。

自贸试验区支持国际贸易、仓储物流、加工制造等基础业务转型升级和服务贸易发展。鼓励离岸贸易、国际大宗商品交易、融资租赁、期货保税交割、跨境电子商务等新型贸易发展，推动生物医药研发、软件和信息服务、数据处理等外包业务发展。

鼓励跨国公司在区内设立总部，建立整合贸易、物流、结算等功能的营运中心。

第二十三条　自贸试验区加强与海港、空港枢纽的联动，加强与区外航运产业集聚区协同发展，探索形成具有国际竞争力的航运发展制度和运作模式。

自贸试验区支持国际中转、集拼、分拨业务以及集装箱转运业务和航空货邮国际中转业务发展。符合条件的航运企业可以在国内沿海港口与上海港之间从事外贸进出口集装箱沿海捎带业务。

完善航运服务发展环境，在自贸试验区发展航运金融、国际船舶运输、国际船舶管理、国际船员服务和国际航运经纪等产业，发展航运运价指数衍生品交易业务，集聚航运服务功能性机构。

在自贸试验区实行以"中国洋山港"为船籍港的国际船舶登记制度，建立高效率的船舶登记流程。

第二十四条　自贸试验区简化区内企业外籍员工就业许可审批手续，放宽签证、居留许可有效期限，提供入境、出境和居留的便利。

对接受区内企业邀请开展商务贸易的外籍人员，出入境管理部门应当按照规定给予过境免签和临时入境便利。

对区内企业因业务需要多次出国、出境的中国籍员工，出入境管理部门应当提供办理出国出境证件的便利。

第五章　金融服务

第二十五条　在风险可控的前提下，在自贸试验区内创造条件稳步进行人民币资本项目可兑换、金融市场利率市场化、人民币跨境使用和外汇管理改革等方面的先行先试。

鼓励金融要素市场、金融机构根据国家规定，进行自贸试验区金融产品、业务、服务和风险管理等方面的创新。本市有关部门应当为自贸试验区金融创新提供支持和便利。

本市建立国家金融管理部门驻沪机构、市金融服务部门和管委会参加的自贸试验区金融工作协调机制。

第二十六条　自贸试验区建立有利于风险管理的自由贸易账户体系，实现分账核算管理。区内居民可以按照规定开立居民自由贸易账户；非居民可以在区内银行开立非居民自由贸易账户，按照准入前国民待遇原则享受相关金融服务；上海地区金融机构可以通过设立分账核算单元，提供自由贸易账户相关金融服务。

自由贸易账户之间以及自由贸易账户与境外账户、境内区外的非居民机构账户之间的资金，可以自由划转。自由贸易账户可以按照规定，办理跨境融资、担保等业务。居民自由贸易账户与境内区外的银行结算账户资金流动，视同跨境业务管理。同一非金融机构主体的居民自由贸易账户与其他银行结算账户之间，可以按照规定，办理资金划转。

第二十七条　自贸试验区跨境资金流动按照金融宏观审慎原则实施管理。简化自贸试验区跨境直接投资汇兑手续，自贸试验区跨境直接投资与前置核准脱钩，直接向银行办理所涉及的跨境收付、汇兑业务。各类区内主体可以按照规定开展相关的跨境投融资汇兑业务。

区内个人可以按照规定，办理经常项下跨境人民币收付业务，开展包括证券投资在内的各类跨境投资。区内个体工商户可以根据业务需要，向其境外经营主体提供跨境贷款。

区内金融机构和企业可以按照规定，进入证券和期货交易场所进行投资和交易。区内企业的境外母公司可以按照规定，在境内资本市场发行人民币债券。区内企业可以按照规定，开展境外证券投资以及衍生品投资业务。

区内企业、非银行金融机构以及其他经济组织可以按照规定，从境外融入本外币资金，在区内或者境外开展风险对冲管理。

第二十八条　根据中国人民银行有关规定，国家出台的各项鼓励和支持扩大人民币跨境使用的政策措施，均适用于自贸试验区。

简化自贸试验区经常项下以及直接投资项下人民币跨境使用。区内金融机构和企业可以从境外借入人民币资金。区内企业可以根据自身经营需要，开展跨境双向人民币资金池以及经常项下跨境人民币集中收付业务。上海地区银行业金融机构可以与符合条件的支付机构合作，提供跨境电子商务的人民币结算服务。

第二十九条　在自贸试验区推进利率市场化体系建设，完善自由贸易账户本外币资金利率市场化定价监测机制，区内符合条件的金融机构可以优先发行大额可转让存单，放开区内外币存款利率上限。

第三十条　建立与自贸试验区发展需求相适应的外汇管理体制。简化经常项目单证审核、直接投资项下外汇登记手续。放宽对外债权债务管理。改进跨国公司总部外汇资金集中运营管理、外币资金池以及国际贸易结算中心外汇管理。完善结售汇管理，便利开展大宗商品衍生品的柜台交易。

第三十一条　根据自贸试验区需要，经金融管理部门批准，支持不同层级、不同功能、不同类型、不同所有制的金融机构进入自贸试验区；引导和鼓励民间资本投资区内金融业；支持自贸试验区互联网金融发展；支持在区内建立面向国际的金融交易以及服务平台，提供登记、托管、交易和清算等服务；支持在区内建立完善信托登记平台，探索信托受益权流转机制。

第三十二条　本市配合金融管理部门完善金融风险监测和评估，建立与自贸试验区金融业务发展相适应的风险防范机制。

开展自贸试验区业务的上海地区金融机构和特定非金融机构应当按照规定，向金融管理部门报送相关信息，履行反洗钱、反恐怖融资和反逃税等义务，配合金融管理部门关注跨境异常资金流动，落实金融消费者和投资者保护责任。

第六章　税收管理

第三十三条　自贸试验区按照国家规定，实施促进投资和贸易的有关税收政策；其所属的上海外高桥保税区、上海外高桥保税物流园区、洋山保税港区和上海浦东机场综合保税区执行相应的海关特殊监管区域的税收政策。

遵循税制改革方向和国际惯例，积极研究完善不导致利润转移、税基侵蚀的适应境外股权投资和离岸业务发展的税收政策。

第三十四条　税务部门应当在自贸试验区建立便捷的税务服务体系，实施税务专业化集中审批，逐步取消前置核查，推行先审批后核查、核查审批分离的工作方式；推行网上办税，提供在线纳税咨询、涉税事项办理情况查询等服务，逐步实现跨区域税务通办。

第三十五条　税务部门应当在自贸试验区开展税收征管现代化试点，提高税收效率，营造有利于企业发展、公平竞争的税收环境。

税务部门应当运用税收信息系统和自贸试验区监管信息共享平台进行税收风险监测，提高税收管理水平。

第七章　综合监管

第三十六条　在自贸试验区创新行政管理方式，推进政府管理由注重事先审批转为注重事中事后监管，提高监管参与度，推动形成行政监管、行业自律、社会监督、公众参与的综合监管体系。

第三十七条　自贸试验区建立涉及外资的国家安全审查工作机制。对属于国家安全审查范围的外商投资，投资者应当申请进行国家安全审查；有关管理部门、行业协会、同业企业以及上下游企业可以提出国家安全审查建议。

当事人应当配合国家安全审查工作，提供必要的材料和信息，接受有关询问。

第三十八条　自贸试验区建立反垄断工作机制。

涉及区内企业的经营者集中，达到国务院规定的申报标准的，经营者应当事先申报，未申报的不得实施集中。对垄断协议、滥用市场支配地位以及滥用行政权力排除、限制竞争等行为，依法开展调查和执法。

第三十九条　管委会、驻区机构和有关部门应当记录企业及其有关责任人员的信用相关信息，并按照公共信用信息目录向市公共信用信息服务平台自贸试验区子平台归集。

管委会、驻区机构和有关部门可以在市场准入、货物通关、政府采购以及招投标等工作中，查询相对人的信用记录，使用信用产品，并对信用良好的企业和个人实施便利措施，对失信企业和个人实施约束和惩戒。

自贸试验区鼓励信用服务机构利用各方面信用信息开发信用产品，为行政监管、市场交易等提供信用服务；鼓励企业和个人使用信用产品和服务。

第四十条　自贸试验区实行企业年度报告公示制度和企业经营异常名录制度。

区内企业应当按照规定，报送企业年度报告，并对年度报告信息的真实性、合法性负责。企业年度报告按照规定向社会公示，涉及国家秘密、商业秘密和个人隐私的内容除外。

工商行政管理部门对区内企业报送年度报告的情况开展监督检查。发现企业未按照规定履行年度报告公示义务等情况的，应当载入企业经营异常名录，并向社会公示。

公民、法人和其他组织可以查阅企业年度报告和经营异常名录等公示信息，工商行政管理等部门应当提供查询便利。

企业年度报告公示和企业经营异常名录管理办法，由市工商行政管理部门制定。

第四十一条　在自贸试验区建设统一的监管信息共享平台，促进监管信息的归集、交换和共享。管委会、驻区机构和有关部门应当及时主动提供信息，参与信息交换和共享。

管委会、驻区机构和有关部门应当依托监管信息共享平台，整合监管资源，推动全程动态监管，提高联合监管和协同服务的效能。

监管信息归集、交换、共享的办法，由管委会组织驻区机构和有关部门制定。

第四十二条　鼓励律师事务所、会计师事务所、税务师事务所、知识产权服务机构、报关报检机构、检验检测机构、认证机构、船舶和船员代理机构、公证机构、司法鉴定机构、信用服务机构等专业机构在自贸试验区开展业务。

管委会、驻区机构和有关部门应当通过制度安排，将区内适合专业机构办理的事项，交由专业机构承担，或者引入竞争机制，通过购买服务等方式，引导和培育专业机构发展。

第四十三条　自贸试验区建立企业和相关组织代表等组成的社会参与机制，引导企业和相关组织等表达利益诉求、参与试点政策评估和市场监督。

支持行业协会、商会等参与自贸试验区建设，推动行业协会、商会等制定行业管理标准和行业公约，加强行业自律。

区内企业从事经营活动，应当遵守社会公德、商业道德，接受社会公众的监督。

第四十四条　在自贸试验区推进电子政务建设，在行政管理领域推广电子签名和具有法律效力的电子公文，实行电子文件归档和电子档案管理。电子档案与纸质档案具有同等法律效力。

第四十五条　本市建立自贸试验区综合性评估机制。市发展改革部门应当会同管委会和有关部门，自行或者委托第三方开展监管制度创新、行业整体、行业企业试点政策实施情况和风险防范等方面的评估，为推进完善扩大开放领域、改革试点任务和制度创新措施提供政策建议。

第八章　法治环境

第四十六条　坚持运用法治思维、法治方式在自贸试验区开展各项改革创新，为自贸试验区建设营造良好的法治环境。

国家规定的自贸试验区投资、贸易、金融、税收等改革试点措施发生调整，或者国家规定其他区域改革试点措施可适用于自贸试验区的，按照相关规定执行。

本市地方性法规不适应自贸试验区发展的，市人民政府可以提请市人大及其常委会就其在自贸试验区的适用作出相应规定；本市规章不适应自贸试验区发展的，管委会可以提请市人民政府就其在自贸试验区的适用作出相应规定。

第四十七条　自贸试验区内各类市场主体的平等地位和发展权利，受法律保护。区内各类市场主体在监管、税收和政府采购等方面享有公平待遇。

第四十八条　自贸试验区内投资者合法拥有的企业、股权、知识产权、利润以及其他财产和商业利益，受法律保护。

第四十九条　自贸试验区内劳动者平等就业、选择职业、取得劳动报酬、休息休假、获得劳动安全卫生保护、接受职业技能培训、享受社会保险和福利、参与企业民主管理等权利，受法律保护。

在自贸试验区推行企业和劳动者集体协商机制，推动双方就劳动报酬、劳动安全卫生等有关事项进行平等协商。发挥工会在维护职工权益、促进劳动关系和谐稳定方面的作用。

在自贸试验区健全公正、公开、高效、便民的劳动保障监察和劳动争议处理机制，保护劳动者和用人单位双方的合法权益。

第五十条　加强自贸试验区环境保护工作，探索开展环境影响评价分类管理，提高环境保护管理水平和效率。

鼓励区内企业申请国际通行的环境和能源管理体系标准认证，采用先进生产工艺和技术，节约能源，减少污染物和温室气体排放。

第五十一条　加强自贸试验区知识产权保护工作，完善行政保护与司法保护衔接机制。

本市有关部门应当和国家有关部门加强协作，实行知识产权进出境保护和境内保护的协同管理和执法配合，探索建立自贸试验区知识产权统一管理和执法的体制、机制。

完善自贸试验区知识产权纠纷多元解决机制，鼓励行业协会和调解、仲裁、知识产权中介服务等机构在协调解决知识产权纠纷中发挥作用。

第五十二条　本市制定有关自贸试验区的地方性法规、政府规章、规范性文件，应当主动公开草案内容，征求社会公众、相关行业组织和企业等方面的意见；通过并公布后，应当对社会各方意见的处理情况作出说明；在公布和实施之间，应当预留合理期限，作为实施准备期。但因紧急情况等原因需要立即制定和施行的除外。

本市制定的有关自贸试验区的地方性法规、政府规章、规范性文件，应当在通过后及时公开，并予以解读和说明。

第五十三条　公民、法人和其他组织对管委会制定的规范性文件有异议的，可以提请市人民政府进行审查。审查规则由市人民政府制定。

第五十四条　本市建立自贸试验区信息发布机制，通过新闻发布会、信息通报例会或者书面发布等形式，及时发布自贸试验区相关信息。

管委会应当收集国家和本市关于自贸试验区的法律、法规、规章、政策、办事程序等信息，在中国（上海）自由贸易试验区门户网站上公布，方便各方面查询。

第五十五条　自贸试验区实行相对集中行政复议权制度。

公民、法人或者其他组织不服管委会、市人民政府工作部门及其驻区机构、浦东新区人民政府在自贸试验区内作出的具体行政行为，可以向市人民政府申请行政复议；不服浦东新区人民政府工作部门在自贸试验区内作出的具体行政行为，可以向浦东新区人民政府申请行政复议。重大、复杂、疑难的行政复议案件，应当由行政复议委员会审议。

第五十六条　依法在自贸试验区设立司法机构，公正高效地保障中外当事人合法权益。

本市依法设立的仲裁机构应当依据法律、法规并借鉴国际商事仲裁惯例，适应自贸试验区特点完善仲裁规则，提高商事纠纷仲裁的国际化程度，并基于当事人的自主选择，提供独立、公正、专业、高效的仲裁服务。

本市设立的行业协会、商会以及商事纠纷专业调解机构等可以参与自贸试验区商事纠纷调解，发挥争议解决作用。

第九章　附则

第五十七条　本条例自 2014 年 8 月 1 日起施行。1996 年 12 月 19 日上海市第十届人民代表大会常务委员会第三十二次会议审议通过的《上海外高桥保税区条例》同时废止。

附录 2

中国（天津）自由贸易试验区条例

（2015 年 12 月 24 日天津市第十六届人民代表大会常务委员会第二十三次会议通过）

第一章　总则

第一条　为了推进和保障中国（天津）自由贸易试验区建设，根据有关法律、行政法规和国务院批准的《中国（天津）自由贸易试验区总体方案》，结合本市实际情况，制定本条例。

第二条　本条例所称中国（天津）自由贸易试验区是指经国务院批准在天津设立的自由贸易试验区（以下简称自贸试验区）。

第三条　自贸试验区以制度创新为核心，加快政府职能转变，扩大投资领域开放，推动贸易转型升级，深化金融领域开放创新，建立与国际贸易投资规则相衔接的制度框架和监管模式。

第四条　自贸试验区应当成为贸易自由、投资便利、高端产业集聚、金融服务完善、法治环境规范、监管高效便捷、辐射带动效应明显的自由贸易园区，在服务京津冀协同发展和经济转型发展中发挥示范引领作用。

第五条　自贸试验区鼓励创新、宽容失败，保护制度创新的主动性、积极性，营造自主改革、积极进取的环境。

第二章　管理体制

第六条　自贸试验区建立权责明确、管理高效、信息公开、运转协调的行政管理体制。

第七条　中国（天津）自由贸易试验区推进工作领导小组，负责领导自贸试验区整体改革工作，研究决定自贸试验区改革的重大事项。

第八条　中国（天津）自由贸易试验区管理委员会（以下简称自贸试验区管委会），履行下列职责：

（一）推动落实《中国（天津）自由贸易试验区总体方案》和各项改革创新措施；

（二）组织研究自贸试验区深化改革创新的政策措施；

（三）总结评估自贸试验区形成的改革创新经验，提出可复制、可推广创新成果建议；

（四）协调研究和解决自贸试验区改革创新中的难点和问题；

（五）组织推介自贸试验区改革创新发展政策，发布自贸试验区重要信息；

（六）市人民政府赋予的其他职责。

第九条　天津东疆保税港区管理委员会、天津港保税区管理委员会和天津市滨海新区中心商务区管理委员会，行使对自贸试验区相应片区的管理职能，承担相应管理责任。

第十条　市人民政府及其有关部门应当根据自贸试验区改革创新需要，依法向自贸试验区下放市级经济管理权限和市人民政府确定的其他管理权限。

第十一条　自贸试验区应当公布法律、法规规定实施的行政许可目录，统一行政许可事项办理标准、程序，简化办理流程。

自贸试验区各片区实行相对集中行政许可权制度，依法统一行使相关行政许可权。

第十二条　自贸试验区应当依法履行行政监督管理职责，建立与自贸试验区相适应的行政监督管理体制，加强事中事后监管。

自贸试验区各片区实行相对集中行政处罚权制度，依法统一行使相关行政处罚权。

第十三条　自贸试验区建立风险防控和预警体系，完善突发事件应急预案及处置机制，确保改革试验合理可控。

第十四条　海关、检验检疫、海事、边检、金融、税务、公安、邮政等部门驻自贸试验区的工作机构，依法履行相关行政管理职责，落实有关自贸试验区的政策措施，支持自贸试验区改革创新工作。

第十五条　市人民政府有关部门和滨海新区等相关区县人民政府应当支持自贸试验区改革创新，承担自贸试验区其他相关行政管理职能。

第三章　投资开放

第十六条　自贸试验区在金融服务、航运服务、商贸服务、专业服务、文化服务、社会服务等现代服务业和装备制造、新一代信息技术等先进制造业领域扩大开放，逐步减少或者取消对国内外投资的准入限制。

鼓励跨国公司在自贸试验区设立地区性总部、研发中心、销售中心、物流中心和结算中心。

第十七条　自贸试验区对外商投资实行准入前国民待遇加负面清单管理模式。负面清单之外的领域，按照内外资一致的原则，对外商投资项目实行备案管理，但国务院规定对国内投资项目保留核准的除外，对外商投资企业设立、变更实行备案管理。探索实行外商投资企业设立、变更信息报告制度。

第十八条　在自贸试验区内登记设立的市场主体可以到区外再投资或者开展业务，国家有专项规定要求办理相关手续的，按照规定办理。

第十九条　自贸试验区简化企业名称登记程序，除涉及前置审批事项或者企业名称核准与企业设立登记不在同一机关的以外，企业名称不再实行预先核准，实行企业名称自主申报。

企业登记机关应当开放企业名称数据库，建立企业名称申请的查询比对系统，申请人可以自行登录查询比对系统，确认其拟使用的名称不违反企业名称登记规则，即可自主申报，并对申报的名称承担相应的法律责任。对于违反企业名称登记规则的企业名称，登记机关不予登记；对于已登记的不适宜名称，登记机关有权纠正，以统一社会信用代码代替。

第二十条　鼓励取得国际资质的外籍和港澳台地区专业服务人员和机构，在自贸试验区内依照国家有关规定开展相关业务。

第二十一条　支持自贸试验区内自然人、法人和其他组织开展多种形式的境外投资合作，对不涉及敏感国家和地区、敏感行业的境外投资项目实行备案制。

自贸试验区建立境外投资合作综合服务平台，完善境外资产和人员安全风险预警和应急保障体系。

第二十二条　支持自贸试验区建设创新创业特区，聚集高水平创新创业资源，构建完善的创新创业体系，营造大众创业、万众创新的环境。

建立自贸试验区与国家自主创新示范区的联动机制，利用国家自主创新示范区的辐射政策，聚集高端科技要素，探索区域科技合作新模式，建设具有创新示范和带动作用的区域性创新平台。

第四章　贸易便利

第二十三条　自贸试验区实行国际贸易"单一窗口"管理服务模式，加快建设电子口岸，建立海关、检验检疫、海事、边检、外汇、税务和商务等跨部门的综合管理服务平台，实现部门间信息互换、监管互认、执法互助。

企业可以通过综合管理服务平台一次性递交口岸监管部门需要的标准化电子信息，口岸监管部门应当将处理结果通过平台向企业反馈。

第二十四条　自贸试验区积极培育新型贸易方式，大力发展服务贸易，推动贸易转型升级。

鼓励开展大宗商品交易、保税展示交易、期货保税交割、汽车平行进口等新型贸易业务。支持开展境内外高技术、高附加值产品维修和再制造业务试点。

支持建设国家进口贸易促进创新示范区。

第二十五条　支持跨境电子商务发展，完善海关监管、检验检疫、税收、跨境支付、物流快递等支撑系统，探索建立集中货物存储模式监管制度。

鼓励开展直邮进口和保税进口业务，落实跨境电子商务零售进口税收相关政策，提升跨境电子商务涉税订单通关效率。

完善跨境电子商务出口监管措施，对出口商品采取清单核放、汇总申报方式办理通关手续，简化商品归类方式。

第二十六条 在自贸试验区按照通关便利、安全高效的原则，实行下列海关监管制度：

（一）通关作业无纸化；

（二）认证企业（AEO）优惠措施清单制度；

（三）根据不同类型通关需求，允许自贸试验区内企业自由选择保证金担保或者银行保函担保等多种涉税担保形式；

（四）实施企业主动披露、引入社会中介机构辅助监管等制度；

（五）其他监管措施。

第二十七条 在自贸试验区海关特殊监管区域实施"一线放开"、"二线安全高效管住"的通关监管服务模式。

在海关特殊监管区域，实行统一备案清单制度，批次进出、集中申报制度，内销选择性征税制度；对注册在自贸试验区海关特殊监管区域内的融资租赁企业进出口飞机、船舶和海洋工程结构物等大型设备涉及跨关区的，在确保有效监管和执行现行相关税收政策前提下，实行海关异地委托监管。

第二十八条 按照方便进出、严密防范质量安全风险的原则，在自贸试验区内创新检验检疫监管制度。推行入境维修用旧机电产品便利化监管措施。对申报无疫的出入境船舶，经风险分析后可以给予直通放行便利。逐步实行第三方检验鉴定机构检测结果采信制度。

在自贸试验区海关特殊监管区域实行检验检疫分线监管模式，"一线"实施进出境检疫和重点敏感货物检验，"二线"实施货物检验和监管。实行进境货物预检验制度，一次集中检验，分批核销放行。推行进境动植物及其产品检疫审批负面清单制度。对保税展示交易和保税租赁货物实行分线监管、预检验和登记核销制度。

第二十九条 自贸试验区实行以"天津东疆"为船籍港的国际船舶登记制度，建立高效率的船舶登记流程，落实现有中资"方便旗"船舶税收优惠政策。

鼓励发展航运金融、国际船舶运输、国际航运经纪、国际船舶代理、国际船舶管理、国际船员服务和国际邮轮旅游等国际航运现代服务业。

自贸试验区实施海港空港联动，发展海运集装箱和航空快件国际中转集拼业务，支持符合条件的船舶在国内沿海港口与天津港之间开展沿海捎带业务。

第三十条 自贸试验区支持建设亚太经济合作组织绿色供应链合作网络天津示范中心，探索建立绿色供应链管理体系，实施绿色产品清单制度，鼓励开展绿色贸易。

第三十一条 发展过境集装箱班列运输，建设跨境物流中心，开展高端产品国际集装箱班列物流服务。

鼓励开展海上、陆路、航空货运代理服务及多式联运代理服务、集装箱班列承包等，服务"一带一路"沿线国家和地区的转口贸易发展。

第五章 金融创新

第三十二条 按照风险可控、服务实体经济的原则，在自贸试验区内稳步开展扩大人民币跨境使用、深化外汇管理改革、促进租赁业发展等试点工作。

鼓励各类金融机构根据国家规定，在自贸试验区进行金融产品、业务、服务和风险管理等方面的创新。

第三十三条 支持建立与自贸试验区相适应的账户管理体系，促进跨境贸易、投融资结算便利化。

鼓励自贸试验区内企业利用境内外资源和市场进行跨境贸易和投融资。

第三十四条 在自贸试验区推动跨境人民币业务创新发展，鼓励在人民币跨境使用方面先行先试：

（一）支持自贸试验区内金融机构和企业按宏观审慎原则从境外借用人民币资金，用于符合国家宏观调控方向的领域，不得用于投资有价证券、理财产品、衍生产品，不得用于委托贷款。自贸试验区内的银行业金融机构可按规定向境外同业跨境拆出短期人民币资金；

（二）支持自贸试验区内企业和金融机构按规定在境外发行人民币债券，募集资金可调回区内使用。自贸试验区内企业的境外母公司可按规定在境内发行人民币债券；

（三）支持自贸试验区在充分利用全国统一金融基础设施平台的基础上，完善现有的以人民币计价的金融资产、股权、产权、航运等要素交易平台，面向自贸试验区和境外投资者提供人民币计价的交割和结算服务；

（四）支持自贸试验区内符合条件的企业按规定开展人民币境外证券投资和境外衍生品投资业务。支持自贸试验区内银行机构按照银行间市场等相关政策规定和我国金融市场对外开放的整体部署为境外机构办理人民币衍生品业务。支持自贸试验区内设立的股权投资基金按规定开展人民币对外投资业务；

（五）自贸试验区内符合条件的跨国企业集团开展跨境双向人民币资金池业务，可不受经营时间、年度营业收入和净流入额上限的限制；

（六）研究在自贸试验区内就业并符合条件的境内个人按规定开展各类人民币境外投资。在自贸试验区内就业并符合条件的境外个人可按规定开展各类境内投资。

第三十五条 在自贸试验区推行以下外汇管理制度改革：

（一）促进贸易投资便利化。在真实合法交易基础上，进一步简化流程，自贸试验区内货物贸易外汇管理分类等级为A类的企业，货物贸易收入无需开立待核查账户，允许选择不同银行办理经常项目提前购汇和付汇。简化直接投资外汇登记手续，直接投资外汇登记下放银行办理，外商投资企业外汇资本金实行意愿结汇。放宽自贸试验区内机构对外放款管理，进一步提高对外放款比例；

（二）实行限额内资本项目可兑换。在自贸试验区内注册的、负面清单外的境内机构，按照每个机构每自然年度跨境收入和跨境支出均不超过规定限额，自主开展跨境投融资活动。限额内实行自由结售汇。符合条件的自贸试验区内机构应在天津地区银行机构开立资本项目——投融资账户，办理限额内可兑换相关业务；

（三）推动外债宏观审慎管理，逐步统一境内机构外债政策。自贸试验区内机构借用外债采取比例自律管理，允许区内机构在净资产的一定倍数内借用外债，企业外债资金实行意愿结汇；

（四）支持发展总部经济和结算中心。放宽跨国公司外汇资金集中运营管理准入条件。进一步简化资金池管理，允许银行审核真实、合法的电子单证，为企业办理集中收付汇、轧差结算业务；

（五）支持银行发展人民币与外汇衍生产品服务。注册在自贸试验区内的银行机构，对于境外机构按照规定能够开展即期结售汇交易的业务，可以办理人民币与外汇衍生产品交易，并纳入银行结售汇综合头寸管理。

第三十六条　在自贸试验区推行以下改革，促进租赁业发展：

（一）支持自贸试验区内租赁公司利用国家外汇储备，开展飞机、新型船舶、海洋工程结构物和大型成套进口设备等租赁业务；

（二）允许自贸试验区内符合条件的融资租赁收取外币租金；

（三）支持租赁公司依托自贸试验区要素交易平台开展以人民币计价结算的跨境租赁资产交易；

（四）允许自贸试验区内租赁公司在境外开立人民币账户用于跨境人民币租赁业务，允许租赁公司在一定限额内同名账户的人民币资金自由划转；

（五）统一内外资融资租赁企业准入标准、审批流程和事中事后监管，推动自贸试验区内的内资融资租赁企业享受与现行内资融资租赁试点企业同等待遇。

第三十七条　自贸试验区落实中小微企业贷款风险补偿金机制，鼓励银行等金融机构向中小微企业提供贷款等支持。积极发展信用保险，鼓励保险业金融机构向中小微企业提供贷款保证保险服务，建立贷款保证保险风险补贴机制，鼓励保险机构开发为中小微企业服务的保险产品。

第三十八条　金融管理部门应当加强对金融风险的监测与评估，建立与自贸试验区金融业务发展相适应的风险防范机制。开展自贸试验区业务的金融机构和特定非金融机构应当按照规定，向金融管理部门报送相关信息，履行反洗钱、反恐怖融资和反逃税等义务，配合金融管理部门管制跨境异常资金流动，落实金融消费者和投资者保护责任。

第六章　服务京津冀协同发展

第三十九条　增强天津口岸服务辐射功能，实施京津冀区域通关一体化和检验检疫一体化，推进三地口岸直通。优化内陆无水港布局，按照国家规定实施启运港退税政策。

支持在自贸试验区注册的符合条件的企业将保税展示交易业务扩展至天津市和北京市、河北省。

支持北京市、河北省的企业在自贸试验区建设专属物流区，完善京津冀集疏运体系和保税物流网络。

第四十条 发挥自贸试验区在带动京津冀以及北方地区科技创新、引领地区产业升级等方面的积极作用，与北京市、河北省建立协同创新服务平台，促进创新资源和创新成果开放共享。

第四十一条 自贸试验区应当发挥融资租赁等特色金融产业优势，服务天津市和北京市、河北省实体经济，促进区域经济转型发展。

支持在自贸试验区内设立京津冀协同发展基金、京津冀产业结构调整基金。允许境外投资者以人民币资金投资自贸试验区内用于京津冀协同发展的基金。

第四十二条 支持京津冀地区金融机构在自贸试验区开展跨区域金融协同创新与合作，优化金融资源配置。

支持京津冀地区金融机构为自贸试验区内主体提供支付结算、异地存储、信用担保等业务同城化综合金融服务，降低跨行政区金融交易成本。

第四十三条 鼓励京津冀三地产权交易市场、技术交易市场、排污权交易市场和碳排放权交易市场在自贸试验区内开展合作，促进区域排污权指标有偿分配使用。

第七章 营商环境

第四十四条 坚持运用法治思维、法治方式，在自贸试验区开展行政体制、投资、贸易、金融等领域的改革创新，营造国际化、市场化、法治化的营商环境。

市人民政府有关部门、自贸试验区管委会会同国家有关驻津管理机构，根据自贸试验区的实际需要，研究提出推进投资开放、贸易便利和金融创新等方面的改革创新措施，争取国家支持在自贸试验区先行先试。

第四十五条 自贸试验区内各类市场主体的平等地位和发展权利，受法律保护。区内各类市场主体在监管、税收和政府采购等方面享有公平待遇。

第四十六条 自贸试验区应当将本市制定的有关自贸试验区的地方性法规、政府规章、规范性文件、办事程序等信息及时公开，方便社会公众查询。

第四十七条 自贸试验区按照国际通行做法实施更加积极的人才引进和激励政策，对境外人才在入境、出境、签证居留、项目申报、创新创业、子女入学、社会保障等方面提供便利。

第四十八条 自贸试验区依法构建和谐劳动关系，推动企业和职工开展劳动报酬、劳动保护等事项的集体协商。发挥工会在维护职工权益、促进劳动关系和谐稳定方面的积极作用。

第四十九条　自贸试验区加强知识产权保护工作，完善与国际接轨的知识产权管理体制机制和保护制度，优化知识产权行政保护与司法保护的衔接机制。

第五十条　自贸试验区依法加强环境保护，鼓励区内企业实行国际通行的环境和能源管理体系标准认证，采用先进生产工艺和技术，节约能源，减少污染物和温室气体排放。

第五十一条　自贸试验区采用全市市场主体信用信息公示系统，实行诚信激励和失信惩戒联动机制，实施市场主体信用风险分类监管制度，建立随机抽查联合检查机制，对信用等级低的市场主体实施重点监管。

第五十二条　自贸试验区配合国家有关部门实施外商投资国家安全审查工作。自贸试验区各片区管理机构发现属于国家安全审查范围的外商投资，应当告知外商投资者向国家有关部门申请国家安全审查。

第五十三条　自贸试验区实施反垄断工作机制。自贸试验区经营者集中达到国家规定的反垄断申报标准的，经营者应当事先向国家有关部门申请经营者集中反垄断审查。对垄断协议、滥用市场支配地位以及滥用行政权力排除、限制竞争等行为，相关执法机构应当依法开展调查。

第五十四条　支持中国国际经济贸易仲裁委员会、中国海事仲裁委员会、天津仲裁委员会等仲裁机构，在自贸试验区设立机构，开展仲裁业务。

鼓励行业协会、商会等社会组织独立或者联合依法开展专业调解，建立调解与仲裁、诉讼的对接机制。

第五十五条　鼓励律师事务所、会计师事务所和知识产权服务、报关报检、检验检测、认证、船舶船员代理、评估、公证、司法鉴定、信用服务等专业服务机构，在自贸试验区开展业务。

第五十六条　自贸试验区建立综合评估机制，对自贸试验区试点政策执行情况进行综合和专项评估，必要时可以委托第三方机构进行独立评估。

第八章　附则

第五十七条　国家规定的自贸试验区投资、贸易、金融、税收等改革试点措施发生调整，或者国家规定其他区域改革试点措施可适用于自贸试验区的，按照国家规定执行。

第五十八条　本条例自公布之日起施行。市人民政府2015年4月17日公布的《中国（天津）自由贸易试验区管理办法》（2015年市人民政府令第15号）同时废止。

附录3

中国（福建）自由贸易试验区条例

（2016年4月1日福建省第十二届人民代表大会常务委员会第二十二次会议通过）

第一章　总则

第一条　为了推进和保障中国（福建）自由贸易试验区建设，根据有关法律、法规和国务院批准的《中国（福建）自由贸易试验区总体方案》（以下简称《总体方案》），结合本省实际，制定本条例。

第二条　本条例适用于经国务院批准设立的中国（福建）自由贸易试验区（以下简称自贸试验区），包括福州片区、厦门片区和平潭片区（以下简称片区）。

根据自贸试验区建设与发展的需要，报经国务院批准的自贸试验区扩展区域，适用本条例。

第三条　自贸试验区应当围绕立足两岸、服务全国、面向世界的战略要求，以制度创新为核心，坚持扩大开放与深化改革相结合，强化功能培育，加快政府职能转变，建立与国际投资贸易规则相适应的制度与监管模式，建设国际化、市场化、法治化的营商环境。

第四条　自贸试验区应当成为投资开放、贸易便利、金融创新功能突出、服务体系健全、监管高效便捷、法治环境规范的自由贸易园区，在服务经济转型发展、对台合作和21世纪海上丝绸之路核心区建设中发挥示范引领作用。

第五条　片区应当根据发展定位和目标，优势互补，错位发展，加强协作，相互促进。

福州片区重点建设先进制造业基地、21世纪海上丝绸之路沿线国家和地区交流合作的重要平台、两岸服务贸易与金融创新合作示范区；厦门片区重点建设两岸新兴产业和现代服务业合作示范区、东南国际航运中心、两岸区域性金融服务中心和两岸贸易中心；平潭片区重点建设两岸共同家园和国际旅游岛。

第六条　自贸试验区建立鼓励改革创新、允许试错、宽容失败的机制，完善以支持改革创新为导向的考核评价体系，充分激发创新活力。

第二章　管理体制

第七条　按照统筹管理、分级负责、精干高效的原则，建立权责明确、部门协调、运行高效的自贸试验区管理体制。

第八条　自贸试验区工作领导小组负责领导组织、统筹协调自贸试验区建设发展工作。

领导小组的办事机构设在省人民政府商务主管部门，承担领导小组日常工作，履行下列职责：

（一）组织实施《总体方案》，协调推进各项试验任务；

（二）拟定总体发展规划，指导、督促片区和有关部门完善发展规划并落实阶段性改革任务；

（三）指导片区制定有关行政管理制度和政策措施，建立片区联动合作机制；

（四）依法组织国家安全审查、反垄断审查等有关工作；

（五）组织片区开展评估工作；

（六）建立信息发布制度；

（七）领导小组交办的其他事务。

第九条　片区所在设区的市和平潭综合实验区成立片区工作领导小组，负责研究制定促进片区改革创新的政策措施，加强对片区发展中重大问题的协调，统筹推进片区的改革发展工作。

第十条　省人民政府在自贸试验区各片区设立派出机构（以下简称片区管理机构），负责片区具体事务，履行下列职责：

（一）组织落实片区各项试验任务；

（二）组织实施片区发展规划，统筹片区产业布局和重大项目引进与建设；

（三）制定实施片区行政管理制度，组织开展片区内行政许可、行政处罚、公共服务等行政事务；

（四）组织实施片区综合监管工作；

（五）协调有关部门在片区内的行政工作；

（六）做好信息管理、发布工作，为社会提供咨询和服务；

（七）依法行使的其他职责。

第十一条　省人民政府和片区所在设区的市人民政府及其有关部门、平潭综合实验区应当遵循简政放权、高效便捷的原则，将经济社会管理权限依照法定程序授权或者委托给片区管理机构。

海关、检验检疫、边检、海事、税务等部门在片区设立的工作机构，应当推进自贸试验区改革创新工作。

第十二条　自贸试验区建立顾问工作制度，为自贸试验区建设提供智力支持和决策参考。

第十三条　自贸试验区建立综合统计制度，及时统计相关数据，分析预测区内经济社会的运行情况。

第十四条　自贸试验区工作领导小组办事机构会同有关部门建立综合评估机制，

对试点政策执行情况进行综合和专项评估，必要时委托第三方机构进行独立评估，及时复制推广改革创新经验。

第十五条 省人民政府有关部门、片区所在设区的市人民政府有关部门推进自贸试验区改革创新工作的情况，纳入政府绩效管理。

第十六条 除法律、法规规定的检查和评比项目以外，取消对自贸试验区企业的检查和评比项目。

除法律、法规规定的行政事业性收费项目外，自贸试验区内的行政事业性收费一律免收。

第三章 投资开放

第十七条 自贸试验区外商投资实行准入前国民待遇加负面清单的管理模式。

负面清单之外的领域，按照内外资一致的原则，外商投资项目实行备案制，但国务院规定对国内投资项目保留核准的除外。负面清单之内的领域，按照特别管理措施的要求实行准入管理。

外商投资企业的设立和变更实行备案管理。

第十八条 自贸试验区建立与国际惯例相衔接的商事登记制度，简化企业设立登记程序，营造宽松便捷的市场准入环境。

片区管理机构建立综合行政服务平台，统一受理涉及企业管理的行政事务，实施综合审批制度，推进投资体制改革。

第十九条 自贸试验区简化区内企业境外员工就业许可审批，对符合条件的境外员工，提供过境、入境、停居留便利。

推动区内符合条件的对外开放口岸实施更加便利的过境免签证政策。

自贸试验区为区内企业员工提供办理出国出境证件便利。

第二十条 自贸试验区鼓励企业开展多种形式的境外投资，对一般境外投资项目和设立企业实行备案制。支持企业扩大对21世纪海上丝绸之路沿线国家和地区的投资，在产业合作、基地建设、融资保障、外汇管理等方面创新机制，完善境外投资合作的管理和服务，建立风险预警和应急处置机制。

第四章 贸易便利

第二十一条 自贸试验区内深化通关一体化改革，创新通关、查验、税收征管机制，促进区内通关便利，推进自贸试验区与进出境口岸间以及其他海关特殊监管区域货物流转监管制度创新。

第二十二条 自贸试验区建立"一点接入、一次申报、一次办结"的国际贸易"单一窗口"制度，加快建设电子口岸，形成区内海关、检验检疫、海事、边检、外汇、税务和商务等跨部门的综合管理服务平台。

　　企业可以通过综合管理服务平台一次性递交口岸监管部门需要的标准化电子信息，口岸监管部门应当将处理结果通过平台向企业反馈。

　　第二十三条　自贸试验区内海关特殊监管区域与境外之间为"一线"管理，区内海关特殊监管区域与境内区外之间为"二线"管理，按照"一线放开、二线安全高效管住"的原则，在区内建立与国际国内贸易发展需求相适应的监管模式。

　　海关特殊监管区域实行货物实施状态分类监管，推进动植物及其产品检疫审批负面清单制度。

　　第二十四条　自贸试验区培育新型贸易业态和功能，形成以技术、品牌、质量、服务、文化为核心的贸易竞争优势。

　　支持自贸试验区企业开展保税展示交易，符合条件的企业可以将保税展示交易业务扩展至全省。发展飞机等跨境高端维修业态。

　　促进文化出版、生物技术、信息软件、创意设计、影视动漫等产业升级发展。

　　第二十五条　自贸试验区支持企业发展跨境电子商务，完善海关监管、检验检疫、税收征退、跨境支付、信息物流等支撑系统，提供便捷高效的配套服务。

　　第二十六条　加强自贸试验区航运产业集聚区的发展，创新具有国际竞争力的航运发展制度和运作模式。

　　国际船舶管理、国际远洋航运、国际航空运输服务、航运金融等领域对境外投资者扩大开放，放宽外资股权比例限制，允许设立外商独资国际船舶管理企业，推进国际船舶登记制度创新。

　　简化船舶进出自贸试验区港口手续，推动相关电子数据自动填报。

　　第二十七条　自贸试验区支持建立国际国内大宗商品交易和资源配置平台。支持企业在区内建立整合物流、贸易、结算等功能的营运中心，发展总部经济和转口贸易。

　　第二十八条　自贸试验区在口岸通关、认证认可、标准计量等方面，加强与21世纪海上丝绸之路沿线国家和地区的合作，提升贸易水平。

第五章　金融财税创新

　　第二十九条　自贸试验区内创造条件稳步推进人民币资本项目可兑换、利率市场化、人民币跨境使用和外汇管理等方面的改革创新。

　　第三十条　自贸试验区应当探索本外币账户管理新模式，区内机构和个人可以通过各类本外币账户办理经常项下和政策允许的资本项下结算业务。简化人民币涉外账户分类，促进跨境贸易、投融资结算便利化。

　　开展跨境人民币业务创新，推进区内企业和个人跨境贸易与投资人民币结算业务，发展跨境人民币资金池业务。

　　支持金融机构按照有关规定，为跨境电子商务提供跨境本外币支付结算服务。

第三十一条　自贸试验区内试行资本项目限额内可兑换，符合条件的区内机构可以在限额内自主开展直接投资、并购、债务工具、金融类投资等交易，统一内外资企业外债政策，提高投融资便利化水平。

支持企业开展国际商业贷款等各类境外融资活动。支持企业本外币资金集中运营管理。

第三十二条　自贸试验区统一内外资融资租赁企业准入标准、设立审批和事中事后监管，支持企业拓展融资租赁经营范围、融资渠道，推进融资租赁证券化，发展工程建设、飞机、船舶等大型设备保税融资租赁，建设区域性融资租赁集聚区。

第三十三条　在完善监管法规的前提下，允许自贸试验区内符合条件的金融机构试点发行企业和个人大额可转让存单、开办外币离岸业务，逐步开展商品场外衍生品交易。

第三十四条　自贸试验区支持各类金融机构和互联网金融的发展。支持在区内建立金融交易和服务平台，提供登记、托管、交易和清算等服务。

第三十五条　金融管理部门应当完善自贸试验区金融风险监测、评估、防范和处置制度，健全风险监控指标和分类规则，建立跨境资金流动风险全面监管机制。

第三十六条　自贸试验区应当实施促进投资、贸易和金融的有关税收政策，并按照国家规定进行税收政策试点。

海关特殊监管区实行内销货物选择性征税，符合条件的区域实施境外旅客购物离境退税制度，落实"方便旗"船舶税收优惠和启运港退税政策。

遵循税制改革原则和国际惯例，研究完善适应境外股权投资和离岸业务发展的税收政策。

第三十七条　税务部门应当在自贸试验区建立便捷的税务服务体系，开展税收征管现代化试点，推行联合办税，逐步实现跨区域税务便利化。

第六章　闽台交流与合作

第三十八条　自贸试验区按照同等优先、适当放宽的原则，推进闽台合作机制创新。

自贸试验区探索闽台产业合作新模式，推进闽台合作研发创新，合作打造品牌，合作参与制定标准，拓展产业链多环节合作。

在产业扶持、科研活动、品牌建设、知识产权、市场开拓等方面，支持台资企业加快发展。

第三十九条　自贸试验区推动对台服务贸易自由，在电信和运输服务、商贸服务、建筑业服务、产品认证服务、工程技术服务、专业技术服务等领域对台开放，取消或者放宽对台湾地区企业和居民的资质要求、股权比例限制、经营范围等准入限制措施，推进闽台服务行业管理标准和规则相衔接，促进闽台服务要素便捷流动。

第四十条　自贸试验区推动对台货物贸易自由，建立闽台通关合作机制，在货物通关、贸易统计、标准计量、原产地证书核查、检验检测认证、运输工具查验等方面开展合作，逐步实现信息互换、监管互认、执法互助。

自贸试验区在风险可控的前提下，对原产于台湾地区的常规商品简化进口检验检疫手续，农产品、水产品、食品和花卉苗木等产品可以试行快速检验检疫模式。

第四十一条　自贸试验区支持两岸金融机构先行先试，创新合作机制，开展跨境人民币借贷款、外币兑换和股权交易等业务，设立两岸合资银行、合资全牌照证券公司等金融机构。

境外企业和个人可以开立新台币账户，金融机构与台湾地区银行之间可以开立新台币同业往来账户，办理多种形式结算业务，发展新台币区域性银行间市场交易。

第四十二条　自贸试验区实施更加灵活便利的两岸居民入出境政策。简化台湾地区车辆进出境手续，完善配套服务，为台湾地区车辆进出提供便利。

第四十三条　推动自贸试验区将台胞证号纳入公民统一社会信用代码管理体系进行服务，为台胞提供医疗保险、养老保险等社会保障方面的便利，支持台湾地区人才在自贸试验区学习、就业、创业和居住。

第四十四条　自贸试验区建立两岸青年创业创新基地，完善创业创新扶持体系，为两岸青年创业创新提供项目对接、创客空间建设、融资担保等方面的支持。

第四十五条　平潭片区可以根据改革试点任务要求，探索实行更加开放的涉台投资贸易试验措施。

第七章　综合监管

第四十六条　自贸试验区创新行政管理方式，完善管理规则，注重事中事后监管，推动形成行政监管、行业自律、社会监督、公众参与的综合监管体系。

自贸试验区制定重大监管规则时，应当通过影响分析、专家论证、征求利益相关人意见以及公开征求意见等方式听取各方意见。

第四十七条　自贸试验区建设统一的监管信息共享平台，整合监管信息资源，推动全程动态监管，提高联合监管和协同服务的效能。片区管理机构和有关部门应当及时主动提供信息，参与信息交换和共享。

第四十八条　建立自贸试验区内市场主体信用信息记录、公开、共享和使用制度，推行守信激励和失信惩戒联动机制。

建立企业年度报告公示制度和企业经营异常名录制度。公民、法人和其他组织可以查阅企业公示信息，有关部门应当提供便利。

第四十九条　片区管理机构建立多部门合作协调、联动执法的工作机制，实施集中统一的综合行政执法。

第五十条　自贸试验区应当配合国家有关部门实施外商投资国家安全审查。

第五十一条　自贸试验区建立反垄断工作机制。对涉及区内企业的垄断行为，依法开展调查和执法。

第五十二条　自贸试验区应当加强环境保护工作，严格查处违反环境保护法律法规的违法行为。

自贸试验区可以对区内企业采用国际通行的能源管理体系标准、先进环保设备技术和自愿签订环境协议等方面制定鼓励政策。

第五十三条　自贸试验区建立风险防控和预警体系，完善突发事件应急预案及处置机制，确保改革试验合理可控。

第八章　人才保障

第五十四条　自贸试验区实行更加开放的人才培养和引进政策，引进优质教育资源，开展教育综合改革试验，建立更加开放便利的境外学历、学位、执业资格、资质、技能等级认定机制，引导人才聚集。

第五十五条　自贸试验区应当提供规范有序、公开透明、便捷高效的人才公共服务。

鼓励境外人力资源服务机构参与区内人才开发，提供市场化、专业化、个性化和多样化的服务。

第五十六条　自贸试验区建立以用人主体认可、业内认同和业绩薪酬为导向的综合人才评价机制，简化认定程序，加强高层次人才和急需人才的引进工作。

鼓励和支持自贸试验区内国家机关、事业单位以聘任制等形式引进高层次人才和急需人才。

第五十七条　自贸试验区建立高层次人才特殊保障制度，为符合条件的人才提供住房、配偶安置、子女入学、医保社保、便利往来等方面的服务。

高层次人才和团队创办或者领办且具有重大经济社会效益的创新创业项目，优先给予投融资便利、财政资助等方面的支持。

第五十八条　自贸试验区建立人才奖励制度，采取措施激励各类人才创新创业，对有重大贡献的人才给予表彰奖励。

第九章　法治环境

第五十九条　自贸试验区改革创新需要暂时调整或停止适用有关法律、行政法规、部门规章的部分规定的，有关部门应当及时提出意见，依法定程序争取国家支持自贸试验区先行先试。

第六十条　自贸试验区内各类市场主体的平等地位和发展权利受法律保护，在监管、税收和政府采购等方面享有公平待遇。

第六十一条　自贸试验区内劳动者平等就业、取得报酬、休息休假、劳动保障、接受职业技能培训、享受社会保险和福利、参与企业民主管理等权利，受法律保护。

发挥工会在维护职工权益、促进劳动关系和谐稳定方面的作用。

第六十二条　自贸试验区加强知识产权保护工作，完善与国际接轨的知识产权管理体制机制和保护制度，优化知识产权行政保护与司法保护的衔接机制。

第六十三条　自贸试验区实行相对集中行政复议权制度，属于相对集中行政复议权范围的行政复议案件，申请人可以向片区管理机构申请行政复议。

第六十四条　自贸试验区内建立民商事纠纷多元化解决机制。借鉴国际商事仲裁惯例，完善仲裁规则，提高商事纠纷仲裁的国际化程度。支持专业调解机构借鉴国际先进规则，完善调解制度，及时合理地化解各类纠纷。

在自贸试验区依法设立的司法机构，公正高效地保障中外当事人合法权益。

第十章　附则

第六十五条　本条例自公布之日起施行。

附录4

中国（广东）自由贸易试验区条例

（2016年5月25日广东省第十二届人民代表大会常务委员会第二十六次会议通过）

第一章　总则

第一条　为了促进和保障中国（广东）自由贸易试验区的建设与发展，根据《全国人民代表大会常务委员会关于授权国务院在中国（广东）自由贸易试验区、中国（天津）自由贸易试验区、中国（福建）自由贸易试验区以及中国（上海）自由贸易试验区扩展区域暂时调整有关法律规定的行政审批的决定》、国务院批准的《中国（广东）自由贸易试验区总体方案》和有关法律、法规，结合本省实际，制定本条例。

第二条　本条例适用于经国务院批准设立的中国（广东）自由贸易试验区（以下简称自贸试验区）。

自贸试验区包括广州南沙新区片区、深圳前海蛇口片区和珠海横琴新区片区，以及根据自贸试验区建设与发展的需要，报经国务院批准的自贸试验区扩展区域。

第三条　自贸试验区应当依托港澳、服务内地、面向世界，建立符合国际标准的投资贸易规则体系，培育国际化、市场化、法治化营商环境，推进粤港澳服务贸易自由化，强化国际贸易功能集成，深化金融领域开放创新，增强辐射带动功能，建设成为粤港澳深度合作示范区、二十一世纪海上丝绸之路重要枢纽和全国新一轮改革开放先行地。

第四条　鼓励自贸试验区先行先试，探索制度创新。对法律、法规和国家政策未明确禁止或者限制的事项，鼓励公民、法人和其他组织在自贸试验区开展创新活动。

对自贸试验区制度创新作出突出贡献的单位和个人，自贸试验区片区管理机构可以根据有关奖励规定也可以自定奖励办法给予奖励。

在自贸试验区进行的创新未能实现预期目标，但是符合国家确定的改革方向，决策程序符合法律、法规规定，未牟取私利或者未恶意串通损害公共利益的，对有关单位和个人不作负面评价，免于追究相关责任。

第五条　建立自贸试验区各片区联动合作机制，相互借鉴，优势互补，互相促进，共同发展。

第二章　管理体制

第六条　按照统筹管理、分级负责、精干高效的原则，设置省自贸试验区工作办公室和自贸试验区片区管理机构。

第七条　省人民政府自贸试验区工作领导小组负责统筹研究自贸试验区政策、发展规划，研究决定自贸试验区发展重大问题，统筹指导改革试点任务。

省自贸试验区工作办公室承担领导小组日常工作，组织落实自贸试验区改革试点任务，统筹协调自贸试验区有关事务，履行省人民政府赋予的职责。

第八条　自贸试验区片区管理机构负责决定片区发展的重大问题，统筹推进片区改革试点工作和承担片区的规划、建设、管理与服务等具体事务。

第九条　省人民政府及其有关部门，自贸试验区片区所在市人民政府及其有关部门应当按照各自职责，支持省自贸试验区工作办公室和自贸试验区片区管理机构的各项工作，依法承担自贸试验区有关行政事务。

第十条　自贸试验区应当健全与海关、检验检疫、海事、海警、边防、港务、金融监管等中央驻粤单位的沟通协调机制，主动研究提出推进投资开放、贸易便利和金融创新等方面的改革创新措施，争取国家有关部门支持在自贸试验区先行先试。

自贸试验区应当为中央驻粤单位履行职责和落实国家支持自贸试验区先行先试政策提供便利和协助，并创造条件使自贸试验区成为中央驻粤单位推进改革试验的重要平台。

第十一条　省人民政府、自贸试验区片区所在市人民政府应当向片区管理机构下放片区履行职能所需的省级、市级管理权限。对下放的权限，省、市人民政府应当履行指导、协调和监督职责。

对属于省、市人民政府的管理权限，除法律、行政法规明确规定不能委托行使的以外，省、市人民政府可以委托自贸试验区片区管理机构行使。

自贸试验区片区管理机构可以根据发展需要，提出行使省级、市级管理权限的目录，依照法定程序报有权机关批准后实施，并向社会公布。

第十二条　自贸试验区片区管理机构在其职权范围内制定、实施的重大创新措施，报片区所在市人民政府、省自贸试验区工作办公室备案。

自贸试验区片区的创新措施涉及省人民政府及其部门权限的，省人民政府及其有关部门应当支持先行先试。

自贸试验区片区的创新措施涉及国家有关部门权限的，省人民政府及其有关部门应当为片区积极争取国家有关部门支持先行先试。

第十三条　自贸试验区片区的创新需要暂时调整或者停止适用法律、行政法规的部分规定的，有关部门应当及时提出意见，依法定程序争取国家支持先行先试。

自贸试验区片区的创新活动需要暂时调整或者停止适用本省或者片区所在市制定的地方性法规的，省、片区所在市人民政府可以提请省、片区所在市人民代表大会及其常务委员会作出决定。需要暂时调整或者停止适用本省或者片区所在市制定的规章的，省、片区所在市人民政府应当及时作出相关规定。

第十四条 自贸试验区应当建立行政咨询机制，为自贸试验区的发展规划、重大项目引进、重大创新措施和方案的制定等提供咨询意见。

第十五条 自贸试验区片区管理机构的设置遵循精简高效、机制灵活的原则，可以借鉴国际惯例探索适合片区实际的治理模式。

自贸试验区片区可以探索设立法定机构或者委托社会组织承接专业性、技术性或者社会参与性较强的公共管理和服务职能。

自贸试验区片区的社会管理、公共服务等事务实行属地管理。

第十六条 自贸试验区片区管理机构应当定期听取驻区单位以及片区内企业、个人对片区工作的意见，并及时根据相关诉求提出创新意见。

第十七条 省人民政府、自贸试验区片区所在市人民政府应当定期对自贸试验区改革创新经验进行总结评估，并及时推广。

第十八条 除法律、行政法规或者国务院规定的以外，不得设置对自贸试验区片区管理机构的考核、检查和评比项目。

对依照法律、行政法规或者国务院规定开展的考核、检查和评比应当简化程序、减少频次。

第十九条 省自贸试验区工作办公室、自贸试验区片区管理机构可以组织市场主体、专业机构对省人民政府相关部门、自贸试验区片区所在市人民政府相关部门支持自贸试验区改革创新工作进行评估，评估情况纳入对政府部门的年度考核。

第三章 投资开放与贸易便利

第二十条 自贸试验区在金融、航运、商贸、专业服务、文化服务、社会服务等现代服务业和新一代信息技术、装备制造等先进制造业领域扩大开放，逐步减少或者取消对国内外投资的准入限制。

第二十一条 自贸试验区对外商投资实行准入前国民待遇加负面清单管理模式。负面清单外的领域，对外商投资项目实行备案制。

外商投资企业设立、变更及合同、章程实行备案管理，自贸试验区片区管理机构负责本片区外商投资事项的备案管理工作。

第二十二条 自贸试验区内企业可以开展多种形式的境外投资。自贸试验区内企业境外投资一般项目由片区管理机构实行备案管理，国务院规定保留核准的除外。

第二十三条 自贸试验区应当实行一点接入、一次申报、一次办结的国际贸易单一窗口服务模式，加快建设电子口岸，建立跨部门的综合管理服务平台，实现部门之间信息互换、监管互认、执法互助。

企业可以通过综合管理服务平台一次性递交口岸监管部门需要的标准化电子信息，口岸监管部门应当通过平台反馈处理结果。

第二十四条　自贸试验区海关特殊监管区域与境外之间的管理为一线管理，海关特殊监管区域与境内区外之间的管理为二线管理。按照一线放开、二线安全高效管住的原则，建立与国际贸易发展需求相适应的监管模式。

优化海关特殊监管区域的管理措施，探索自贸试验区与进出境口岸间以及其他海关特殊监管区域货物流转监管制度创新。

第二十五条　自贸试验区探索创新海关通关监管制度。

境外货物进入广州南沙保税港区、深圳前海湾保税港区、珠海横琴新区片区（以下统称围网区域），可以实行先入围网区域、再报关的通关模式，对围网区域内保税存储货物不设存储期限，对围网区间流转的货物允许分送集报、自行运输。探索建立货物状态分类监管制度。

第二十六条　按照进境检疫、适当放宽进出口检验，方便进出、严密防范质量安全风险的原则，在自贸试验区开展检验检疫监管制度创新。

境外货物进入自贸试验区，应当接受入境检疫；除重点敏感货物外，进入围网区域的其他货物免于检验。

围网区域的货物出区进口前，依企业申请，实行预检验，一次集中检验，分批核销放行。对流转于围网区域内企业之间的仓储物流货物，免于实施检验检疫。进出自贸试验区的保税展示商品免予检验。

自贸试验区应当建立有利于第三方检验鉴定机构规范发展的管理制度。检验检疫部门按照法律、法规规定和国际通行规则，建立第三方检测结果采信制度。

第二十七条　完善进出口货物查验办法，增强查验的针对性和有效性，提高非侵入、非干扰式查验比例，按照国家和省的有关规定免除查验结果正常的外贸企业吊装、移位、仓储等费用。

第二十八条　自贸试验区应当实施促进投资和贸易、金融发展和人才集聚的有关税收激励政策，并按照国家规定进行税收政策试点。

遵循税制改革方向和国际惯例，完善不导致利润转移和税基侵蚀、适应境外股权投资和离岸业务发展的税收政策。

推动实施启运港退税政策。符合条件的区域可以按照政策规定申请实施境外旅客购物离境退税政策。

第四章　高端产业促进

第二十九条　鼓励自贸试验区片区根据片区特点和实际，发展与片区相适应的高端产业、特色产业，促进先进制造业、服务业等高端产业集聚发展，提高生产服务业国际化程度，推动产业向价值链高端发展。

第三十条　广州南沙新区片区重点发展航运物流、特色金融、国际商贸、高端制造等产业，建设以生产性服务业为主导的现代产业新高地和具有世界先进水平的综合服务枢纽。

深圳前海蛇口片区重点发展金融、现代物流、信息服务、科技服务等战略性新兴服务业，建设我国金融业对外开放试验示范窗口、世界服务贸易重要基地和国际性枢纽港。

珠海横琴新区片区重点发展旅游休闲健康、商务金融服务、文化科教和高新技术等产业，建设文化教育开放先导区和国际商务服务休闲旅游基地，打造促进澳门经济适度多元发展新载体。

第三十一条 鼓励企业在自贸试验区设立全球总部、亚太总部、地区总部及营运总部、研发总部等多形态总部，建立整合物流、贸易、结算等功能的营运中心。

第三十二条 鼓励引进高新技术产业，推动科技、金融、信息产业深度融合发展。

第三十三条 自贸试验区应当拓展服务外包、软件开发、工业设计、信息管理等服务贸易新领域，搭建服务贸易公共服务平台。

第三十四条 自贸试验区实施海空港联动，发展国际航运与物流业。加强与区外航运产业聚集区协同发展，探索形成具有国际竞争力的航运发展制度和协同运作模式。

完善航运服务发展环境，发展国际船舶运输、国际船舶管理、国际船员服务、国际航运经纪、国际船舶租赁、国际邮轮、游艇、国际海事咨询、国际航运保险等国际航运现代服务业。

简化国际船舶进出自贸试验区港口手续，优化国际船舶营运许可、检验与登记业务流程，建立高效率的船舶登记制度。

第三十五条 鼓励在自贸试验区设立各类金融法人机构、区域总部、业务总部、专业子公司、离岸金融中心、财富管理总部等；鼓励民间资本进入金融业，鼓励港澳投资者发起设立合资金融机构；集聚境内外金融资源，对接国际金融市场和金融体系，推动境内人民币市场和境外离岸人民币市场的联动；发展与自贸试验区产业相结合的新型金融业态，建设国际金融资产交易中心等重大金融平台。

第三十六条 自贸试验区支持新型要素交易平台、保税展示交易、期货保税交割、融资租赁、境内外维修、跨境电子商务、汽车平行进口等新型贸易业态发展。完善海关监管、检验检疫、税收征退、跨境支付、信息物流等支撑系统，适应新型贸易业态发展。

第三十七条 自贸试验区应当建立服务于产业转型升级的技术研发、工业设计、知识产权等公共服务平台。

支持在自贸试验区发展加工贸易结算业务、建设结算中心，推进加工贸易产品内销平台和后续服务基地的建设。

第三十八条　自贸试验区应当开展泛珠三角区域的经贸合作，强化对泛珠三角区域的市场集聚和辐射功能，开展大宗商品现货交易和国际贸易，探索构建国际商品交易集散中心、信息中心和价格形成中心。

第三十九条　鼓励自贸试验区探索实施绿色低碳循环发展标准和规则，开展智慧城市、绿色建筑、出口产品低碳认证，建设绿色低碳循环发展示范区。

第五章　金融创新与风险监管

第四十条　在自贸试验区内开展扩大人民币跨境使用、深化外汇管理改革等试点工作。

鼓励各类金融机构根据国家规定，在自贸试验区进行金融产品、业务、服务和风险管理等方面的创新。

第四十一条　支持建立与自贸试验区相适应的本外币账户管理体系，为符合条件的自贸试验区内主体办理经常项下结算业务、国家允许的资本项下结算业务、经批准的资本项目可兑换先行先试业务，促进跨境贸易、投融资便利化。

第四十二条　自贸试验区应当在风险可控的前提下，探索以资本项目可兑换为重点的外汇管理改革；试行资本项目限额内可兑换，符合条件的区内机构在限额内自主开展直接投资、并购、债务工具、金融类投资等跨境投融资活动。

提高自贸试验区投融资便利化水平，统一内外资企业外债管理，建立健全全口径跨境融资宏观审慎管理制度。

第四十三条　推动自贸试验区内跨境交易以人民币计价和结算。推动开展人民币双向融资，支持自贸试验区内金融机构和企业在宏观审慎管理框架下，从境外借入人民币资金并按规定使用，鼓励自贸试验区内银行业金融机构增加对企业境外项目的人民币信贷投放，允许自贸试验区内个体工商户根据业务需要向其境外经营主体提供跨境资金支持。

支持自贸试验区内符合条件的企业根据自身经营和管理需要，开展集团内跨境双向人民币资金池业务，便利自贸试验区内跨国企业开展跨境人民币资金集中运营业务。

第四十四条　在完善相关管理办法和加强有效监管的前提下，支持商业银行在自贸试验区内申请开展外币离岸业务，自贸试验区内符合条件的中资银行可以试点开办外币离岸业务。

探索外资股权投资管理机构、外资创业投资管理机构在自贸试验区内发起管理人民币股权投资和创业投资基金。

第四十五条　自贸试验区应当建立个人跨境投资权益保护制度，严格投资者适当性管理。

自贸试验区应当建立健全对区内个人投资的资金流动监测预警和风险防范机制。

第四十六条　自贸试验区应当配合国家金融管理部门完善金融风险监测和评估机制，建立与金融业务发展相适应的风险防范机制。

开展自贸试验区业务的自贸区金融机构和特定非金融机构应当按照规定，向金融管理部门报送相关信息，履行反洗钱、反恐怖融资和反逃税等义务，配合金融管理部门监管跨境异常资金流动，落实金融消费者和投资者权益保护责任。

第六章　粤港澳合作和"一带一路"建设

第四十七条　自贸试验区应当在国家确定的框架下，推进粤港澳服务贸易自由化，在金融服务、交通航运服务、商贸服务、专业服务、科技文化服务和社会服务等领域，取消或者放宽对港澳投资者资质要求、股比限制、经营范围等准入限制措施。

第四十八条　自贸试验区规划建设粤港澳创新产业基地和现代服务业集聚发展区，促进粤港澳服务要素便捷流动，推进粤港澳服务行业管理标准和规则相衔接，逐步试行粤港澳认证及相关检测业务互认制度、服务业人员职业资格互认制度。

第四十九条　自贸试验区应当扩大对港澳航运业开放，建设粤港澳航运服务示范区，推动粤港澳航运物流服务自由化。

第五十条　自贸试验区应当建立与粤港澳商贸、科技、旅游、物流、信息等服务贸易自由化相适应的金融服务体系。

第五十一条　支持符合条件的港澳金融机构在自贸试验区以人民币进行新设、增资或者参股自贸试验区内金融机构等直接投资活动。

探索自贸试验区内的金融机构与港澳地区同业开展跨境人民币信贷资产转让业务。

自贸试验区内证券公司、基金管理公司、期货公司、保险公司等非银行金融机构可以开展与港澳地区跨境人民币业务。

第五十二条　自贸试验区应当推动公共服务领域的支付服务向港澳银行业开放，促进金融集成电路卡和移动金融在自贸试验区和港澳地区互通使用。

符合支付服务市场发展导向，具备相应资质条件的自贸试验区内港澳资非金融机构，可以依法从事第三方支付业务。

推动个人本外币兑换特许机构、外汇代兑点发展，便利港元、澳门元在自贸试验区兑换使用。

第五十三条　自贸试验区应当发展与港澳地区保险服务贸易，探索与港澳地区保险产品互认、资金互通、市场互联的机制。

第五十四条　自贸试验区应当加强与港澳在项目对接、投资拓展、信息交流、人才培训等方面的合作，共同到境外开展基础设施建设和能源资源开发。

第五十五条　自贸试验区建立粤港澳创业创新基地，完善创业创新扶持体系，为创业创新提供项目对接、创客空间建设、融资担保等方面的支持。

第五十六条　自贸试验区应当创新粤港澳口岸通关模式，推进粤港、粤澳查验单位之间信息互换、监管互认、执法互助。

对广东居民往来澳门、澳门居民往来内地推行一地两检、合作查验、一次放行等查验方式并逐步扩大适用范围，探索对广东、澳门居民实行入境查验、出境监控的单向检查模式。

自贸试验区对原产于港澳地区的常规商品简化进口检验检疫手续，对部分产品可以试行快速检验检疫。

第五十七条　加强与"一带一路"沿线国家自贸园区合作，探索建立自贸试验区片区与"一带一路"沿线自贸园区之间税收互惠制度，以及双方口岸执法机构之间以"信息互换、监管互认、执法互助"为基本内容的合作机制。

第五十八条　建立自贸试验区对外投资综合服务平台，为境外投资风险咨询、投融资方案设计、项目风险保障、银行贷款配套等提供服务。

第五十九条　自贸试验区支持开展海上、陆路、航空货运代理服务及多式联运代理服务、集装箱班列承包等业务，服务"一带一路"沿线国家和地区的转口贸易发展。

第六十条　自贸试验区扩大对"一带一路"沿线国家的金融开放，推动设立人民币海外投贷基金，推动人民币作为与"一带一路"沿线国家和地区跨境大额贸易计价和结算的主要货币。

鼓励金融机构完善在沿线国家自贸园区的分支机构网络，提升跨境金融服务水平。鼓励金融机构和金融管理机构组建支持企业参与"一带一路"建设的金融服务联盟。

第六十一条　支持自贸试验区企业加强与"一带一路"沿线自贸园区、国家合作开发具有丝绸之路特色的旅游线路和产品，广泛开展人文交流合作。

第七章　综合管理与服务

第六十二条　自贸试验区应当提高监管公众参与水平，建立行政监管、行业自律、社会监督、公众参与的综合监管体系。

自贸试验区应当创新预防腐败工作机制，建设廉洁示范区。

第六十三条　自贸试验区应当实行以事中事后监管为主的动态市场监管方式，法律、行政法规未规定检查的，有关主管部门不得擅自开展检查。对法律、行政法规规定的检查事项，建立随机抽取检查对象、随机选派执法检查人员的抽查机制。

除法律、行政法规另有规定外，政府及其部门不得对自贸试验区内的企业开展评比考核活动。

自贸试验区片区探索建立发布市场主体违法经营行为提示清单、经营行为法律责任清单发布制度，引导市场主体合法经营。

第六十四条　自贸试验区片区应当依法建立集中统一的综合行政执法体系，相对集中行政执法权。

自贸试验区片区综合行政执法机构依法承担相关领域的行政执法职责，其具体职权由片区所在市人民政府依照本条例另行规定。

第六十五条　自贸试验区应当建立与省、市的企业信用信息平台相对接的自贸试验区企业信用信息数据库及信用公示平台，建立守信激励和失信惩戒联动机制，完善企业信用激励、警示、惩戒制度。

鼓励企业、社会组织、社会公众参与公共征信体系建设，发展市场化大数据征信产业。

自贸试验区鼓励信用服务机构利用各方面信用信息开发信用产品，开展信用论证和等级评价，为行政监管、市场交易等提供信用服务；鼓励企业和个人使用信用产品和服务。

第六十六条　自贸试验区应当建设统一的监管信息共享平台，促进监管信息的归集、交换和共享。片区管理机构、驻片区机构和有关部门应当及时主动提供信息，参与信息交换和共享。

第六十七条　自贸试验区片区管理机构应当在企业设立、经营许可、人才引进、产权登记等方面实行一站式受理、集中审批、限时办结、跟踪服务等服务制度。

自贸试验区应当推进电子政务建设，完善自贸试验区网上办事系统，实现与省网上办事大厅对接，推行行政审批事项网上在线申报、在线办理。

省自贸试验区工作办公室和自贸试验区片区管理机构应当将涉及自贸试验区的法律、法规、规章、政策、办事程序等信息，在自贸试验区及各片区门户网站上公布，方便公众查询。

第六十八条　自贸试验区片区管理机构应当推进商事登记制度改革，组织实施企业准入并联审批，优化商事登记。

第六十九条　自贸试验区应当建立便捷的税务服务体系，实施税务专业化集中审批，推行网上办税，提供在线纳税咨询、涉税事项办理情况查询等服务，逐步实现跨区域税务通办和国税地税联合办税，建立信息化税收风险监测机制，提高税收征收管理和服务水平。

第七十条　自贸试验区应当制定高层次人才、创新创业人才认定办法及人才引进、培养、服务、激励等相关配套办法，为人才签证、停居留、技术移民、项目与奖励申报、执业、创新创业、购买或者租赁住房、子女入学、医疗保障等提供便利。

第七十一条　除法律、行政法规规定不得免收的行政事业性收费项目外，自贸试验区内的行政事业性收费省级以下收入一律免收。

第七十二条　自贸试验区应当建立涉及外商投资的国家安全审查工作机制。

当事人应当配合国家安全审查工作，提供必要的材料和信息，接受有关询问。

第七十三条　自贸试验区应当建立反垄断工作机制。涉及区内企业的经营者集中，达到国务院规定的申报标准的，经营者应当事先申报，未申报的不得实施集中。对垄断协议、滥用市场支配地位以及滥用行政权力排除、限制竞争等行为，依法开展调查和执法。

第八章　法治环境

第七十四条　坚持运用法治思维、法治方式，在自贸试验区开展行政体制、管理机制、投资、贸易、金融等各领域的改革创新，为自贸试验区各项建设提供优质、高效的法律服务和法律保障。

第七十五条　自贸试验区应当积极借鉴在市场运行规则、管理模式等方面的国际通行规则和国际惯例，营造国际化、市场化、法治化营商环境。

第七十六条　自贸试验区片区管理机构应当按照权责一致的原则，编制权责清单、权力运行流程图并向社会公开。

第七十七条　自贸试验区应当加强知识产权保护工作，探索建立统一的知识产权管理和执法体制。完善知识产权纠纷多元化解决机制，鼓励设立知识产权快速维权援助与服务平台。

第七十八条　鼓励自贸试验区培育和发展专业化、国际化的律师、仲裁、调解、公证、鉴定等法律服务机构，鼓励境内外高端法律服务人才在自贸试验区开展法律专业服务。

推进粤港澳律师事务所联营、合作，促进仲裁、调解、公证、鉴定、法律查明等法律服务提供方式多元化，为自贸试验区建设提供优质、高效的国际化法律服务。

第七十九条　自贸试验区应当开展国际仲裁、商事调解工作，公正高效地保障中外当事人合法权益。

在自贸试验区设立的仲裁机构应当依据法律、法规并借鉴国际商事仲裁惯例，适应改革开放和自贸试验区发展需求，创新国际化、专业化和社会化的法人治理机制，完善仲裁规则，提升争议解决的公信力。

自贸试验区应当完善民商事纠纷多元化解决机制，加强行业性、专业性调解组织的建设，探索建立与境外商事调解机构的合作机制，协同解决跨境纠纷。

第八十条　鼓励自贸试验区的商事纠纷当事人协议选择通过仲裁或者调解等方式解决商事纠纷。

第八十一条　鼓励商事纠纷当事人遵循意思自治原则化解商事纠纷。当事人可以在法律允许的范围内，协议选择仲裁规则、适用法律、审理方式和仲裁庭的组成方式。

第八十二条　自贸试验区内的市场主体与行政主体之间的行政争议，可以通过投诉、行政调解、行政复议或者行政诉讼等方式解决。

第八十三条　自贸试验区司法机构应当完善体制机制，创新工作方法，构建公正、透明、高效、多元的司法服务保障体系。在准确适用法律的基础上，支持政府职能转变，积极营造自贸试验区鼓励创新、支持改革、宽容失误的司法氛围。

自贸试验区司法机构应当运用好现行法律制度和司法政策资源，在法治框架内理顺自贸试验区先行先试政策与现行法律的关系，确保自贸区政策与法律的和谐统一。

第九章　附则

第八十四条　自贸试验区片区所在市人民代表大会及其常务委员会、市人民政府可以结合片区实际制定片区建设和管理的配套法规、规章。

第八十五条　本条例自 2016 年 7 月 1 日起施行。